Gewalt in Brasilien

D1726449

Dirk Hegmanns

Gewalt in Brasilien

Soziale und politische Hintergründe eines Phänomens

Institut für Brasilienkunde
bkv brasilienkunde - verlag
Mettingen 1992

Dissertationsschrift zur Erlangung des Doktorgrades
an der Fakultät für Soziologie der Universität Bielefeld

Gutachter: Dr. Johannes Augel
Prof. H.-D. Evers

CIP Titelaufnahme der Deutschen Bibliothek
Gewalt in Brasilien - Soziale und politische Hintergründe eines Phäno-
mens/Dirk Hegmanns. - Mettingen: Brasilienkunde Verl. 1992
(Aspekte der Brasilienkunde Bd. 13)
ISBN 3-88559-051-4
Copyright: Institut für Brasilienkunde Mettingen

INHALT

Vorbemerkung

Zur Realisierung dieser Arbeit war es notwendig, die umfangreiche brasilianische Literatur zum Thema der Gewalt aufzuarbeiten und an entsprechender Stelle auf sie zu verweisen. Da ich davon ausgehe, daß nicht jeder Leser der portugiesischen Sprache mächtig ist, habe ich auf die jeweiligen Zitate verzichtet und mich auf eine wörtliche oder sinngemäße Übersetzung beschränkt, wobei ich stets auf die Originalquellen hingewiesen habe. Ebenso bin ich mit den spanischen, französischen und Teilen der englischsprachigen Quellen verfahren, um einen möglichst "flüssigen" Stil zu gewährleisten.

Korrektur S. 41
Opfer eines Raubüberfalls:
Serie 1: in den letzten 5 Jahren.
Serie 2: im letzten Jahr

Einleitung

Gewaltsame Konflikte, insbesondere die unter der Bezeichnung "Elends-kriminalität" erscheinenden, prägen in den letzten Jahren den Alltag der brasilianischen Gesellschaft mehr denn je und haben sich zu einem festen Bestandteil des gesellschaftlichen Lebens entwickelt. In der öffentlich geführten Diskussion wird der Begriff der Gewalt synonym mit Kriminalität verwendet. Zahlenbeispiele aus den Medien oder wissenschaftlichen Publikationen sind nur die Spitze eines Eisberges von Konflikterscheinungen, die von der Mißhandlung von Frauen und Kindern in den Elendsvierteln über den Raubmord auf der Straße bis zur Lynchjustiz aufgebrachter Bürger reichten. Diese Formen gewaltsamer Konflikte müssen stets im Zusammenhang gesehen werden mit der wirtschaftlichen Zerrüttung des Landes und seinen außenwirtschaftlichen und außenpolitischen Beziehungen. "Eine Analyse der Gewalt kann nur von einer Analyse der ökonomischen und politischen Struktur ausgehen"[1]. Mit ca. 112 Milliarden Dollar Auslandsverschuldung im Jahre 1988 ist Brasilien zu einem der höchstverschuldeten Staaten der Dritten Welt avanciert[2]. Der wirtschaftliche Druck pflanzt sich fort bis in die Haushalte der unteren Einkommensschichten, die ökonomisch am stärksten ausgegrenzt sind und unter den Folgen dieser Entwicklung besonders zu leiden haben. Arbeitslosigkeit, Unterernährung, unzureichende Wohnverhältnisse etc. bestimmen ihren Alltag. Die Ursachen und Bedingungen gewaltsamer Konflikte werden in der brasilianischen öffentlichen Diskussion gerade in der Situation dieser unteren Einkommensschichten bzw. in ihrer wachsenden sozialen Unsicherheit gesehen.

Gewiß ist ein Zusammenhang zwischen der wachsenden Verelendung großer Bevölkerungsteile und der Kriminalität herzustellen; doch die Frage der Gewalt in Brasilien ursächlich auf die fatalen Lebensverhältnisse der Betroffenen zurückzuführen, stellt eine äußerst verkürzte Sichtweise dar. Vielmehr ist Gewalt in Brasilien als ein Phänomen zu begreifen, welches untrennbar mit anderen Faktoren der jüngeren Geschichte des Landes verbunden ist und weit über das Problem der Verelendung hinausweist. Insofern ist die Analyse dieses Phänomens kaum mit einer allgemeinen Theorie zu greifen. Bisherige Ansätze in der Friedens- und Konfliktforschung, gewaltsame Konflikte zu erklären, mögen zwar hilfreich und anregend sein, doch möchte ich ihre Aussagefähigkeit auf die jeweiligen regio-

---

1 NARR 1974: 14
2 INTER-AMERICAN DEVELOPMENT BANK 1989: 284

1

nalen Untersuchungsfelder beschränkt wissen. Die Gewalt in Brasilien bedarf einer Analyse, welche die spezifischen Verhältnisse des Landes berücksichtigt. Die Ergebnisse mögen ebenfalls anregend für Untersuchungen in anderen regionalen und kulturellen Zusammenhängen sein, doch entziehen sie sich aufgrund ihrer besonderen Ausrichtung auf Brasilien einer Verallgemeinerung. Implizit ist die vorliegende Arbeit daher als ein Plädoyer gegen Verallgemeinerungstendenzen von theoretischen Erklärungsansätzen zu verstehen, welche sich mit Konflikten in spezifischen regionalen, sozialen und kulturellen Zusammenhängen befassen. [1]

Das Ziel dieser Arbeit ist die Analyse von Gewalt und gewaltsamen Konflikten, wie sie sich in Brasilien darstellen. Meine Untersuchungen vor Ort richteten sich dabei auf

a) konkrete gewaltsame Konflikte auf den verschiedenen Ebenen des sozialen Lebens,

b) latente Konflikte, die als Konfliktpotentiale existieren und stets das Moment des gewaltsamen Ausbruchs in sich bergen,

c) die öffentlich geführte Diskussion über die Frage der Gewalt,

d) die Gewalt als politisches und ideologisches Problem.

Ohne die sozialen Aspekte des Phänomens der Gewalt in Brasilien vernachlässigen zu wollen, habe ich mein Hauptinteresse auf die Gewalt als politisches und ideologisches Problem gelenkt. Auch meine Studie in den untersten Einkommensschichten, in denen nach landläufiger Meinung die Träger der Gewalt in Brasilien verortet werden, hatte die Analyse dieses Aspektes zum Inhalt. Über die ökonomischen Momente der Lebenssituation der unteren Einkommensschichten hinaus habe ich die Lebenswelt der Betroffenen untersucht, insbesondere ihr Bewußtsein über den eigenen Alltag, ihre Leidensdefinitionen, ihre Identifizierung von Verantwortlichen für ihre Lebenslage, ihre Konfliktbereitschaft etc.

Die Lebensbedingungen der Armutsbevölkerung sind sowohl von internen Faktoren (mangelnde oder fehlende Sozialpolitik, repressive Politik, Klassenauseinandersetzungen etc.) als auch externen Faktoren (hohe Auslandsverschuldung, ausländische Wirtschaftsinteressen etc.) abhängig. In der Analyse der verschiedenen Erscheinungsformen städtischer Konflikte sollen diese Determinanten berücksichtigt und in ihren direkten wie indirekten Auswirkungen untersucht werden.

Ausgeklammert habe ich den Bereich der ländlichen Konflikte, da er m.E.

---

1 Dies gilt etwa für solche Ansätze, wie ich sie in Kapitel I.2 skizziert habe.

eine andere Qualität aufweist als der Bereich der Gewalt in urbanen Zentren. Er ist deshalb jedoch nicht minder wichtig. Die Nachrichten über Landkonflikte, Selbstjustiz von Großgrundbesitzern, Ermordungen von Landarbeitergewerkschaftern etc. gelangen auch bis zu uns und rufen mitunter Betroffenheit hervor [1]. Zudem werden die ländlichen Konflikte von der öffentlichen Gewaltdebatte in Brasilien nicht so intensiv erfaßt wie die städtischen. Wenn die Medien über Gewalt berichten, so meinen sie überwiegend die Gewalt in den Großstädten. Gewaltsame Konflikte in ländlichen Bereichen können eine separate Analyse für sich in Anspruch nehmen, da ihr Umfang den Rahmen dieser Arbeit sprengen würde.

Manche der in der Arbeit angesprochenen Aspekte mögen dem Leser in der Aufbereitung oberflächlich erscheinen, so etwa der Überblick über die Geschichte Brasiliens oder die Einführung zu den sozialen Bewegungen. Ich habe diese Punkte jedoch lediglich skizzieren wollen, um einen Eindruck und Überblick zu vermitteln. Sie gehören zwar zum Thema, aber sie sind nicht das Thema. Unerwähnt sollten sie nicht bleiben, aber sie sollten nur soviel Beachtung finden, um das Thema abzurunden und in seiner Bedeutung im Gesamtzusammenhang zu verorten. Zudem habe ich auf andere Quellen verwiesen, wo sie wort- und seitenreich beschrieben und analysiert werden. Eine ermüdende Wiederholung dieses Materials wollte ich dem Leser ersparen.

Ebenso mag man den einen oder anderen "Klassiker" vermissen. Eine Auseinandersetzung mit Klassikern zu Themen wie Gewalt, abweichendes Verhalten, Macht, Herrschaft etc. wäre vielleicht interessant gewesen, hätte zu der vorliegenden Arbeit jedoch kaum beigetragen und mich von meinem eigentlichen Anliegen weggeführt. Mir geht es nicht um allgemeine Aussagen in Form allgemeingültiger Theorien, sondern um die Identifikation von Verantwortlichen und Entscheidungsträgern. Ich möchte Fragen beantworten wie: Was steckt hinter dem in Brasilien alltagsbestimmenden Phänomen der Gewalt? Warum wird Gewalt in einer Weise in die Gesellschaft eingeführt, daß sie zu einer "Gewalthysterie" führt? Welche und wessen Interessen stehen dahinter? etc.

In letzter Instanz geht es mir nicht nur um die Analyse des Phänomens der Gewalt in Brasilien, sondern um die Möglichkeit einer Bereitstellung von Handlungsperspektiven zur Veränderung der fatalen Verhältnisse. Solche Handlungsperspektiven können nur auf der Grundlage der Identifizierung von Interessengruppen entwickelt werden, denen Verantwortung zuge-

---

1 S. dazu auch HEGMANNS 1988.

3

schrieben werden kann. Systeme und Strukturen können nicht zur Verantwortung gezogen werden, wohl aber Entscheidungsträger und Interessengruppen. Dies soll aber nicht bedeuten, daß ich die soziale Umwelt, innerhalb derer soziales Handeln stattfindet, ignoriere oder gar negiere. Sicherlich hat dieses Umfeld entscheidenden Einfluß auf die Handlungsoptionen des Individuums. Das Individuum selbst jedoch hat innerhalb dieses Feldes Handlungsfreiheiten und kann sich auch gegen bestehende Normen entscheiden und so gegebenenfalls zur Veränderung anregen. Es mag als Produkt der sozialen Verhältnisse begriffen werden, doch es ist auch Produzent eben dieser Verhältnisse.

Ich trete mit meinem Konzept dem Erklärungsmodell Galtungs (strukturelle Gewalt) entgegen und möchte die Verantwortung des Individuums für gesellschaftliche Prozesse betonen [1]. Die Redewendung, daß man angesichts eines hochdifferenzierten Systems (z.B. Kapitalismus) "ohnehin nichts machen kann", beweist höchstens, daß der Schleier technologischer und administrativer Rationalität deren hohes Maß an Irrationalität verdeckt [2]. Die Handlungsmöglichkeiten aber bleiben prinzipiell bestehen.

Das erste Kapitel dieser Arbeit gibt zunächst einen Überblick über Erklärungsansätze zu gewaltsamen und politischen Konflikten, wie sie aus der Friedens- und Konfliktforschung hervorgegangen sind. Zudem wird der Begriff der Gewalt geklärt und die Friedens- und Konfliktforschung in ihrem Verhältnis zu Lateinamerika beleuchtet.

Danach wird Brasiliens Weg in die Unterentwicklung nachgezeichnet, um einen kurzen Überblick über die Geschichte des Landes zu bieten, sowie die spezielle Problematik des Nordostens dargelegt, wo ich die empirischen Studien durchführte. Eine anschließende Betrachtung des Themas Gewalt in Brasilien führt in das Analysefeld dieser Arbeit ein.

Nach der Vorstellung der Untersuchungsgebiete gebe ich einen Überblick über die Elendsproblematik des Landes und die damit verbundene Frage der Elendskriminalität. Im darauf folgenden Kapitel über den Zusammenhang von Urbanisierung und Gewalt bzw. Kriminalität wird dieser Zusammenhang kritisch hinterfragt.

Die Ergebnisse führen zur Frage der Gewalt als eine Reaktion auf den Demokratisierungsprozeß in Brasilien seit 1978. Gewalt wird analysiert im Zusammenhang mit der Doktrin der Nationalen Sicherheit und dem "Erbe" der Diktatur (1964 - 1985), das bis heute in den Alltag hineinwirkt. Dabei

---

1 Dazu GALTUNG 1984.
2 NEGT 1969, aber auch HORN 1974.

4

soll verdeutlicht werden, daß die Frage der Gewalt funktionalisiert wird, um den Militärs eine weitgehende politische Kontrolle über das Land zu sichern. Die politische Komponente von Konflikten und Konfliktpotentialen wird in Kapitel IX an vier Beispielen deutlich gemacht. Zudem wird das Konfliktpotential in den Elendsvierteln untersucht und der Zusammenhang zwischen Reproduktionsniveau und der Konfliktbereitschaft herausgestellt.

Kapitel X stellt eine Abwendung vom Konzept der strukturellen Gewalt Galtungs dar hin zum Konzept der strategischen Gruppen, wie es von Evers und Schiel vertreten wird. Darin soll die Fähigkeit dieses Konzepts zum Ausdruck kommen, gesellschaftliche Prozesse nachvollziehbar zu machen und Entscheidungsträger und Verantwortliche zu identifizieren, um so in der Folge Handlungsperspektiven im Hinblick auf eine Veränderung der gegebenen Situation entwickeln zu können.

Die Arbeit endet an einem Punkt, an dem die Entwicklung eines Konzepts zur Veränderung beginnen müßte. In der Zusammenfassung habe ich die Richtung angegeben, in die meines Erachtens ein solches Konzept weisen müßte. Diese Überlegungen können aufgrund ihres Umfangs jedoch nur Gegenstand einer weiteren Forschungsarbeit sein und fallen demnach aus dem Rahmen der vorliegenden Schrift heraus.

An dieser Stelle möchte ich es nicht versäumen, mich insbesondere und ganz herzlich bei Herrn Dr. Johannes Augel bedanken, ohne dessen fördernde Unterstützung während der letzten Jahre diese Arbeit nicht möglich gewesen wäre.

Ebenso gilt mein Dank Herrn Prof. Hans-Dieter Evers, der mir durch Beratung und Betreuung den Zugang zu einem Promotionsstipendium der Friedrich-Ebert-Stiftung eröffnete, welches für meine empirische Forschungsarbeit sowie für die Erstellung dieser Arbeit unabdingbar war.

Ich möchte jedoch auch die Personen und Gruppen nennen, die mir während meiner Feldforschungen in Brasilien eine unersetzbare Hilfe waren. Dazu gehören die Bewohner der Elendsviertel Vila da Prata, Vila Santa Luzia, Cabo Gato, Bananal, Braslia Teimosa und Monte Verde. Hier möchte ich insbesondere nennen: Maria und ihre Familie sowie ihren getöteten Mann Miguel, Manuel, Detinha, Genival und Magalf.

Weiterhin danke ich Demetrius, der mir den Zugang "zur Straße" ermöglichte, sowie den Straßenkindern, Jugendbanden und Prostituierten aus dem Stadtzentrum Recifes, die mir einen Einblick in eine Welt eröffnet haben, die man als Bewohner eines westlichen Wohlstandsstaates niemals für möglich halten würde.

Vor allem aber gedenke ich der Kinder, deren gewaltsamen Tod im alltäglichen Überlebenskampf ich unmittelbar miterlebte. Ihnen ist diese Arbeit gewidmet.

I. Ein Rückblick auf die bisherige Friedens- und Konfliktforschung

Es ist ein wenig still geworden um die Friedens- und Konfliktforschung, nachdem sie insbesondere in den sechziger und siebziger Jahren nicht nur an den Universitäten viel Staub aufgewirbelt hatte. Das lag mit Sicherheit nicht daran, daß es ihr an "Material" fehlt. Obwohl z.B. der schlagzeilenträchtige und in der Welt auf wachsenden Protest stoßende Vietnam-Krieg schließlich ein Ende fand, wurden an zahlreichen anderen Orten weiter Kriege geführt, Revolten niedergeschlagen, Menschen gefoltert und ermordet. Wachsende Verelendung in der Dritten Welt führte zu Demonstrationen und Aufständen, die zum Teil ein blutiges Ende unter den Kugeln und Schlagstöcken von Militär und Polizei fanden.

Die Forschung stand diesen gewalttätigen Tatsachen offensichtlich hilf-und tatenlos gegenüber. Zwar lagen Theorien und Erklärungsansätze zu den Ursachen und Bedingungen gewaltsamer Konflikte vor, doch schien man wenig Fortschritte hinsichtlich ihrer Verhinderung bzw. der Vermeidung oder "Bekämpfung" ihrer Ursachen erzielt zu haben. Was Lateinamerika betrifft, so mußte man sich vor nicht allzu langer Zeit der Einsicht stellen: "Gewalt in Lateinamerika ... entzog sich uns immer wieder: Die verschiedenen Anläufe unserer Diskussion blieben nebeneinander stehen, als mögliche erste Durchquerungen eines unabsehbaren Feldes. Gelernt haben wir dabei, daß das bei diesem Thema wohl auch nicht anders sein kann" [1]. Die Erkenntnis, daß trotz der ohne Frage hochinteressanten Ergebnisse der Friedens- und Konfliktforschung keine oder lediglich kaum wahrnehmbare Auswirkungen auf gewaltsame Konflikte verschiedenster Art in der ganzen Welt zu verzeichnen waren, wirkte sich lähmend auf die weitere Forschung aus. Man war schlicht und einfach "steckengeblieben", der einst so dynamische Forschungskonvoi hatte sich festgefahren. Erst in jüngerer Zeit werden Versuche unternommen, das Thema wieder zu beleben und auf den festgestellten Defiziten der bisherigen Forschung aufzubauen [2]. Angesichts der zahlreichen gewaltsamen Auseinandersetzungen in allen Erdteilen ist es müßig zu betonen, daß dies auch nötiger denn je ist. Ergebnisse liegen noch kaum vor, doch die angestrebten Forschungen klingen vielversprechend. So erscheint es mir an dieser Stelle sinnvoll, einen kurzen Überblick über die bisherige

---

1 EHRKE/EVERS u.a. 1985:7
2 So etwa an den Universitäten Bielefeld, Berlin, Hamburg und Augsburg. S. dazu EVERS 1985, SCHOLZ 1984, WALDMANN 1984 und TETZLAFF (o. J.)

Friedens- und Konfliktforschung und ihre Ergebnisse zu geben, um Anknüpfungspunkte für weitere Untersuchungen und theoretische Auseinandersetzungen deutlich zu machen. Es werden dabei Erkenntnisse und Defizite gleichermaßen berücksichtigt, damit Entwicklungsweg und gegenwärtiger Stand der Forschung transparent werden.

I.1 Zusammenhänge

Der wohl am häufigsten konstatierte Zusammenhang in der Friedens- und Konfliktforschung ist der zwischen politischer Instabilität, kollektivem Protest sowie politischer Gewalt und der ökonomischen Entwicklung bzw. dem Wirtschaftswachstum eines Landes[1]. "Dabei ging es weniger um die ökonomischen Konsequenzen interner politischer Konflikte, als vielmehr umgekehrt um die Auswirkungen der ökonomischen Entwicklung auf kollektiven Protest und politische Gewalt"[2]. Die Aussagen über diesen Zusammenhang unterscheiden sich jedoch je nach Autor in wesentlichen Punkten.

So kann MEHDEN keine systematische Beziehung zwischen ökonomischem Entwicklungsniveau und auftretenden Konflikten erkennen. Er warnt vielmehr davor, politische Gewalt lediglich auf eine Ursache zurückzuführen: "Normally, it is part and parcel of a complex interrelationship of political, economic and cultural forces. This complexity, plus the absence of reliable data in many cases, should warn the observer against simplistic classifications and analyses"[3]. Zu dem gleichen Ergebnis gelangten TILLY u.a., die sich auf Untersuchungen über Konflikte in Frankreich, Italien und Deutschland in der Zeit von 1830 bis 1930 stützen[4].

TANTER dagegen stellt auf der Grundlage von Untersuchungen in 74 Ländern zwischen 1955 und 1960 und 66 Staaten zwischen 1948 und 1962 eine negative Korrelation zwischen Konflikten und ökonomischem Entwicklungsniveau fest. Das heißt nach TANTER, daß politische Gewalt mit wachsendem Entwicklungsniveau abnimmt[5].

FLANIGAN/FOGELMAN und PARVIN heben diesen negativen Zusam-

---

1 JAGODZINSKI 1983:18
2 Ebd.
3 MEHDEN 1973:112
4 TILLY u.a. 1975
5 TANTER 1966:175

7

menhang ebenfalls hervor.[1] Eine lineare Beziehung ermitteln nach neueren Studien HARDY und WEEDE zwischen dem Bruttosozialprodukt pro Kopf und internen politischen Konflikten.[2]

Andere wiederum behaupten eine kurvilineare Beziehung. So etwa HIBBS, nach dessen Analyse interne politische Konflikte bis zu einem bestimmten Entwicklungsgrad zunehmen, um nach Überschreitung dieses Grades wieder abzuflachen.[3] Er schließt sich damit früheren Untersuchungen von FEIERABEND et al. an, die Material aus 84 Nationen auf diesen Zusammenhang hin analysiert haben.[4] ALKER/RUSSETT und HUNTINGTON hatten die kurvilineare Beziehung ebenfalls bereits in früheren Jahren herausgestellt.[5]

Uneinigkeit herrscht hinsichtlich des Wirtschaftswachstums. Wie BWY ermitteln SIGELMAN/SIMPSON und HUNTINGTON/DOMINGUEZ, daß sich mit der Abnahme der wirtschaftlichen Wachstumsraten die Gefahr politischer Spannungen erhöht.[6] HIBBS will diesen Zusammenhang auf kollektiven Protest beschränkt wissen[7]. Die völlig entgegengesetzte These vertreten FEIERABEND et al. sowie TANTER/MIDLARSKY. Nach ihren Untersuchungen hat rascher sozialer Wandel bzw. schnelles Wirtschaftswachstum eine destabilisierende Wirkung.[8] Nach HARDY schließlich besteht gar kein Zusammenhang zwischen Wirtschaftswachstum und internen politischen Konflikten.[9]

Man sieht sich also mit einer Fülle von Untersuchungen und deren Ergebnissen konfrontiert, die - im einzelnen betrachtet - durchaus einleuchtend erscheinende Zusammenhänge deutlich machen. Die Widersprüchlichkeit der Ergebnisse insgesamt jedoch läßt keine endgültige Aussage über die Beziehung zwischen ökonomischer Entwicklung und politischer Instabilität zu. Überspitzt formuliert muß man zugeben: Nach der Lektüre der relevanten Untersuchungen zu diesem Thema ist man genauso schlau wie vorher.

Ich möchte die Studien nun nicht im einzelnen kritisieren, um nach Gründen für die Vielfalt der Resultate zu suchen. Nur soviel sei gesagt: Die

1 FLANIGAN/FOGELMAN 1970 und PARVIN 1973
2 HARDY 1979 und WEEDE 1981
3 HIBBS 1973: 21ff.
4 FEIERABEND et al. 1966
5 ALKER/RUSSETT 1964, HUNTINGTON 1968 und RUSSETT 1964:307
6 BWY 1971, SIGELMAN/SIMPSON 1977 und HUNTINGTON/DOMINGUEZ 1975
7 HIBBS 1973
8 FEIERABEND et al. 1966, TANTER/MIDLARSKY 1967
9 HARDY 1979

Ursachen für die Widersprüchlichkeit sind vor allem in den Definitionen der verwendeten Begriffe und den Indikatoren zu suchen, die für "Wirtschaftswachstum" oder "Entwicklungsniveau" stehen. Für den einen Autor fängt politische Instabilität beim "Beschwerdebriefkasten" an, für den anderen bei gewaltsamen Demonstrationen. Der eine Autor führt das Pro-Kopf-Einkommen als Indikator für das Entwicklungsniveau an, der andere den Energieverbrauch. Angesichts solch unterschiedlicher Handhabung wissenschaftlichen Werkzeugs ist es kaum verwunderlich, daß das Produkt in Ausführung und Machart unterschiedlich ausfällt. Insofern ist man nach dem Studium der einschlägigen Literatur also doch etwas schlauer geworden: Eindeutige Ergebnisse hängen zunächst von eindeutigen Definitionen ab, und wer Äpfel mit Birnen vergleicht - sprich: Untersuchungen auf der Grundlage unterschiedlicher Definitionen -, der kann nur zu widersprüchlichen Resultaten kommen.

Den empirischen Studien entsprechen die verschiedenen theoretischen Überlegungen zur Erklärung etwaiger Zusammenhänge. Auch hier sollen die wichtigsten einer näheren Betrachtung unterzogen werden. Dabei erhebt dieser kurze Überblick weder Anspruch auf Vollständigkeit noch begründet er einen eigenen Ansatz. Er dient lediglich dazu, eine Orientierung in der abwechslungsreichen Theorienlandschaft zu geben.

I.2 Theoretische Erklärungsansätze

Einen der ersten Versuche, gesellschaftliche Konflikte ursächlich zu erklären, bildete die sogenannte Revolutionstheorie. In historischen Vergleichen, die sich in der Regel auf die "großen Revolutionen" in England, Frankreich, USA und Rußland konzentrierten, wurden als Ursachen gesellschaftlicher Gewaltausbrüche vor allem ökonomische Faktoren, Funktionen von Eliten und Intellektuellen, Legitimität und Effizienz des Regierungsapparates etc. herausgearbeitet, welche aber weder systematisiert noch in systematische Zusammenhänge gestellt wurden.[1] Der Erkenntnisstand über die Ursachen von Revolutionen kann somit nur als relativ gering bezeichnet werden. Auch versäumte man zu definieren, wann und warum innergesellschaftliche Konflikte die Gestalt einer Revolution annehmen.[2]

Die makro-analytische Konfliktforschung wurde lange Zeit vom Konzept der absoluten bzw. relativen Deprivation bestimmt, dessen Vertreter in

---

1 Vgl. KHAN/MATTHIES 1981:41
2 Einen sehr guten kritischen Überblick über die Revolutionsforschung bietet GOLDSTONE 1980.

Anlehnung an Marx davon ausgingen, daß soziale Deklassierung das Haupt-motiv für politischen Protest darstellte. [1] Kurz formuliert, läßt sich der Inhalt dieser Deprivationstheorien in dem oft zitierten Wort zusammenfassen, daß die Betroffenen aufgrund ihrer fatalen Situation kein Risiko mehr scheuten aufzubegehren, da sie ohnehin nichts weiter zu verlieren hätten als ihre Ketten. Dieser Annahme widersprechen heute jedoch sogar Marxisten, nachdem insbesondere in Ländern der Dritten Welt die mancherorts erwar-teten und erhofften Revolutionen trotz wachsender Massenverelendung ausblieben. [2] Die Plünderungen von Supermärkten sind in diesem Zusam-menhang lediglich punktuelle Ausschreitungen, die spontan durchgeführt werden und keinen organisatorischen Aufwand benötigen. Politischer Pro-test ist dagegen kaum zu beobachten, im Gegenteil: Ähnlich wie JAHODA et al. in ihrer Untersuchung über die Arbeitslosen von Marienthal nachwie-sen, verfallen sozial Deklassierte tendenziell in Apathie, da sie davon ausge-hen, durch politischen Protest nichts an ihrer Lage verändern zu können. [3] Aus dem simplifizierenden Modell der absoluten Deprivation entwickelten dessen Anhänger sodann verschiedene differenziertere Konzepte, die davon ausgingen, daß Revolutionen und andere Konflikte oft dann ausbrechen, wenn sich die ökonomische Lage verbessert (hat). So besagt die These von der sogenannten Revolution der steigenden Erwartungen, daß die Unzufrie-denheit mit wachsendem Entwicklungsniveau steigt, da sich durch Massen-medien und bessere Bildung große Teile der Bevölkerung mit dem Lebens-standard der westlichen Industriegesellschaften konfrontiert sehen, wo-durch Erwartungen geweckt werden, die jedoch aus den Ressourcen des eigenen Landes nicht befriedigt werden können. [4] Für dieses Defizit wird in der Folge das mangelnde Leistungsvermögen des politischen Systems ver-antwortlich gemacht. Nach DAVIES und seiner J-Kurven-Hypothese ist politische Instabilität erst dann zu verzeichnen, wenn der wirtschaftliche Aufschwung abflaut und in eine Krise übergeht. [5] Aus dieser Entwicklung heraus entsteht die von GURR benannte progressive Deprivation. [6]

Folgt man dem bezugsgruppentheoretischen Ansatz, so entsteht Unzufrie-

1   S. hierzu COLEMAN 1978 und DAVIES 1962
2   AYA 1979
3   JAHODA et al. 1960
4   LERNER 1958 oder FEIERABEND et al. 1969
5   DAVIES 1962 und DAVIES 1979
6   GURR 1970

denheit und damit politische Instabilität im wirtschaftlichen Aufschwung dadurch, daß bestimmte Personen ihre Position zueinander verändern. Dies trifft auf sozial Deklassierte ebenso zu wie auf Privilegierte. Letztere stehen in Konkurrenz um lukrative Positionen in Wirtschaft und Politik, die bekanntermaßen relativ dünn gesät sind. Im Wettbewerb um diese Positionen gibt es Gewinner und Verlierer. Machen die Verlierer für ihr Nachsehen das politische System verantwortlich, so steigt - nicht zuletzt durch den Einfluß, den diese Personen trotz ihres Verlustes aufgrund ihrer privilegierten Stellung haben - die Gefahr der Instabilität. [1]

Schließlich vertritt OLSON eine These, die die Staatsinkonsistenz in den Vordergrund rückt. [2] Er bezieht sich dabei auf Personen, die zwar finanziell vom ökonomischen Aufschwung profitieren, jedoch keinerlei politischen Einfluß ausüben. Die Folge wäre -nach OLSON - der Wunsch nach Veränderung der politischen Verhältnisse.

In der ethnologisch ausgerichteten Literatur findet man häufig das Konzept des kulturellen Pluralismus zur Erklärung von Konflikten vor. Es baut auf der Tatsache auf, daß sich die Gesellschaften von Ländern der Dritten Welt in ethnischer, rassischer und religiöser Hinsicht oft sehr stark zergliedern. [3] Die einzelnen Gruppen leben demnach nicht gleichberechtigt in einem Staat zusammen, sondern faktisch beherrscht eine ethnisch-kulturelle Gruppe die andere. Dieser Pluralismus führt zu Auseinandersetzungen zwischen den einzelnen Gruppen, die bürgerkriegsähnliche Formen annehmen oder sich gar zu internationalen Kriegen ausweiten können. [4] Die Beispiele Indien und Südafrika mögen diese These stützen, zur Pauschalisierung jedoch reicht dieser Erklärungsansatz nicht aus. Neben Problemen der Definition (z.B. hinsichtlich der Begriffe "Ethnizität" oder "Nationalismus") stellte die Kritik

---

1 Vgl. hierzu HUNTINGTON 1968, FREY 1978, SCHNEIDER 1978 und WIDMAIER 1982
2 OLSON 1963
3 Nach VEITER 1977 oder CONNOR 1973 sind nur 9% aller Staaten ethnisch homogen, 19% sind von einer Mehrheitsethnie mit über 90% Volksanteil geprägt, ebenfalls 19% haben eine ethnische Mehrheit von 75-89% Volksanteil, 23% weisen ein Mehrheitsvolk von 50-74% Volksanteil auf, und 30% aller Staaten bestehen aus Gruppen, von denen keine eine ethnische Mehrheit darstellt. Zum Pluralismus s.u.a. auch SMITH 1965, FURNIVALL 1956 und 1974 sowie VANDENBERGHE 1970 und 1981.
4 Vgl. etwa ADAMS 1970, RABUSHKA/SHEPSLE 1972 oder ENLOE 1973

11

am Pluralismus-Modell vor allem die Ausblendung kolonialer Strukturen und sozialer und ökonomischer Konfliktfaktoren heraus. [1]

Der Forderung nach einem differenzierteren politisch-ökonomischen Ansatz schloß sich der Entwurf des Konzepts des internen Kolonialismus an. [2] Beispiele hierfür lieferten zunächst die Schwarzen in den USA und die Minderheiten in Europa (z.B. die Kelten). Gemäß dieses Erklärungsmodells herrschte interner Kolonialismus überall dort, wo eine religiös, sprachlich oder rassisch definierte Gruppe gegenüber einer ethnisch unterschiedlichen Gruppe in der gleichen Gesellschaft objektiv unterprivilegiert ist und diese Situation als Resultat der Diskriminierung durch die Fremdgruppe empfindet. [3] Der Begriff des "internen Kolonialismus" entbehrte jedoch der analytischen Schärfe, zumal er eine Vielzahl von ungleichen Gruppenbeziehungen, die irgendeine definitorische Verwandtschaft zum Beziehungsmuster Kolonialist-Kolonisierter aufwiesen, unter diese Kategorie faßte.

Ein Modell, das sich in der sogenannten kritischen Friedensforschung großer Popularität erfreute, war das der strukturellen Gewalt von JOHAN GALTUNG. Es basiert im wesentlichen auf der Unterscheidung zwischen struktureller und personaler Gewalt, wobei der Begriff "strukturelle Gewalt" das Phänomen umschreibt, daß Gewalt nicht nur personal und als physischer Zwang ausgeübt wird, sondern auch in gesellschaftlichen Strukturen und politischen Machtverhältnissen verankert ist. [4] Frieden ist in diesem Zusammenhang nicht gleich Frieden. Vielmehr unterscheidet Galtung den negativen vom positiven Frieden. [5] Negativ ist er dann, wenn er lediglich die Abwesenheit von Krieg meint. Eine Forschung, die sich des "negativen Friedensbegriffes" bedient, legitimiert und stabilisiert somit zwangsläufig bestehende Macht- und Herrschaftsverhältnisse. Positiver Frieden dagegen berücksichtigt vorrangig den Gleichgewichtsfaktor, den Galtung als Integration definierte. Hier räumte er jedoch einen Mangel an Inhalt ein, der den Begriff füllt und ihn unklarer erscheinen läßt als den des "negativen Friedens". [6]

Letztlich bleibt der gesamte Begriff der strukturellen Gewalt unklar, zumal

---

1 Kritiker waren vor allem Anhänger des Konzepts des "internen Kolonialismus". S. dazu u.a. ADAMS 1970 und GONZALES CASANOVA 1965.
2 S.u.a. GONZALES CASANOVA 1965 und ADAMS 1970
3 ADAMS 1970
4 Vgl. dazu etwa GALTUNG 1981a oder GALTUNG 1981b
5 Ders. 1984: 32
6 SCHMID 1981, GALTUNG 1981a; zur Kritik an GALTUNGS Konzept s.u.a. NARR 1973.

er einer präzisen Definition struktureller Gewaltverhältnisse entbehrt. Er kann heute bestenfalls als Ausgangspunkt für weitere Entwicklungen der Friedens- und Konfliktforschung betrachtet werden. Es kann dabei auch angezweifelt werden, ob eine allgemeine Konflikttheorie überhaupt möglich oder sinnvoll ist, da sich Konflikte aufgrund ihrer Vielschichtigkeit und oftmaligen kulturellen Bedingtheit einer Verallgemeinerung entziehen. Die Revolution in Nicaragua und die Guerillakämpfe in El Salvador mögen vergleichbar sein, doch wo sind die Gemeinsamkeiten der Untergrundbewegung FPMR (Frente Patriotico Miguel Rodriguez) in Chile und den Aufständen der Schwarzen in Südafrika? "Auf der Suche nach einem gemeinsamen Nenner für die Unzahl von Konflikten, potentiellen Konflikten und Konfliktursachen stößt man auf ein besonderes und fundamentales Problem: die verwirrende Vielfalt. Die Ursache von Dritt-Welt-Konflikten ... wird durch kulturelle, gesellschaftliche, wirtschaftliche und politische Faktoren so speziellen Charakters bestimmt, daß man Gemeinsamkeiten nur durch weitestgehende Verallgemeinerungen feststellen kann". [1]

In neuerer Zeit ist man dazu übergegangen, Ursachen, Bedingungen und Verlauf von Konflikten empirisch zu untersuchen, nachdem man hier ein großes Defizit festgestellt hatte. Die KENDE-Studie und die Untersuchungen von GANTZEL sind nur zwei Beispiele, die diese Hinwendung zur Empirie belegen. [2] Es wird dabei weniger nach allgemeinen theoretischen Erklärungen gesucht als vielmehr der Frage nachgegangen, welcher Art die Kriege in der Dritten Welt sind und welche Umstände ihnen zugrunde liegen. [3] Die makro-analytische Ebene findet hier ebenso viel Beachtung wie die mikro-analytische.

Die Betonung der empirischen Komponente in der Friedens- und Konfliktforschung ist ein direktes Resultat aus der Einsicht, daß die bisherigen Erklärungsmodelle bezüglich der Konfliktverhinderung oder -lösung weitgehend versagt haben. Die auf Feldforschungen und historischen Daten basierenden Untersuchungen sollen vor allem die Konfliktgenese transparent machen, d.h. Entstehung und Ausweitung von Konflikten in ihrem spezifischen soziokulturellen und soziohistorischen Umfeld analysieren. Diese Dimension blieb in der bisherigen Forschung stets im Hintergrund. Doch auch andere Aspekte gewinnen an Gewicht, wie eine Skizzierung der

---

1 STEINBACH 1981:23
2 Vgl. KENDE 1982, GANTZEL 1981 und GANTZEL/MEYER-STAMER 1986. Ähnliche Untersuchungen liegen von SMALL/SINGER 1982 und CUSACK/EBERWEIN 1982 vor.
3 S. hierzu MATTHIES 1985a und MATTHIES 1985b

Aufgaben zeigt, die sich die neuere Konfliktforschung gestellt hat.

I.3 Neue Wege in der Friedens- und Konfliktforschung

Obwohl makro-theoretische Erklärungsansätze in der Konfliktforschung auf vielfache Kritik stießen und man nun offensichtlich der Empirie Priorität einräumen will, kann man sich der Feststellung nicht entziehen, daß auch die Empirie nicht ohne die Theorie auskommt (dies gilt selbstverständlich auch umgekehrt). Der Akzent der neueren Forschung über Konflikte in der Dritten Welt liegt in diesem Zusammenhang in einer stärkeren Verknüpfung beider Elemente, um auf diese Weise der Gefahr vorzubeugen, daß die Makrotheorie die Realität "überfliegt", so daß die Identifizierung der Geschehnisse auf der Mikroebene erschwert oder gar unmöglich gemacht wird. Es kann z.B. nicht nur darum gehen, eine Korrelation zwischen der Einkommensverteilung und der Konflikthäufigkeit zu behaupten, sondern es muß die Frage nach der Bedeutung des Einkommens für den Betroffenen und nach seiner Konfliktbereitschaft gestellt werden. Auf dieser individuellen Ebene werden sodann die kulturspezifischen Besonderheiten eine zentrale Bedeutung erlangen, wenn nach Motivationen, Leidensdefinitionen, Deutungsmustern etc. gefragt wird. Spielt z.B. die religiöse Überzeugung eine Rolle im Konfliktverhalten? Oder das Staatsverständnis? Gibt es Schuldzuweisungen? Welche Bedeutung haben Ängste oder Befürchtungen? - Dies sind nur einige Fragen, die - neben der Feststellung übergeordneter politischer und wirtschaftlicher Strukturen geklärt werden müssen, um die auslösenden Momente eines Konflikts herausstellen zu können. Ebenso sind Fragen nach Machtinteressen von Bedeutung sowie die Analyse der Gewalt als Mittel in der Politik.[1]

Auch wenn es die Mikro-Makro-Verknüpfung vielleicht nahelegen mag, kann nicht davon ausgegangen werden, daß am Ende der Untersuchungen eine allgemeine Theorie formuliert wird. Vielmehr muß davor gewarnt werden, dies zu tun. Schon die spezielle Berücksichtigung der kulturellen und ethnischen Besonderheiten der unterschiedlichen Untersuchungsgebiete macht deutlich, daß sich mögliche Erklärungsansätze von Konflikten nicht in einer allgemeinen Theorie zusammenfassen lassen. So liegen den gewaltsamen Kämpfen der Sikhs um einen unabhängigen Staat in Indien gewiß andere Ursachen zugrunde als dem Guerillakrieg in El Salvador. Im Grunde heißt dies nichts anderes, als daß jedes Land eine eigene Konfliktgeschichte

---

1 Zu den theoretischen Aspekten und Definitionen des Phänomens der Macht ist als Grundlagenwerk WEBER 1972 zu nennen. Zur Gewalt in der Politik vgl. auch WEBER 1947 und FERBER 1970.

und -erklärung für sich beanspruchen kann. Nichtsdestoweniger können durch regionale Untersuchungen jedoch zumindest Tendenzen festgestellt werden, die auf mögliche Konflikte in anderen Ländern und Zusammenhängen hinweisen können. Ob, wann, wie und auf welche Weise Konflikte in solchen nicht-untersuchten Gebieten ausbrechen und verlaufen, kann auf der Grundlage dieser Studien aber nicht konstatiert werden. Und mag MAX HORKHEIMER auch darauf bestehen, daß die Möglichkeit der Voraussicht "der Prüfstein für jede Wissenschaft vom Wirklichen" ist [1], so stellt Lateinamerika angesichts seiner unberechenbaren wirtschaftlichen und politischen Entwicklung auch ein Problem hinsichtlich seiner Konfliktpotentiale und -konstellationen dar: "Die Zukunft Lateinamerikas ist heute schwerer voraussehbar denn je". [2]

Die Frage nach den Ursachen und Bedingungen von Konflikten ist sowohl auf akute als auch auf potentielle Konflikte und Konfliktkonstellationen gerichtet. Die innerstaatliche Ebene findet dabei ebenso Berücksichtigung wie die zwischenstaatliche. Das heißt, daß man sich bei der Analyse nicht auf die internen Faktoren beschränkt, sondern die Erfassung übergeordneter zwischengesellschaftlicher Strukturen miteinbezieht, da Konflikte nicht selten auch ein Resultat des Wechselverhältnisses nationaler und internationaler Prozesse darstellen. Eine auf diese Weise ausgerichtete Friedens- und Konfliktforschung versteht sich als Grundlagenforschung und ist somit zur Weiterverwendung durch die politisch Verantwortlichen gedacht. Man muß sich daher die Frage stellen, inwieweit die Ergebnisse einer solchen Forschung für die Betroffenen von Nutzen sind bzw. ob und welchen Schaden sie anrichten könnten. In der Formulierung von Konfliktlösungsmöglichkeiten muß man sich dieser Verantwortung bewußt sein und einen möglichen Mißbrauch durch politische Entscheidungsträger berücksichtigen. So wäre es z.B. durchaus möglich, daß in einem Fall die Forschungsergebnisse dazu führen, daß den Betroffenen (in diesem Fall die "Leidenden") in politischer oder sozialer Hinsicht Zugeständnisse eingeräumt werden, während in dem anderen Fall die gleichen Ergebnisse dazu führen, daß Konflikten dadurch vorgebeugt wird, indem die Betroffenen verstärktem Druck ausgesetzt oder schlichtweg eliminiert werden. Die Konfliktforschung ist somit eine hochpolitische Wissenschaft, die stets den Faktor "Menschenrechte" in ihr Konzept einschließen sollte.

Ich habe bisher viel über Gewalt geschrieben, ohne diesen Begriff jedoch

---

1   HORKHEIMER 1972:110
2   EHRKE/EVERS u.a. 1986:10

15

zu definieren. Für alle weiteren Schilderungen und Überlegungen erscheint es mir an dieser Stelle sinnvoll, eine solche Definition vorzunehmen. Ich möchte zu diesem Zweck an die Ideen JOHAN GALTUNGS anknüpfen, da er das letzte "große" Konzept zur Erklärung und Analyse von Gewalt geliefert hat. Sein Entwurf soll auch später als Anknüpfungspunkt für weitere theoretische Gedanken zum Thema dienen.

I.4 Gewalt: Was ist das eigentlich?

Stellvertretend für die vielen Entwürfe von Typologien der Gewalt möchte ich den Vorschlag Galtungs nennen, zumal er über die bis dahin vorliegenden Ansätze hinausging und behauptete, daß Gewalt nicht nur über personale Beziehungen realisiert werde. Damit hat er das bis heute weitestgehende Konzept zur Erklärung von Gewalt entworfen und die Diskussion über das Thema maßgeblich beeinflußt.

In der später folgenden Analyse des Phänomens der Gewalt werde ich an die Ideen Galtungs anknüpfen. Sein Entwurf soll als Ausgangspunkt für weitere theoretische Gedanken zum Thema dienen.

Die wichtigste Unterscheidung, die GALTUNG getroffen hat, habe ich bereits benannt: die zwischen personaler und struktureller Gewalt. Es handelt sich dabei um einen erweiterten Begriff von Gewalt, die dann vorliegt, "wenn Menschen so beeinflußt werden, daß ihre aktuelle somatische und geistige Verwirklichung geringer ist als ihre potentielle Verwirklichung ... Gewalt wird hier definiert als die Ursache für den Unterschied zwischen dem Potentiellen und dem Aktuellen, zwischen dem, was hätte sein können, und dem, was ist. Gewalt ist das, was den Abstand zwischen dem Potentiellen und dem Aktuellen vergrößert oder die Verringerung dieses Abstandes erschwert ... Mit anderen Worten, wenn das Potential größer ist als das Aktuelle und das Aktuelle vermeidbar, dann liegt Gewalt vor".[1]

Im wesentlichen differenziert GALTUNG zwischen

personaler Gewalt, und	innerhalb derer ein Akteur identifizierbar ist
struktureller Gewalt,	die keinen direkten Akteur aufweisen kann
physischer Gewalt,	die dem Menschen körperliche Schmerzen zufügt und im extremen Fall zum Tod führt

---

1   GALTUNG 1984: 9

und psychischer Gewalt,	die auf die Verminderung der geistigen Möglichkeiten abzielt, wie Indoktrination, Lügen, Drohungen etc.
objektbezogener Gewalt,	die sich konkret gegen Personen oder Sachen richtet
und objektloser Gewalt,	die nicht zielgerichtet ist und in der Regel zur Abschreckung dient, so etwa das sog. Gleichgewicht der Mächte
intendierter Gewalt,	die ziel- und zweckgebunden ist
und nicht-intendierter Gewalt,	die sich in ihren Konsequenzen, nicht aber in einer vorgeschalteten Absicht beweist
latenter Gewalt,	die zwar noch nicht präsent ist, aber jederzeit zum Vorschein kommen kann
und manifester Gewalt,	die sichtbar ist, "wenngleich nicht direkt sichtbar, da die theoretische Gesamtheit der "potentiellen Verwirklichung" auch noch zum Bild gehört".[1]

Entsprechend dieser Differenzierungen entwirft GALTUNG folgende Typologie von Gewalt: siehe Schaubild 1

Ebenso wie für den Gewaltbegriff schlägt GALTUNG auch eine Definition für "Konflikt" vor, die ich hier berücksichtigen will, da es in dieser Arbeit um gewaltsame Konflikte geht. Ein Konflikt ist demnach die "Inkompatibilität zwischen Zielsetzungen oder Wertvorstellungen von Akteuren in einem Gesellschaftssystem. Damit ist schlicht und einfach gemeint, daß das, was ein Akteur insgesamt oder partiell verwirklichen möchte, die Verwirklichung

---

1 Ebd.: 14

oder Vorstellungen eines anderen Akteurs ganz oder teilweise ausschließt".[1] Konflikt kann als soziales Problem verstanden werden. Weitere Kategorien, die unter diesen Begriff gefaßt werden, sind "Krise" und "Krieg"[2]

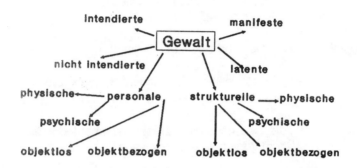

Schaubild 1: Die Typologie der Gewalt
Quelle: Galtung 1984: 15

Ich möchte diese Definitionen zunächst in der vorgestellten Form übernehmen, ohne sie einer Kritik zu unterziehen. Damit akzeptiere ich die unterschiedlichen Typen von Gewalt in ihrer Bedeutung, wenn sie auch an späterer Stelle mit alternativen Konzepten konfrontiert werden sollen. Dies gilt insbesondere hinsichtlich der Definition der strukturellen Gewalt und ihren theoretischen Implikationen. Nichtsdestoweniger hat GALTUNG mit diesem Begriff auf ein Phänomen aufmerksam gemacht, dessen entscheidender Verdienst nicht die Benennung, sondern das dadurch geschaffene Problembewußtsein ist.[3]

1 Ebd.: 110
2 Vgl. u.a. EBERWEIN/REICHEL 1976: 115ff.
3 S. dazu auch NOLTING 1984

18

II. Konflikte und Gewalt in Lateinamerika

Wie bereits mehrfach betont, stellt Lateinamerika für unser Thema zumindest in zweifacher Hinsicht ein Problem dar: Die Zukunft des Kontinents ist kaum vorhersehbar, und Gewalt als Alltagsphänomen entzieht sich offenbar der Diskussion. Warum also ein neuer Anlauf?

Die Antwort gestaltet sich relativ einfach. Zunächst kann es nicht darum gehen, die Zukunft eines Kontinents oder eines Landes vorherzusagen. Gelänge dies, so wäre die Soziologie um einige Probleme ärmer. Doch davon sind wir weit entfernt. Aber wenn es um die Zukunft eines Landes und vor allem um die Zukunft von Menschen geht, dann können Forschungen dazu beitragen, Möglichkeiten aufzuzeigen, Empfehlungen zu geben oder Warnungen auszusprechen. Als nichts anderes soll auch diese Arbeit verstanden werden. Es geht nicht darum, eine Aussage zu formulieren, daß dieses oder jenes sich so und so entwickeln wird, sondern es geht darum, mögliche Entwicklungen und Ereignisse aufzuzeigen. Das heißt, auf der Grundlage bestimmter Ergebnisse kann man durchaus Schlußfolgerungen ziehen, die aber stets im Konjunktiv formuliert sein müssen.

Was die Gewalt in Lateinamerika betrifft, so sieht man sich hier mit einem Problem konfrontiert, das mit wachsender Sorge und Aufmerksamkeit beobachtet wird. "Gewaltförmige Verhaltensweisen haben die lateinamerikanischen Gesellschaften im Laufe der siebziger und achtziger Jahre noch tiefer und prägender durchdrungen als zuvor. Sie sind in Bereiche gesellschaftlichen Lebens eingedrungen und dort zur Gewohnheit geworden, wo sie vorher eher eine Randerscheinung bildeten. Die Schwelle für die Anwendung von Gewalt ist gesunken, die Erfahrung erlittener Gewalt ist allgemeiner geworden, die Auseinandersetzung mit der Gewalt und ihren Folgen bindet mehr gesellschaftliche Energien als zuvor. Man könnte sagen: Der Umgang mit Gewalt ist alltäglicher geworden". [1]

Diese Alltäglichkeit der Gewalt führt aber nun nicht dazu, daß man sie passiv hinnimmt und lediglich als ein Element des alltäglichen Lebens in Ländern der Dritten Welt betrachtet. Eher ist das Gegenteil der Fall. Nicht nur Behörden und Institutionen sind - oft auf unterschiedliche Weise - für dieses Phänomen sensibler geworden. Auch der sogenannte "Mann (oder, um etwaigem Streit vorzubeugen: die Frau) auf der Straße" kann und will sich des Problems nicht mehr entziehen. Er gerät zusehends in die Rolle des Opfers (z.B. als Beraubter) oder des Täters (wenn er sich an "Bestrafungs-

---

1 EHRKE/EVERS u.a. 1985: 9

19

aktionen" aufgebrachter Bürger beteiligt), Gewalt verschwimmt zwischen den Definitionen als "ungerecht" und "gerecht" (oder auch "gerächt").

Gewalt in Lateinamerika, insbesondere die politische Gewalt, beeindruckt durch Kontinuität und ständige Präsenz. Rivalisierende Gewalt zwischen etablierten Gruppen gilt in Lateinamerika gar "als ein akzeptiertes und in der Regel sogar als ein durch Tradition, kontinuierliche Praxis und Ritualisierung legitimes Mittel der politischen Auseinandersetzung. Und so wie sich Gewalt in dieser bestimmten Form als wirksamer und dauerhafter Faktor in der politischen Kultur Lateinamerikas hat etablieren können und wie z.B. der Mord oder die gewaltsame Ausschaltung des Rivalen oder einer rivalisierenden Elite seit den Tagen der Conquista zu einem mehr oder weniger respektierten und durch den Erfolg positiv sanktionierten Aktionsmuster geworden ist, so ist, wie es scheint, die Hemmschwelle auch anderen Formen der Gewalt gegenüber niedriger geworden". [1] Dieses besondere Verhältnis zwischen Gewalt und Politik als allgemein akzeptierter Faktor der politischen Kultur spiegelt sich in den untergeordneten gesellschaftlichen Ebenen wider. Die Politik und die ihr angegliederten Organe, insbesondere die Gewaltmonopole Polizei und Militär, fungieren als "Vorbild" für die Anwendung von Gewalt vornehmlich innerhalb der unteren Einkommensschichten. [2] Die gegenseitige Verstärkung - als ein Aspekt - mündet in eine sich nach oben schraubende Spirale der Gewalt, an deren Ende nur Opfer stehen, seien sie dem Raub oder - im Falle der Lynchjustiz - dem Bürgerhaß geschuldet.

Diese Entwicklung macht eine intensivere Auseinandersetzung mit der Gewalt notwendig, will man - um es zu überspitzen - einer Gesellschaft zwischen Raubmord und Lynchjustiz vorbeugen. Dabei darf jedoch nicht jedes Mittel recht sein, um das Problem in den Griff zu bekommen. Repressalien und Todesschwadrone können in diesem Zusammenhang nur als Perversionen politischen Denkens und Handelns beurteilt werden, das die Eliminierung der Gewaltträger als Lösung und Zurechtschiebung für die Fehler der Vergangenheit (und Gegenwart) betrachtet. [3] Gewalt jedoch ist nur eine Erscheinung an der gesellschaftlichen Oberfläche, unter der die eigentlichen Ursachen mehr schlecht als recht "verborgen" sind. "Alle gesell-

---

1 PUHLE 1977: 18f. Zur Violencia-Debatte in Lateinamerika s.u.a. IANNI 1971, BARBEITO 1971, GUZMAN CAMPOS 1964, MESCHKAT 1980 und WEBER 1982.
2 S. dazu auch BENEVIDES/FISCHER 1985: 20f.
3 Zum Begriff der Todesschwadrone s. Kapitel IV.2.

schaftlichen Probleme und Konflikte, die nicht auf anderen Ebenen ausgetragen oder mindestens in der Schwebe gehalten werden können, fangen sich wie in einem Schleppnetz im Phänomen der Gewalt. Sie ist ganz wörtlich ein Phänomen, weil in ihr etwas an der Oberfläche der Gesellschaft aufscheint, was anderswo seine Ursachen hat. Gewalt hat zwar viele Folgen, ist aber nie letzte Ursache". [1].

Gewalt zu verstehen und in die richtigen Zusammenhänge zu setzen heißt, gerade diese Ursachen herauszuarbeiten, "und zwar in einer historisch-genetischen Perspektive, um nicht an relevanten Ursachenfaktoren vorbeizusehen, die sich von vorkolonialen und vor allem von kolonialen Strukturen und Vermächtnissen herleiten ... Ferner wäre zu verweisen auf die koloniale Hinterlassenschaft deformierter, unterentwickelter und abhängiger Wirtschafts- und Sozialstrukturen sowie die damit eng verbundene und nach der formalen Unabhängigkeit vieler Staaten weiterhin anhaltende wirtschaftliche und politische Abhängigkeit von den Metropolen". [2] Dies soll jedoch nicht bedeuten, daß man nun allein den Metropolen den "Schwarzen Peter" zuschieben will, denn ein Teil der Dritte-Welt-Länder - insbesondere die sogenannten "Schwellenländer" - verfügen inzwischen über einen, wenn auch noch immer begrenzten Handlungs- und Entscheidungsspielraum gegenüber den dominierenden Metropolen. [3] Aber man kann durchaus reinen Gewissens behaupten, daß externe Interessen bisweilen entscheidenden Einfluß auf politische und wirtschaftliche Entwicklungen eines Dritte-Welt-Landes ausüben.

Zurück zur Zukunft. Meinte man Mitte der siebziger Jahre noch, die Zukunft Lateinamerikas weise in eine eindeutige Richtung, hin zu demokratischen und sozial gerechten Formen der Politik, so wurden diese Erwartungen und Hoffnungen wenig später zunichte gemacht. [4]

Schienen nach dem Sieg der kubanischen Revolution zunächst die neuen Wege der Befreiung gangbarer denn je, so wurde dieser Entwicklung durch die Beseitigung bürgerlicher Demokratien und die Einsetzung terroristischer Militärdiktaturen ein vorläufiges Ende bereitet. Daran änderte auch

---

1   EHRKE/EVERS u.a. 1985: 8
2   KHAN/MATTHIES 1981: 27. S. auch CARDOSO 1980 und 1981 sowie CARDOSO/FALETTO 1976.
3   Zur Bestimmung des Begriffs der "Schwellenländer" s.u.a. MENZEL/SENGHAAS 1986.
4   Der Erfolg der demokratischen Bewegung Allendes in Chile mag hier genannt sein (und der Militärputsch im Jahre 1973), aber auch die aufkommenden Befreiungsbewegungen in Mittelamerika. Zu letzterem Aspekt vgl. ZIEGLER 1986.

21

die nicaraguanische Revolution im Jahre 1979 nicht viel. Die Betroffenen suchten nach möglichen Gegenkräften, die - wenn sie eine Befreiungsbewegung auch nicht ersetzen konnten - doch zumindest teilweise die damit verbundenen Ziele vor Augen hatten und versuchten, das auf ihrer Ebene jeweils Mögliche zu verwirklichen: "Neue Organisations- und Kampfformen kamen in den Blick, die nicht dem Schema früherer Klassenauseinandersetzungen und Bündnisstrategien entsprachen: Kämpfe im Reproduktionsbereich, etwa in Gestalt von Stadtteilbewegungen; Basisgemeinden, die der traditionellen Rolle der Kirche zuwiderliefen; eine Arbeiterpartei wie die brasilianische PT (Partido dos Trabalhadores, D.H.), die eine bewußte Abkehr von leninistischen Organisationskonzepten praktizierte; indianische Bauernbewegungen, die plötzlich zu Hauptträgern gesellschaftlicher Konfrontation wurden (Bolivien, Guatemala)". [1] Damit sind wir wieder in der Gegenwart und beim gegenwärtigen Zustand des lateinamerikanischen Kontinents.

Zweifellos hängen Gewalt und Konflikte stets mit dem Zustand der jeweiligen Gesellschaft zusammen. Das prägendste Merkmal der lateinamerikanischen Gesellschaften ist die wirtschaftliche Zerrüttung, die sich in enormer Arbeitslosigkeit, Inflation und Verschuldung am deutlichsten ausdrückt. Für viele Autoren rückt die Auslandsverschuldung Lateinamerikas in den Vordergrund, wenn es darum geht, seine Beziehungen zu den Industrieländern zu charakterisieren. [2]

Die Verschuldung aller Länder der Dritten Welt betrug 1988 annähernd 1200 Milliarden US-Dollar, wovon allein Lateinamerika etwa 426 Milliarden US-Dollar auf sich verbuchen mußte. [3] Die Rückzahlung der Schulden wird zum großen Teil mit dem Elend der Massen erkauft, der Druck des IWF (Internationaler Währungsfond) wird nach unten weitergegeben: "Da die internationalen Banken an lateinamerikanische Länder keine neuen Kredite mehr geben, sondern allenfalls einen Teil der anfallenden Zinsen refinanzieren, und da in einer Zeit schrumpfenden Welthandels eine Ausdehnung der Ausfuhren unmöglich ist, bleibt den Ländern als einziger Weg die Reduzierung der Einfuhren, was in der Regel über die Verminderung lebenswichtiger Konsumgüter und eine gesteigerte Arbeitslosigkeit zur Ausdehnung von Hunger und Armut beiträgt". [4] Die nationalen Währungen werden abgewer-

---

1 EHRKE/EVERS u.a. 1986: 8f.
2 Vgl. etwa FRANK 1981 oder FISHLOW 1984
3 INTER-AMERICAN DEVELOPMENT BANK 1989: 25
4 EHRKE/EVERS u.a. 1984: 200. Tiefergehend und differenziert wird dies dargestellt in Wagner/Kaiser/Beimdiek 1989

tet, die staatlich festgesetzten Mindestlöhne nur verzögert und weit unter der Höhe der Inflationsrate "angepaßt". Eine verstärkte Verelendung bis hin zum Tod durch Hunger oder Krankheit unter den ohnehin schon verelendeten Massen ist die Folge. "Gewalt erzeugt dieses wirtschaftliche Desaster auf allen Ebenen: Kriminalität als Überlebenskampf. Soziale Auflehnung - von ziellosen spontanen Gewaltausbrüchen bis zum Guerillakampf, Bandenkriege der Raffgier-Eliten untereinander. Innerhalb der überfüllten Gefängnisse ein verkleinertes, aber noch brutaleres Spiegelbild all dessen. Und von außen militärische Bedrohung und schleichender Krieg zur Absicherung der 'freien Wirtschaft'". [1]

Die sogenannten "Schwellenländer" wie etwa Mexico oder Brasilien, in die man einst alle Hoffnungen setzte, was den Sprung vom Status der Entwicklungsländer in die "Erste Welt" betrifft, stellen innerhalb dieses Spektrums inzwischen keine Ausnahmen mehr dar. 1970 betrug Brasiliens Auslandsverschuldung ca. 3 Milliarden US-Dollar, die Wachstumsraten Anfang der siebziger Jahre stiegen bis auf über 10 Prozent pro Jahr. [2] Und betrachtet man einige bestimmte aktuelle Zahlen, so erscheint Brasilien zunächst in einem Licht, das alles andere vermuten läßt als eine tiefgreifende Krise. Die Produktion im Bergbau wurde 1984 um 28,3% erhöht, und mit einer Tagesproduktion von 500.000 Faß Erdöl wurde ein neuer Rekord gebrochen. In der Metallindustrie waren Zuwachsraten von 13,3%, in der chemischen Industrie von 8,7% zu verzeichnen. [3] Im Export von konventionellen Waffen nimmt Brasilien heute weltweit den sechsten Rang ein, unter den Entwicklungsländern den ersten. Die jährliche Rüstungsproduktion wird auf 5 Milliarden US-Dollar beziffert. Andere Zahlen dagegen wirken ernüchternd. Die Auslandsverschuldung Brasiliens ist im Jahre 1988 auf 112 Milliarden US-Dollar angewachsen; mit einer Inflationsrate von ca. 1000 Prozent im gleichen Jahr wurde ein weiterer Negativrekord aufgestellt. In der Periode 1981-83 wurde ca. ein Viertel der Arbeitskräfte in der Industrie entlassen; die Kindersterblichkeit stieg 1984 in São Paulo auf 53,7 pro 1000 (1983:46,9) und im Nordosten, dem "Armenhaus Lateinamerikas", gar auf 110 pro 1000. [4] Wohin die enormen Exportgewinne gehen, die das Land dringend

1   EHRKE/EVERS u.a. 1985: 14. Allgemeine neuere Analysen bieten SENGHAAS 1974, 1977 und 1979, COLLINS/LAPPÉ 1977, MENZEL/SENGHAAS 1986, FURTADO 1984, FRANK 1969 und 1980.
2   Vgl. USCHNER 1985
3   Ebd.
4   EHRKE/EVERS u.a. 1985

benötigt, wird deutlich, wenn man sich vor Augen hält, wer die wichtigsten Exportproduktionszweige Brasiliens in den Händen hat. So kontrollieren ausländische multinationale Konzerne "100 Prozent der Kraftfahrzeugproduktion, 94 Prozent der pharmazeutischen Industrie, 90 Prozent der Elektroindustrie und 82 Prozent der Gummierzeugung. 43 Prozent des gesamten Exports Brasiliens kommen aus ihren Fertigungsstätten".[1]

Das brasilianische "Wirtschaftswunder" scheint an sein Ende gelangt zu sein. Einzig die enormen Rohstoffreserven des Landes könnten - im Rahmen einer nationalen Ausbeutung - zu einer künftigen Weltmarkteinpassung führen, die eine Binnendynamik einschließt. Vorläufig aber schreitet mit der Verschuldung auch die Verelendung großer Bevölkerungsteile voran, und mit ihr die Elendskriminalität. Gewalt wird für viele zum einzigen Mittel, sich das zu beschaffen, was man zum Leben braucht. Wie konnte es so weit kommen?

Um diese Frage zu beantworten, soll im folgenden Kapitel zunächst der Weg Brasiliens in die Unterentwicklung nachgezeichnet werden. Die Darstellung der ökonomischen und politischen Entwicklung soll dabei auf das Wesentliche beschränkt bleiben, da die Geschichte Brasiliens bereits mehrmals von verschiedenen Autoren aufgearbeitet worden ist.[2] Die Skizze soll daher in erster Linie dazu dienen, sich die Entwicklung noch einmal in Erinnerung zu rufen, nur um zu wissen, womit man es zu tun hat.

---

1   USCHNER 1985: 16
2   Als einige Beispiele aus der umfangreichen Literatur seien genannt: BAER 1965, SENGHAAS 1977, HURTIENNE 1977, EßER 1979, LEFF 1982, FURTADO 1963 und 1975 sowie CARDOSO 1972.

III. Brasiliens Weg in die Unterentwicklung

Mit der Darstellung der geschichtlichen Entwicklung Brasiliens weiche ich nicht etwa vom Thema ab. Im Gegenteil: die Geschichte Brasiliens ist insbesondere in den Anfängen seiner geschriebenen Geschichte - eine Geschichte der Gewalt. Zur Zeit der Entdeckung Brasiliens wurde die Zahl der dort lebenden Indianer auf mehrere Millionen geschätzt. [1] Im Jahre 1570, also 70 Jahre nach der Entdeckung Brasiliens, bezifferte man ihre Zahl auf etwa 800.000. Gegen Ende der Kolonialzeit (1822) zählte man noch 360.000. [2] Heute sind es 228.000.

Weniger ermordet, dafür aber bis zum Tod geschunden wurde die Mehrzahl der seit 1538 eingeführten Sklaven. Ihre Zahl schwankt je nach Quelle zwischen 2,3 und 18 Millionen. Die gepeinigten Sklaven reagierten auf die Grausamkeiten ihrer Herren mit blutigen Aufständen, die Hunderttausenden das Leben kostete. [3] Die Legende vom "humanen Charakter" des portugiesischen Kolonialismus entpuppt sich also als der ganz "normale" Kolonialismus mit Schwert, Ketten, Blut und Tränen. [4]

Die wichtigsten Güter, die die Kolonisatoren in die europäischen Zentren verschifften, waren Brasilholz und Zucker (1530-1650) sowie Gold (1720-1780) und Kaffee (ab 1840). Um die Jahrhundertwende kamen Gummi und Kakao hinzu. [5] Diese verschiedenen Boom-Phasen hatten für die einzelnen Regionen Brasiliens, wo die jeweiligen Rohstoffe ausgebeutet wurden, verheerende Folgen. Zunächst war ein rasanter wirtschaftlicher Aufschwung zu verzeichnen, der jedoch mit der veränderten Nachfrage auf dem Weltmarkt wieder rapide abnahm. Da die Regionen keine in sich geschlossenen Ökonomien herausgebildet hatten, reagierten sie in der Regel mit einem wirtschaftlichen Kollaps. Der Nordosten liefert hier ein trauriges Beispiel: Einst ein blühender Zuckermonopolproduzent, ist er heute zur ärmsten Region Brasiliens geworden. [6]

Zwar erfolgte 1822 Brasiliens formale Unabhängigkeitserklärung, nach-

---

1 Vgl. hierzu CABRAL 1967.
2 WÖHLCKE 1985: 21
3 Ein Symbol für den Kampf gegen Versklavung und Rassismus ist bis heute die Sklavenrepublik Palmares (1597 - 1695) geblieben. S. dazu vor allem FREITAS 1984, aber auch MARTIN 1988.
4 Vgl. WÖHLCKE 1985: 17ff.
5 Vgl. SENGHAAS 1977: 120ff.
6 S. dazu etwa CASCUDO 1971, MARANHÃO 1984, ZIEGLER 1986, CONDEPE 1985, MAUS 1979 und FUNDAÇÃO JOAQUIM NABUCO 1986.

dem es bereits 1815 mit Portugal zu einem gemeinsamen Königreich (reino unido) vereinigt worden war, doch faktisch trieb es mit Beginn der Industrialisierung in eine verstärkte Abhängigkeit insbesondere von England, "und zwar einerseits über die externe Verschuldung, andererseits über die Vermarktung der brasilianischen Agrarexporte und schließlich über die englischen Direktinvestitionen ...".[1]

Die Industrialisierung verlief zunächst sehr schleppend. Erst mit dem Fall der Kaffeepreise ab 1880, der eine Abwertung der Währung zur Folge hatte, stieg die Bedeutung der industriellen Produktion. "Der zweite wichtige Faktor war der Zusammenbruch des Außenhandels; er verringerte die Fähigkeit zu importieren und zwang zu einer Politik der sogenannten 'Importsubstitution'".[2] Dies betraf vor allem nicht-dauerhafte Konsumgüter wie Nahrungsmittel, Kleidung, Papier etc. Die Importsubstitution konnte infolge des Ersten Weltkriegs und der Weltwirtschaftskrise Ende der zwanziger Jahre relativ selbständig unternommen werden, da die Industrienationen zu dieser Zeit weder in der Lage noch daran interessiert waren, Kapital in weniger entwickelte Länder zu exportieren oder Direktinvestitionen zu tätigen. Der politische Repräsentant dieser Phase wurde der Diktator Getulio Vargas, der 1930 nach einer Wahlniederlage durch einen Putsch an die Macht kam.[3]

Wirtschaftliche Unabhängigkeit bedeutete die Importsubstitution für Brasilien jedoch nicht, da es an Zwischenprodukten und bestimmten Rohstoffen (z.B. Erdöl) mangelte, die aus dem Ausland importiert werden mußten und die Abhängigkeit weiter verstärkten. "Der strategische Engpaß selbst im Falle relativ erfolgreicher Importsubstitutionsstrategie, der in Brasilien ohne Zweifel erkennbar ist, besteht also in der Unfähigkeit, den Importsubstitutions-Prozeß über sich hinaus in ein sich selbst tragendes gesamtwirtschaftliches Wachstum (auf der Grundlage kohärenter Wirtschaftskreisläufe) voranzutreiben".[4]

Anfang der 50er Jahre waren die angehäuften Devisenbestände verbraucht, der Prozeß der "nationalistischen" Importsubstitution konnte nicht

1 WÖHLCKE 1985: 30
2 WÖHLCKE 1985: 31; s. auch CONCEIÇÃO TAVARES 1973 und TYLER 1973.
   Unter Importsubstitution versteht man die Ersetzung von importierten Gütern durch eine nationale Produktion.
3 Zu Brasilien unter Vargas s.u.a. LEVINE 1970, BOURNE 1974, CARONE 1976a und 1976b.
4 SENGHAAS 1977: 127

mehr fortgesetzt werden. Eine steigende Inflation und die Exportkrise mündeten in eine Lockerung der Wechselkurspolitik und der Importrestriktionen.

Mitte der fünfziger Jahre begann das sogenannte "brasilianische Wirtschaftswunder", die sehr dynamische, jedoch um so abhängigere Industrialisierung, mit der in hohem Maße ausländisches Kapital in den modernen Industriesektor Brasiliens eindrang.[1] Die Wirtschaft erlebte zunächst wieder einmal mehr einen Aufschwung, die neue Hauptstadt Brasília wurde aus dem Boden gestampft. Doch der Zustrom ausländischen Kapitals hatte auch eine teilweise Zerstörung nationaler Unternehmen zur Folge. Zu dem konzentrierte sich die Industrialisierung zu sehr auf Produkte und Dienstleistungen des gehobenen Konsums sowie auf den Außenhandel. Die Bedürfnisse der Mehrheit der Bevölkerung wurden vernachlässigt. Zu Beginn der 60er Jahre kennzeichneten eine Rezession, eine steigende Inflation und eine zunehmende Auslandsverschuldung das Land.[2] Als der seit 1961 amtierende gewerkschaftsnahe und sozialreformistisch orientierte Präsident João Goulart einschneidende Unstrukturierungen (Landreform, Mitbestimmung, Nationalisierungen) ankündigte, putschte am 31. März 1964 das Militär.

Die wichtigsten Merkmale der Militärdiktatur waren: eine staatlich regulierte Lohnpolitik, eine Rationalisierung der Staatsfunktionen, eine wachstumsorientierte privat- und marktwirtschaftliche Wirtschaftspolitik mit einer Förderung der dynamischen Sektoren mit hoher ausländischer Beteiligung, eine Reformierung des Kreditüberbaus, eine stark ungleichgewichtige gesellschaftliche Entwicklung etc.[3] Die Militärs waren entschlossen, das "abhängige Entwicklungsmodell" gegen den politischen Willen der Bevölkerungsmehrheit durchzusetzen. Insbesondere während der Regierungszeit des früheren Geheimdienstchefs Medici (1969-74) offenbarte sich die terroristische Brutalität des Regimes, mit der die Opposition im Land verfolgt wurde.[4] Zwar folgte ein neuer Wirtschaftsboom, doch die Masse der Bevölkerung fristete ein Leben in Armut. Eine wachsende Einkommenskonzentration auf die oberen 5-20% der Bevölkerung war zu verzeichnen.[5]

---

1 S. dazu u.a. BAER 1965 und NITSCH 1977.
2 Zum "brasilianischen Wirtschaftswunder" s. auch FURTADO 1963 und SINGER 1976.
3 Vgl. HURTIENNE 1977: 80f.; WÖHLCKE 1985: 36 und HUMPHREY 1976, aber auch FURTADO 1971.
4 S. dazu ARQUIDIOCESE DE SÃO PAULO 1985 und FON 1986.
5 Vgl. CUPERTINO 1976; weiteres Material über die Zeit der Diktatur bieten ALVES 1972, FURTADO 1972 und STEPAN 1973.

Die folgenden Präsidenten betrieben nach dem Abflauen des Booms ab 1974 infolge der nachlassenden Nachfrage nach dauerhaften Konsumgütern im wesentlichen ein wirtschaftliches Krisenmanagement. Als das Volk schließlich nach 20 Jahren Militärdiktatur die Forderung nach Ablösung stellte, die in der Parole "Diretas já" (etwa: "Direkte Präsidentschaftswahlen sofort") ihren Ausdruck fand, hinterließen die Militärs einen Schuldenberg von 100 Milliarden US-Dollar und eine Inflation von mehr als 200 Prozent. Am 15. März 1985 wurde der Oppositionspolitiker Tancredo Neves von der PMDB (Partido do Movimento Democrático Brasileiro) zum Präsidenten gewählt. Er starb jedoch noch vor seiner Amtseinführung. An seine Stelle trat der designierte Vizepräsident José Sarney, ein Konservativer, der aus der ehemaligen Partei der Militärs, ARENA (der späteren PDS), hervorgegangen war.

III.1 Die Wende?

Selbst Optimisten konnten nach der Ablösung der Militärdiktatur wohl kaum erwarten, daß sich Brasilien innerhalb der nächsten Zukunft aus seiner Rolle als "Selbstbedienungsladen" der internationalen Konzerne herauswinden könnte. Nichtsdestoweniger war die Euphorie groß, als Anfang 1984 der Ruf nach Direktwahlen des Präsidenten laut wurde. Gemäß verschiedener Umfragen sprachen sich ca. 90 Prozent der Bevölkerung für die Direktwahlen aus. Die Medien hielten sich mit der Berichterstattung über die Massenveranstaltungen, an denen insgesamt mehrere Millionen Menschen teilnahmen, zurück, doch der Trend des politischen Klimas war eindeutig.

Mit dem Amtsantritt Präsident Sarneys trat die Ernüchterung ein. Was sollte man nun mit der Hinterlassenschaft der Militärdiktatur anfangen? Die materielle Lage der Brasilianer würde sich so schnell nicht ändern, den Verlust des realen Mindestlohnes, der zwischen 1964 und 1984 um 51 Prozent gesunken war, würde man kurzfristig kaum wettmachen können. Zusätzlich gilt zu beachten, daß die Sarney-Regierung eine Koalitionsregierung aus ehemaligen Parteimitgliedern der PDS (Partido Democrático Social), der früheren Regierungspartei unter dem Militärregime, und der PMDB darstellte.[1] Dieses breite ideologische Spektrum führte bis Februar zu einer gegenseitigen Handlungsblockierung. Reformen im Hinblick auf Agrar-

---

[1]   Der Koalitionsbildung ging eine Spaltung innerhalb der PDS voraus, die die Gründung der PFL (Partido Frente Liberal) nach sich zog, in der sich Politiker wie José Sarney wiederfanden. Die PDS selbst entstand aus der ehemaligen ARENA (Aliança Revolucionária National), die seit 1964 die Politik der Militärdiktatur vertrat und deren Parteipräsident José Sarney einst gewesen war.

struktur, Gewerkschaftsgesetzgebung und Steuerwesen (z.B. zur Einkommensumverteilung) wurden abgebrochen oder verwässert. Die Agrarreform wurde schließlich gar von den Großgrundbesitzern begrüßt, weil sie keine einschneidenden Veränderungen beinhaltete.

Auch die rasende Inflation konnte nicht gebremst werden. 1985 betrug sie 235 Prozent, 1988, zur Zeit meiner Untersuchung, 1000 Prozent. Die Investitionen gingen zurück. Dies führte am 27. Februar 1986 schließlich dazu, daß die Regierung Löhne und Preise einfror, die Leitzinsen wurden auf 15% gesenkt. Dies hatte zwar eine Verbesserung des Investitionsklimas und eine - gemäß den Meldungen der Medien - gut 90-prozentige Zustimmung der Wählerbasis zur Folge, doch änderten diese Maßnahmen nichts an den strukturellen Ursachen der Inflation und der sozialen Spannungen. So verzeichnet Brasilien heute die unausgeglichenste Einkommenskonzentration der Welt.[1] 45 Prozent der brasilianischen Arbeitnehmer verdienen lediglich den staatlich festgesetzten Mindestlohn[2], und 75 Millionen Menschen (von insgesamt 130 Millionen) haben kein das Existenzminimum sicherndes Einkommen.

Die wachsende Unzufriedenheit der Bevölkerung läßt sich zunächst am Wahlverhalten ablesen. So konnte die Sarney-Partei PFL (Partido Frente Liberal) bei den Bürgermeisterwahlen im November 1985 lediglich knapp 10 Prozent der Stimmen auf sich vereinigen, während die "Linken" insgesamt mehr als 60 Prozent gewannen.[3] In Fortaleza stellt die PT (Partido dos Trabalhadores), die radikalste Linkspartei Brasiliens, gar die Bürgermeisterin. Seit November 1988 wird auch São Paulo von einer PT-Bürgermeisterin regiert, was allgemein als Ausdruck des Protestes und der Verzweiflung betrachtet werden kann und ein deutliches Zeichen dafür ist, daß man sich vom damaligen Präsidenten Sarney recht wenig versprach.

Die Regierung sah sich Anfang 1986 zu weiteren einschneidenden Maßnahmen gezwungen. Das Anti-Inflationsprogramm vom 27. Februar sah

---

1　Der Gini-Koeffizient, ein Index, der die Einkommenskonzentration ausdrückt, betrug 1980 in Brasilien 0,597. Im Nordosten des Landes lag er bei 0,614, was eine noch höhere Einkommenskonzentration bedeutet. S. dazu BACHA/KLEIN 1986: 71. Zur Erläuterung: Je kleiner der Gini-Koeffizient ist, desto ausgeglichener ist die Einkommensverteilung. Liegt er bei 1, so konzentriert sich das Einkommen auf eine Person.

2　Vgl. EHRKE/EVERS u.a. 1985: 220

3　Die "Linken" sind in diesem Fall die PMDB, die PDT (Partido Democrático dos Trabalhadores) und die PT (Partido dos Trabalhadores).

auch die Einführung einer neuen Währung vor. Im Verhältnis 1:1000 zum alten Cruzeiro wurde der Cruzado eingeführt. Zudem sollte der Wechselkurs zum Dollar auf dem Niveau vom 27.2.1986 fixiert werden.[1]

Doch, um es mit einem Wort zu sagen: Es nützte alles nichts. Die Inflation galoppierte weiter, der Schwarzmarktkurs des Dollars liegt bis zu 100 Prozent höher als der offizielle, und die Mehrheit der Bevölkerung leidet wie nie zuvor. Im Februar 1987 gab die brasilianische Regierung bekannt, sie könne den Zinsforderungen ihrer Gläubiger nicht mehr nachkommen. Wieder einmal mehr muß man feststellen, daß hier den Wende-Politikern das Steuer aus den Händen geglitten ist.

III.2 Das Nord-Süd-Gefälle

Wenn Stefan Zweig (und nicht nur er) einst behauptete, daß der "melting pot" Brasilien Menschen verschiedenster Rassen in größter Harmonie vereine[2], so muß ihm unterstellt werden, daß er ein wenig zuviel von dem ohne Zweifel hervorragenden brasilianischen Zuckerrohrschnaps genossen hatte. Denn Brasilien ist ein Land der Gegensätze, und das gilt für die Rassendiskriminierung ebenso wie für die krassen regionalen Unterschiede.

Der Süden des Landes wurde zum Schwerpunkt der Exportwirtschaft. Aufgrund des guten Ausbaus des Binnenmarktes war er die Basis der Industrialisierung. Mitte des 19. Jahrhunderts lagen 50 der insgesamt 72 Fabriken Brasiliens in Rio de Janeiro.[3] Heute ist der Süden Brasiliens das Industriezentrum Lateinamerikas. Alle namhaften multinationalen Konzerne sind hier mit ihren Produktionsanlagen vertreten.

Doch obwohl allein der Bundesstaat São Paulo mit seinen fruchtbaren Böden in der Lage wäre, ausreichend Nahrungsmittel für die gesamte Bevölkerung des Landes zu produzieren, ist die Ernährungssituation in Brasilien generell schlecht. Besonders deutlich wird dies am vernachlässigten Nordosten. So konsumiert z.B. die Arbeiterschaft der Stadt São Paulo, der Region mit dem höchsten Lebensstandard, lediglich 36% des normalen Vitamin-A-Bedarfs, während in den Städten des Nordostens dieser Wert zwischen 4 und 20% für die Gesamtbevölkerung liegt.[4] Im Nordosten hat die

---

1 Anfang 1989 wurde der Cruzado wiederum im Verhältnis 1:1000 abgewertet und vom Novo Cruzado abgelöst.
2 Vgl. ZWEIG 1984
3 PRADO JR. 1972, USCHNER 1985
4 WÖHLCKE 1985: 82. Grundlegend auch CASTRO (o.J.) und 1969 sowie CHAVES 1982. Umfangreiches Datenmaterial zur Ernährungssituation in Brasilien liefern auch LIMA SOBRINHO 1981 und SIBAN 1978.

Unterernährung dazu geführt, "daß die Körpergröße im Schnitt um 15 Prozent zurückgegangen ist; 60 Prozent der Kinder sind nach dem ersten und zweiten Grad unterernährt, weitere 15 Prozent nach dem dritten Grad; nur 15 Prozent der Kinder haben ein normales Gewicht; 15 bis 20 Prozent der Kinder von Landarbeitern weisen als Folge der chronischen Unterernährung Hirnschädigungen auf; 40 Prozent der Kinder sterben vor dem Einschulungsalter; die durchschnittliche Lebenserwartung beträgt 30 Jahre ...".[1]

Sowohl auf dem Land als auch in der Stadt häufen sich die gewaltsamen Konflikte als Folge dieser Mißstände. Der Protest gegen die soziale Ungerechtigkeit wird oft mit dem Leben bezahlt. So wurde die Vorsitzende der Landarbeitergewerkschaft von Alagoa Grande (Paraíba) am 12. August 1983 im Auftrag eines Zuckerrohrpflanzers von einem Pistoleiro erschossen. Bei Konflikten im Zusammenhang mit Landbesetzungen und Vertreibungen wurden 1983 72 Landarbeiter und 51 Garimpeiros (Edelstein- und Goldsucher) ermordet.[2] In einigen Großstädten kann man schon fast von einer "Tradition" sprechen, wenn nach Fahrpreiserhöhungen für öffentliche Verkehrsmittel die Hälfte der gesamten Busflotte der Stadt unter den Knüppeln und Steinen aufgebrachter Fahrgäste, die zum größten Teil den unteren Einkommensschichten zuzurechnen sind, zu Schrott verarbeitet wird. Ebenso kann eine Verspätung eines Busses zur Entladung des aufgestauten Zorns führen, die im Abbrennen des Busbahnhofs eskaliert.[3]

In der Liste der Länder, die am stärksten vom Problem des Hungers betroffen sind, belegt Brasilien nach wie vor den sechsten Rang. "Bis zu zehn Millionen Kinder sind im Dürregebiet des Nordostens in akuter Todesgefahr, schätzt die Kirche - das brasilianische Militärregime kann ohne Übertreibung als Völkermord-Regierung bezeichnet werden".[4] Diese Anklage kann auch nach der Etablierung der zivilen Regierung noch nicht zurückgenommen werden.

Da die Feldforschung zum Thema dieser Arbeit in der Stadt Recife, dem Zentrum des Nordostens, durchgeführt wurde, werde ich im folgenden Kapitl diese Region noch kurz gesondert in ihrer Bedeutung für Brasilien charakterisieren. Für die empirischen Untersuchungen ist sie als das "Ar-

---

1 WÖHLCKE 1985: 87
2 EHRKE/EVERS u.a. 1984: 213
3 S. dazu MOISÉS 1985, NUNES 1975 und 1985.
4 EHRKE/EVERS u.a. 1985: 219

menhaus Lateinamerikas" von besonderer Bedeutung, da sich in ihr die negativen Entwicklungen des Landes mit verschärfter Intensität widerspiegeln. Armut und Verelendung mögen das gesamte Land prägen, doch im Nordosten überschreiten sie alle Grenzen des noch irgendwie Erträglichen.

III.3 Problemregion Nordosten

Die Verarmung des Nordostens begann merklich erst in diesem Jahrhundert.[1] Von der Entdeckung Brasiliens bis zum Anfang des 20. Jahrhunderts war die Entwicklung des Nordostens im wesentlichen durch die verschiedenen Booms gekennzeichnet, die der Region zum Teil einen beachtlichen Reichtum einbrachten. Zuckerrohr (bis etwa 1680), Baumwolle (bis ca. 1815) und Kakao (bis ins 20. Jahrhundert) bildeten dabei die Standbeine der jeweiligen Epoche.[2]

Der Rückgang der wirtschaftlichen Bedeutung des Nordostens zeichnete sich mit dem Beginn der Industrialisierung ab, die sich vornehmlich auf den Süden Brasiliens konzentrierte. Eine Peripherisierung des Nordostens setzte ein, die sich über Jahrzehnte hinweg fortsetzen sollte. Auch die Importsubstitutionspolitik ließ diese Region unberücksichtigt, der Nordosten "wurde nicht in die Förderung der Privatwirtschaft im Rahmen der Investitionspolitik einbezogen. Durch die im ganzen Land betriebene Arbeiterpolitik wurden die Unternehmer des Nordostens aber verpflichtet, höhere Löhne zu zahlen. Das Ergebnis war eine geringere Ertragslage, eine Stagnation der Investitionen, Kapitalabwanderung in den Süden und Emigration der Arbeitskräfte".[3] Zwischen 1939 und 1950 verdoppelte sich das Bruttosozialprodukt in ganz Brasilien, während im Nordosten lediglich eine Erhöhung um 28% zu verzeichnen war. Dieser Entwicklung sollte schließlich mit der Gründung der SUDENE (Superintendência do Desenvolvimento do Nordeste = Entwicklungsbehörde des Nordostens) im Jahre 1959 entgegengewirkt werden.[4]

---

1 Detaillierte Darstellungen dieser Problematik finden sich u.a. in FURTADO 1959 und 1974, PRADO JR. 1972 und SUNKEL 1973.
2 Zur Periodisierung der brasilianischen Wirtschaftsgeschichte s. vor allem BUESCU 1974. Zum Nordosten speziell vgl. HOLZBORN 1978, ROTT 1981 sowie ROBOCK 1971.
3 MAUS 1979: 50f.; vgl. dazu auch BARROS DE CASTRO 1971. Zum Nordosten allgemein s. auch OLIVEIRA 1978.
4 Zur Gründung der SUDENE und ihrer Arbeit s. GTDN 1967, MAUS 1979, KOCH-WESER 1973, JANSON 1974 und FRANKE 1986.

Einer der Hauptgründe für die Schaffung dieser Institution waren die seit Mitte der fünfziger Jahre zunehmenden sozialen Konflikte in dieser Region, die insbesondere durch die Ereignisse in Kuba auch internationale Beachtung fanden. Von einem "vorrevolutionären" Zustand war die Rede, und manch einer betrachtete das Konfliktpotential des Nordostens als vergleichbar mit dem des Kongo, Südafrikas, Indiens oder Vietnams. [1] Besonders gefiel diese These der Regierungsmannschaft der Amerikaner, die den Nordosten Brasiliens von kommunistischen Bewegungen infiltriert sah. In der amerikanischen Presse konstruierten sie Fidel Castro und Mao Tse-Tung als Helden der Bauern, Arbeiter und Studenten des Nordostens und stellten fest, daß die wirtschaftliche und soziale Situation in der Region zehnmal schlechter sei als in Kuba vor der Revolution. [2]

Die Zeit vor der Gründung der SUDENE war durch eine starke politische Mobilisierung breiter Bevölkerungsschichten geprägt.[3] Die wichtigsten Ereignisse waren das Entstehen der Bauernbewegungen "Ligas Camponesas" 1955, die Aktivitäten der Kirche im sozialpolitischen Bereich, zahlreiche Protestkundgebungen und die Basisarbeit der politischen Parteien. Für die Interessengruppen des Südens stellte somit die SUDENE das "kleinere Übel" dar. Wie sich später zeigen sollte, schlug die Förderungspolitik bald in ihr Gegenteil um. In der Außendarstellung erhielt der Nordosten zwar erhebliche finanzielle Mittel, doch unterm Strich hat er mehr an den Rest des Landes abgeben müssen, als er jemals erhalten hat.[4]

Mit der Förderungspolitik wollte man vor allem Unternehmen dazu veranlassen, in den Nordosten zu investieren. Wer sich dazu entschloß, sah zunächst fetten Jahren entgegen. Die Eigenbeteiligung der Unternehmer reduzierte sich zeitweise auf etwa ein Viertel der gesamten Finanzierung eines Projektes, die Rendite betrug durchschnittlich 22%. [5]Zu beachten ist dabei, daß der Anteil von privatem Auslandskapital bei 42,7% lag. Weiterhin wurden vorzugsweise Großprojekte gefördert und kleinere Betriebe ausdrücklich ausgeschlossen. Das Argument für dieses Vorgehen war die hohe Produktivität, die man mit der Betriebsgröße verband und die man als den Schlüssel zur Konkurrenzfähigkeit gegenüber dem Süden betrachtete. Ebenso versprach man sich einen positiven Beschäftigungseffekt, doch stell-

---

1   Vgl. dazu CASTRO 1969.
2   Ebd.: 118ff.
3   S. dazu u.a. IANNI 1971, FÜCHTNER 1972 sowie DEKADT 1970.
4   MAUS 1979
5   Dazu BACHA u.a. 1972: 86

te man z.B. im Textilbereich, dem Schwerpunkt des Modernisierungsprogramms, zwischen 1959 und 1969 die Schaffung von 7.371 Arbeitsplätzen fest, der jedoch die Entlassung von 9.334 Arbeitskräften gegenüberstand. Einzelne Betriebe waren gar in der Lage, aufgrund der Modernisierung über 80% ihrer Belegschaft zu entlassen.[1] Erledigte die SUDENE ihre Aufgaben zunächst mehr schlecht als recht, so erlitt sie mit der Machtübernahme durch die Militärs ab 1964 eine kontinuierliche Beschneidung ihrer Befugnisse. Sie galt unter den Generälen als "kommunistisch infiltriert"; zahlreiche Mitarbeiter wurden entlassen oder gingen freiwillig. Ihre ursprünglichen Zielsetzungen verschwammen, und heute ist sie nicht viel mehr als ein Verwaltungsorgan der Zentralregierung in der Region.[2]

Die Quote der Bundesausgaben im Nordosten, die ohnehin bereits seit 1960 zurückging,[3] verringerte sich seit dem Putsch verstärkt. Ebenso erhöhte sich der Kapitalabfluß aus dem Nordosten in den Rest des Landes.[4] Es würde an dieser Stelle zu weit führen, die einzelnen Posten dieses Kapitalabflusses über die Jahre hinweg zu verfolgen, doch ein Beispiel mag diese Tatsachen erläutern. So wird der Betrag aus der Zuckerrohrwirtschaft, dem agrarischen Schwerpunkt des Nordostens, der pro Jahr in den Süden abfließt, auf ein bis drei Milliarden Cruzeiros geschätzt.[5] Insgesamt fand ein realer Transfer von Finanzhilfen bundesstaatlicher Institutionen in den Nordosten lediglich im Jahre 1960 in Höhe von 1,5% des regionalen Bruttosozialprodukts statt. 1966 gab der Nordosten rund 6,7% seines Bruttosozialprodukts an das Land ab, 1970 7,4% und 1974 gar 11%.[6] "Die bundespolitischen Maßnahmen im Nordosten waren letztlich so angelegt, daß sie unmittelbar auf eine Peripherisierung der Region hinwirken mußten, da sie zur Abschöpfung eines nicht unerheblichen Teiles der in der Region erwirtschafteten Überschüsse führten".[7]

Damit soll allerdings nicht gesagt werden, daß es überhaupt keine Entwicklung des Nordostens gab. Betrachtet man das regionale Wirtschaftswachs-

---

1 MAUS 1979: 92
2 Zu dieser Problematik CEAS 1971a und 1971b. Das Scheitern der SUDENE ist auch Thema in FURTADO 1989.
3 S. dazu die verschiedenen Publikationen der IBGE im Literaturverzeichnis sowie DUARTE 1973.
4 GTDN 1967
5 MAUS 1979: 108, Anm. 2
6 IBGE 1971 und 1975, BNB/ETENE 1968 und GTDN 1967
7 MAUS 1979: 116

tum insgesamt, so stellt man z.T. beachtliche Wachstumsraten fest. Zwischen 1950 und 1974 betrug es durchschnittlich 6,9% pro Jahr.[1]

Gegenüber dem Wirtschaftswachstum Gesamtbrasiliens blieb es jedoch stets zurück, ebenso wie das durchschnittliche Pro-Kopf-Einkommen. Ein extremes Beispiel liefert in diesem Zusammenhang das Gebiet des unteren Jaguaribe (Ceará), wo das Pro-Kopf-Einkommen 1960 etwa 125 US-Dollar betrug, 10 Jahre später aber lediglich noch 50 US-Dollar.[2] Parallel dazu war und ist eine zunehmende Einkommenskonzentration im Nordosten zu verzeichnen. Diese Entwicklungen wurden in den letzten Jahren (1980, 1982, 1984/85 und schließlich 1987/88) durch meine eigenen Untersuchungen in den unteren Einkommensschichten Recifes bestätigt. Die Folge ist ein unaufhaltsames Fortschreiten der Marginalisierung breiter Bevölkerungsteile.

Insgesamt ergibt sich, daß die angestrebte Entwicklung des Nordostens nicht stattfand, sondern daß die Mechanismen, denen entgegengewirkt werden sollte, sich noch verstärkt haben. Traditionelle Sektoren der Industrie wurden z.T. zerstört, der Ressourcentransfer in den Süden des Landes verstärkte sich, und der ohnehin desolate Zustand des Arbeitsmarktes verschärfte sich[3]. Am Hunger und seinen Folgen sterben heute mehr Menschen als je zuvor, und es schließt sich die Frage an, wo das einst behauptete Revolutionspotential geblieben ist. Ich werde dieser Frage zunächst anhand des Phänomens "Gewalt" in Brasilien in einer allgemeinen Betrachtung nachgehen, um später auf der Grundlage eigener empirischer Studien vornehmlich in Recife eine genaue Analyse der Problematik vorzunehmen.

---

1   S. IBGE 1950, 1960, 1970 und 1974 sowie SUDENE 1965-74
2   S. REALIDADE 1972
3   Zum Scheitern der Entwicklungsmaßnahmen im Nordosten s. vor allem FRANKE 1986 und FURTADO 1989.

IV. Gewalt in Brasilien

Seit der Entdeckung Brasiliens galt "der" Brasilianer als ein friedliebender und herzlicher Mensch, dessen gewaltfreies Wesen gar Gegenstand verschiedener Publikationen wurde.[1] Gewalt wurde dabei stets als eine Ausnahmeerscheinung des brasilianischen Alltags betrachtet, der in seinen Grundzügen von Aufrichtigkeit und Generosität gekennzeichnet war.[2] Als Beweise dieser These wurden in diesem Zusammenhang stets einige historische Daten zitiert: die Unabhängigkeit Brasiliens, die weitgehend konfliktfrei erlangt wurde; der relative soziale Frieden während der Zeit des "Segundo Império" (1840 - 1889); die Abschaffung der Sklaverei ohne Blutvergießen (1888); die Revolution von 1930 und die Diktatur unter Vargas (1937 - 1945), die ohne eine gewalttätige oder rebellische Opposition existierte, und schließlich die Machtübernahme durch die Militärs (1964), die sich ohne bewaffnete Auseinandersetzungen oder bürgerkriegsähnliche Kämpfe vollzog.[3]

Dieses vermeintliche friedliche Zusammenleben wurde allerdings durch kritische Arbeiten in Frage gestellt und auch durch historische Untersuchungen widerlegt, die jedoch an dieser Stelle nicht reproduziert werden sollen, da sie den Rahmen und die Zielsetzung dieser Arbeit überschreiten würden.[4] Vom einstigen "Homem Cordial" (etwa: friedlicher/freundlicher Mensch) ist man heute jedenfalls weiter entfernt denn je.[5] Allein die über 20 Jahre während Militärdiktatur, die von politischer und polizeilicher Willkür, den Aktivitäten der Todesschwadrone und Folter gekennzeichnet war,[6] hat tiefe Spuren in der brasilianischen Gesellschaft hinterlassen, die sich auch in einem "Erbe der Gewalt" widerspiegeln. Kein Tag vergeht, an dem die Schlagzeilen der Zeitungen nicht von neuen Morden und Überfällen berichten. Für die Abendnachrichten des Fernsehens erscheint es geradezu

---

1   So etwa in BUARQUE DE HOLANDA 1963: 101f. oder FREYRE 1965.
2   LOVE 1970: 107
3   Vgl. u.a. CERQUEIRA FILHO/NEDER 1987: 14. Als Ausnahmen in der vermeintlich friedlichen Geschichte Brasiliens werden höchstens der Paraguay-Krieg (1865 - 1870) und der Canudos-Krieg (1896 - 1898) genannt. S. auch CUNHA 1957.
4   Allein für die Zeit der Kolonisierung Brasiliens sei auf folgende Publikationen verwiesen, die u.a. die verschiedenen Gewaltverhältnisse zum Gegenstand haben: NOVAIS 1971; SCHWARZ (o. Jahresangabe); CARVALHO FRANCO 1969.
5   Vgl. dazu auch einen Artikel von CARDOSO in der Folha de São Paulo vom 24.10.1976.
6   Vgl. dazu ARQUIDIOCESE DE SãO PAULO 1985

obligatorisch, dem Publikum zumindest eine Leiche zu präsentieren, sei es die eines Überfallenen oder die eines Räubers. Gewalt ist für die Medien ein schier unerschöpfliches Thema, je spektakulärer, desto höher die Einschaltquoten bzw. die Auflagen der Zeitungen.

Ein Beispiel für Gewalt bietet der folgende Abschnitt, der auch überblicksartigen Charkter hat und einige wichtige Aspekte dieses Phänomens anspricht, die an anderer Stelle noch erörtert werden sollen.

IV.1 Die bittere Süße des Zuckerhuts [1]

Seit die ersten Familien ihre armseligen Bretterbuden auf den Hügeln Rio de Janeiros errichteten und damit den Grundstein für die inzwischen unübersehbaren Favelas der Stadt legten, kursierte eine ängstliche Frage unter der Bevölkerung: "Was ist, wenn sie eines Tages von ihren Hügeln herunterkommen?"

Sie kamen herunter. Sie kamen aus der Favela Roçinha, laut UNO das größte Elendsviertel der Welt, das in den etwa 14.000 Baracken rund 200.000 Menschen beherbergt. Auf den mitgeführten Pappschildern war zu lesen "Frieden" und "Gewalt - Nein!", und Elisa Pirozi, Mitglied der "Associação Pro-Melhoramento da Rocinha" (Vereinigung für die Sanierung Rocinhas) erläuterte, an wen sich diese Aufrufe des Protestmarsches richteten: "Mit unserer Demonstration wollen wir die polizeiliche Gewalt und die Gleichgültigkeit der Verantwortlichen anklagen."

Um ihrem Protest Nachdruck zu verleihen, verbarrikadierten sie den Straßentunnel "Dois Irmãos", der die Stadtteile São Conrado, Leblon und den Südteil Rios miteinander verbindet, und begannen mit einem Sitzstreik. Binnen weniger Minuten bildete sich ein Stau von acht Kilometer Länge. Die Polizei aber reagierte, wie sie in einem solchen Fall stets reagiert: Einige Schläge mit dem Gummiknüppel genügten, um den bis dahin friedlichen Protest der Demonstranten aufzulösen. Doch dieser gewaltsame Einsatz brachte das Faß zum Überlaufen. Mit Steinen, Dachziegeln und Holzlatten setzten sich die Bewohner Rocinhas zur Wehr und lieferten der Polizei eine sechsstündige Straßenschlacht, in der es auch zu einem 19minütigen Schußwechsel kam. 16 Demonstranten wurden verletzt, zwei von ihnen durch Revolverschüsse.

Diese Auseinandersetzungen waren nur eine Facette einer ganzen Reihe gewaltsamer Ereignisse, die in den Tagen und Wochen zuvor auf den "Mor-

---

1 Dieses Kapitel ist bereits erschienen unter dem Titel "Elend, Gewalt und Demokratie - Aufruhr in den Favelas von Rio de Janeiro" in EPN 11/87 (HEGMANNS 1987a).

ros", wie die Favelas Rio de Janeiros auch genannt werden, stattgefunden hatten. So lieferten sich im Elendsviertel Dona Marta im Stadtteil Botafogo zwei rivalisierende Banden einen sechs Tage dauernden Kleinkrieg, in dem Revolver, Gewehre und Maschinengewehre benutzt wurden, deren Schüsse man bis zur Wachstation des 2. Batallions der Militärpolizei hören konnte. Doch die Polizei schritt nur sehr zögernd ein, da man "niemanden unnötig gefährden" wollte. Angesichts der üblichen Vorgehensweise gegen Angehörige der unteren sozialen Schichten ein ungewöhnliches Verhalten. Doch schaut man hinter die Kulissen, so werden die Zusammenhänge schnell deutlich.

Auslöser des Bandenkrieges waren Revierstreitigkeiten der Drogenschieber "Zaca" und "Cabeludo", deren Banden derartige Geschäfte in Dona Marta kontrollieren. Drei Tote und eine nicht bekannte Anzahl von Verletzten waren das Ergebnis. Verwunderlich war es während des Drogenkrieges allerdings, daß sich teilweise bewaffnete Bandenmitglieder beider Parteien und Polizei über den Weg liefen, ohne daß eine Festnahme erfolgte. Ein Informant der Polizei brachte gegenüber Journalisten schließlich Licht in dieses Dunkel. Demnach werden die Banden von sieben Polizisten des erwähnten Batallions mit Waffen und Munition beliefert. Im Austausch dafür gibt es Kokain und Geld. Als nach sechs Tagen der Bandenkrieg endlich ein Ende fand, konnte man zwar 17 Festnahmen verzeichnen, doch befanden sich weder "Zaca" noch "Cabeludo", die eigentlichen Drahtzieher der Auseinandersetzungen, unter ihnen.

Um Drogen ging es auch, als die Polizei in die Favela Tuiuti im Stadtteil São Cristovão eindrang und sich einen Schußwechsel mit Hehlern lieferte. Ein 13jähriges Mädchen, das auf der Straße spielte, wurde dabei von einer Polizeikugel tödlich getroffen. In einer spontanen Aktion besetzten daraufhin die aufgebrachten Bewohner der Favela die Polizeiwache, um den Polizisten zur Verantwortung zu ziehen. Doch erfolgte weder eine Untersuchung des Vorfalls noch wurde Anklage gegen den Polizisten erhoben.

Roçinha, Dona Marta und Tuiuti haben drei Dinge gemeinsam: das absolute Elend, das Mißtrauen gegenüber der Polizei und die Kontrolle durch organisierte kriminelle Banden. Staat und Stadtverwaltung führen lediglich sporadische Maßnahmen zur Verbesserung der allgemeinen Lebenssituation in den Favelas durch. Die Polizei ist zum Synonym für Gewalt und Willkür geworden, wogegen die Banden - soweit sie sich nicht gegenseitig bekämpfen die Garanten für Ruhe und Ordnung und bisweilen zuverlässige "Kreditgeber" in Notlagen sind. Sie genießen ein gewisses Ansehen und Respekt unter den Bewohnern.

Hintergründig war auch der Protestmarsch der Bewohner Roçinhas ein Eintreten für "Denis", der sich auch gerne als ein moderner Robin Hood bezeichnet. Er war unter dem Verdacht des Drogenhandels und des Mordes verhaftet worden. Doch er und seine zwanzig "Pistoleiros" hatten stets dafür gesorgt, daß sich andere Banden von Roçinha fernhielten. Nun fürchten die Bewohner den Zusammenbruch ihres Sicherheitsnetzes sowie die Willkür korrupter Polizisten und auswärtiger Banden.

Von Robin Hood und der mit seiner Geschichte verbundenen Romantik aber ist das Bandenwesen in diesen Favelas weit entfernt. Vielmehr scheinen sich hier mafiaähnliche Strukturen aus der Elendskriminalität herauszubilden, die eigenen Regeln und Gesetzen unterliegen. Angesichts der Unruhen verlangte der Gouverneur des Bundesstaates Rio de Janeiro, Wellington Moreira Franco, nach einem neuen Elliot Ness. Dieser hatte im Chicago der zwanziger Jahre dem Gangsterkönig Al Capone das Handwerk gelegt. Forderungen dieser Art verwischen jedoch die eigentlichen Ursachen für die Entwicklung der "Elendsmafia". Allzu lange sind die Verantwortlichen Hunger und Armut mit Ignoranz begegnet und haben somit den Nährboden für Kriminalität und Korruption gelegt. Das Niederknüppeln friedlicher Demonstranten aus den Elendsvierteln und die Gleichgültigkeit gegenüber ihren Forderungen nach sozialer Gerechtigkeit führten zu verstärkter Gewalt und zum Anwachsen der Kriminalität als letztem Ausweg, sich das zu beschaffen, was man zum Leben braucht.

Es sollte jedoch nicht der Eindruck entstehen, daß man es mit Kriminellen zu tun hat, wenn man von den Bewohnern der Elendsviertel spricht. Bei den Banden handelt es sich vielmehr um eine Minderheit, die jedoch eine gewisse Machtstellung besitzt und somit eine wichtige Rolle in der sozialen Organisation der betreffenden Favela spielt. Ein Mitglied des Bewohnerrates der Favela Dona Marta schätzt den Anteil der Kriminellen auf nicht mehr als fünf Prozent: "Es gibt hier Kriminelle, wie sie auch in anderen Bereichen unserer Gesellschaft existieren, einschließlich der Regierung, aber 95 Prozent der Leute, die hier leben, ernähren sich von harter Arbeit."

Insgesamt hat man auf den "Morros" ein gespaltenes Verhältnis zu den Banden. Zwar sorgen sie für einen gewissen Grad an Sicherheit innerhalb der Elendsviertel, doch werden bisweilen auch "Schutzgebühren" von den kleinen Händlern verlangt, die dort ihr reguläres Geschäft betreiben. Und wenn Probleme auftauchen - wie im Falle der Festnahme von "Denis" - so erwartet man von den Bewohnern entsprechende Reaktionen. Vom Protestmarsch Roçinhas sagt man, er sei von "Denis" Gefolgsleuten initiiert worden, um dessen Freilassung zu erreichen. Das Ausnützen solcher Formen demokratischer Interessenswahrnehmung durch kriminelle Banden aber würde eine enorme Schwächung der politischen Organisation der Favelas nach sich ziehen. Denn politischer Protest - zum Beispiel im Hinblick auf soziale Gerechtigkeit, Sanierungsmaßnahmen etc. - könnte auf diese Weise stets als "kriminell unterwandert" verurteilt und durch entsprechende Maßnahmen "aufgelöst" werden. In der jüngeren Geschichte Brasiliens sind solche Praktiken, die zudem durch die Massenmedien unterstützt werden, zu einem wirksamen Mittel geworden, die noch immer anhaltende Repression durch Polizei und Militär zu rechtfertigen. Doch damit ist weder der ohnehin noch in den Kinderschuhen steckenden Demokratie Brasiliens noch der Bekämpfung des Massenelends gedient.

IV.2 Weitere Zahlen

Es gibt kaum eine öffentliche Debatte in Brasilien, die soviel Aufmerksamkeit in allen Bevölkerungsschichten erlangt wie die Debatte über die Gewalt. Angesichts der Tatsache, daß bisher fast jeder dritte Brasilianer Opfer eines Kriminal- bzw. Gewaltdeliktes wurde, ist dies wohl auch kaum verwunderlich. Morde, Banküberfälle und Raubüberfälle auf der Straße gehören zum Alltag der Großstädte. In der 14-Millionen-Stadt São Paulo wird alle 15 Minuten ein Raub begangen, in Rio de Janeiro alle 20 Minuten. Pro Jahr werden in Brasilien rund 10.000 Menschen in gewaltsamen Auseinandersetzungen getötet.[1]

Weltweit nimmt Brasilien den zweiten Platz ein hinter Kolumbien, was die Anzahl der Personen betrifft, die bereits Opfer eines Raubüberfalls wurden, wie das folgende Schaubild zeigt. Unterschieden wird hierbei nach einem erlittenen Überfall innerhalb der letzten fünf Jahre und innerhalb des letzten Jahres. Als Opfer wurden die Befragten selbst oder ein Mitglied ihrer Familie definiert.

---

1 Vgl. dazu u.a. PIRES 1986

Schaubild 2: Opfer von Raubüberfällen
Opfer eines Rabüberfalls (Befragter selbst bzw. ein Mitglied seiner Familie) in %; in den letzten 5 Jahren: innerhalb des letzten Jahres:
Quelle: INSTITUTO GALLUP, Internationale Studie über Gewalt und Überfälle, 1984

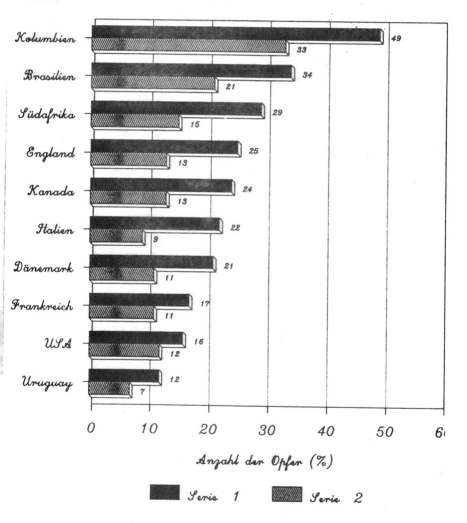

Ein Blick auf entsprechende Statistiken der größten brasilianischen Metropole São Paulo zeigt, daß insbesondere die "schweren" Kapitalverbrechen wie Mord und Bankraub zugenommen haben. So wird dort alle zwei Stunden ein Mensch umgebracht.

Tabelle 1: Kriminaldelikte in São Paulo jeweils im ersten Halbjahr

	1984	1985	1986	1987
Morde	1927	1865	2119	2 260
Diebstahl	61959	61330	56794	56470
Raub	30641	27330	24450	23618
Autodiebstahl	23155	26242	22819	20647
Bankraub	260	167	122	2 93

Quelle: Folha de São Paulo vom 19.9.1987

Berücksichtigt werden muß dabei, daß eine große Zahl von Diebstählen und Raubüberfällen auf der Straße von den Betroffenen nicht mehr angezeigt wird, da ohnehin keine Hoffnung besteht, den Delinquenten zu fassen und das gestohlene Gut wiederzubekommen. Hinzu kommt, daß die Polizei unter der Bevölkerung nur selten Vertrauen genießt, da sie selbst oft in kriminelle Delikte verwickelt ist. Ein Beispiel mag dies verdeutlichen:

Getúlio, Bäckereibesitzer in der Baixada Fluminense (von der gleich noch die Rede sein wird), wurde in seinem Laden überfallen und händigte den Inhalt seiner Kasse aus. Er erstattete Anzeige und erklärte auf der Polizeiwache, daß er den größten Teil des Geldes aus Sicherheitsgründen unter der Holzverkleidung des Tresens versteckte. Drei Tage später wurde er erneut überfallen. Diesmal forderten die Räuber, ihnen das Geld, das er unter seinem Tresen lagerte, zu übergeben.[1]

Kriminalstatistiken sind in ihrer Zuverlässigkeit und Aussagekraft beschränkt, obwohl sie ohne Zweifel Tendenzen aufzeigen. Die Dunkelziffern insbesondere bezüglich Diebstahl und Raub sind jedoch bei weitem höher, als sie jede offizielle Statistik widerspiegeln kann.[2] Die Folge ist ein Klima von wachsender Angst und Unsicherheit unter der Bevölkerung. "Man hat

---

1 SOUZA 1980: 46
2 Zum Problem der Handhabung und Bedeutung solcher Statistiken vgl. u.a. COELHO 1978b, MATZA 1969, PAIXÃO 1982: 97f. sowie SELLIN 1968.

Angst, sich auf die Straßen und öffentliche Plätze zu begeben. Wenn uns jemand am Arm berührt - und sei es in der besten Absicht - und nur sagt Hallo, läuft uns schon ein kalter Schauer den Rücken hinunter", beschreibt der Publizist und Sozialphilosoph REGIS DE MORAIS dieses Klima.[1]

Im Jahre 1978 gaben entsprechend einer Umfrage 71 Prozent der interviewten Personen an, Angst vor einem Überfall zu haben, gegenüber 60 Prozent im Jahre 1975.[2] 62 Prozent der Personen, die bereits überfallen worden waren, zeigten dies nicht bei der Polizei an[3], und 61 Prozent befürchteten gar, im Falle einer Anzeige selbst verhaftet zu werden.[4] Letzteres kann als Teil des Erbes des Autoritarismus betrachtet werden, der das Land jahrzehntelang beherrscht hat.

Die Erfahrung von Gewalt hat umgekehrt auch eine größere Bereitschaft der Bevölkerung zur Anwendung von Gewalt zum Resultat. Gemäß einer im Jahre 1980 durchgeführten Untersuchung erklärten sich 38 Prozent der Befragten für fähig, jemanden zu töten, 27 Prozent wären im Stande, einen Unfall zu provozieren, und 4 Prozent würden sich an einem Akt von Lynchjustiz beteiligen.[5] Im Falle von São Paulo hieße dies, daß mehr als eine halbe Million Personen tagtäglich dazu bereit wären, Selbstjustiz zu begehen und einen Menschen umzubringen.

Die bereits zitierte Baixada Fluminense, eine Region im Bundesstaat Rio de Janeiro, hat in diesem Zusammenhang zweifelhaften Ruhm erlangt, der auch über die Grenzen Brasiliens gedrungen ist. Laut einer Studie der UNESCO über 95 Staaten ist die Baixada Fluminense der "gewalttätigste Ort der Welt".[6] Und dies bezieht sich nicht nur auf Gewalttäter aus der dort lebenden Bevölkerung, sondern auch auf Militärpolizei und die sogenannte "Todesschwadron", jene illegal operierende Truppe aus überwiegend Polizisten und Militärangehörigen, die es sich zur Aufgabe gemacht hat, die Straßen von Kriminellen zu "säubern". Die Baixada Fluminense gilt als ihr bevorzugtes Einsatzgebiet.

Für die Bewohner des Munizips, die in der Mehrheit den unteren Einkommensschichten entstammen, gilt es, bestimmte Regeln des Alltags zu beachten, um nicht Opfer einer Gewalttat zu werden. So werden die Frauen stets von ihren Männern begleitet, wenn sie sich zur Arbeit begeben. Wer abends

1   MORAIS 1985: 19
2   Indice Gallup de Opinião Pública, ano IV, número 76, 1978: 11
3   Ebd.: 4
4   Indice Gallup de Opinião Pública, ano IV, número 79, 1978: 10
5   Vgl. GOLDENBERG 1980
6   SOUZA 1980: 30

noch unterwegs ist, hat weder eine Armbanduhr am Handgelenk noch einen Ring am Finger. Selbst neue Schuhe werden zu Hause gelassen, um nicht die Aufmerksamkeit eines Räubers auf sich zu ziehen. Bisweilen kennen sich Opfer und Räuber, doch die Bewohner ziehen es vor zu schweigen, Zeugen für einen Überfall gibt es niemals, da man Racheakte zu fürchten hat.

Die Baixada Fluminense ist ein extremes Beispiel für die Eskalation von Gewalt in Brasilien, doch sie vereinigt sämtliche Aspekte des Problems in sich. Die Antwort auf die Frage nach einer wirksamen Bekämpfung des Problems gestaltet sich für die Mehrheit der Bevölkerung recht einfach: In kaum einem Haushalt fehlt der geladene Revolver. Die Anzahl der in São Paulo legal und illegal im Verkehr befindlichen Handfeuerwaffen wird auf mehr als sieben Millionen geschätzt[1], d.h. gut jeder zweite Bewohner - Kinder eingeschlossen - hat eine solche Waffe.

Die Gewaltkriminalität wirkt sich auf den gesamten modus vivendi der Stadtbevölkerung aus. Sie ist nicht nur als Thema in aller Munde, sondern bestimmt auch die Wahl des Stadtteils, in dem man wohnt, sowie Verhaltensweisen und Gewohnheiten. So geht der Trend hinsichtlich der eigenen vier Wände der besser verdienenden Einkommensschichten in den letzten Jahren vom eigenen Haus hin zum Apartement in einem der zahlreichen Apartementhochhäuser, deren Eingangshallen rund um die Uhr von einem oder mehreren Wachposten besetzt und oft zusätzlich durch elektrische Vorrichtungen gesichert sind. Einzelne Straßenzüge in Stadtteilen mit Einfamilienhäusern sind abgesperrt. Wer hinein oder hinaus will, muß den oder die bewaffneten Sicherheitsposten passieren. Persönliche Vorsichtsmaßnahmen wie die Einhaltung bestimmter Uhrzeiten, die Benutzung immer gleicher Wege und Straßen, die Wahl der Fortbewegungsmittel und der gewöhnlich frequentierten Orte komplettieren dieses Bild des Gewaltsyndroms. Ein weiteres Anzeichen für den Wandel der Wohnkultur ist die Zunahme von Gittern vor Fenstern und Türen. "Je mehr das Elend wächst, desto mehr wachsen auch die Gitter in Recife", stellte auch der ehemalige Erzbischof von Recife und "Anwalt der Armen", Dom Helder Câmara, fest.[2] Zwischen 1983 und 1987 hat sich die Anzahl der Schmiedewerkstätten in der nordostbrasilianischen Metropole verdoppelt. Man spricht bereits von einer "Architektur der Angst", deren Ergebnis sich darin äußert, daß die Bevölkerung

---

1 MORAIS 1985: 53
2 RECLAMO 25/1987: 26f.

44

hinter Gittern lebt, während die Kriminellen die Straßen beherrschen.[1]
Weniger Aufmerksamkeit als die spektakulären Formen der Gewalt wie Mord und Totschlag erlangt die sogenannte Weiße Gewalt. In Brasilien stirbt etwa jede Minute ein Kind, bevor es ein Lebensjahr erreicht hat. Auf dem Gesundheitssektor kursiert dazu auch der Begriff der stillen Gewalt. Die eine Hälfte dieser Kinder ist Opfer fehlender hygienischer Maßnahmen, die andere Hälfte stirbt aufgrund von Unterernährung.[2] Eine Folge der Unterernährung ist auch die wachsende Anfälligkeit gegenüber Infektionen und der kritische Verlauf ansonsten harmloser Krankheiten. Ende der siebziger Jahre rafften so die Röteln die Hälfte aller Kinder der Stadt Piqueri, etwa 100 Kilometer von Natal entfernt, dahin. Im Jahre 1984 löste ein Kindersterben infolge von Röteln in São Paulo Panik aus.[3] Als Ursache für diese ungewöhnlichen Erscheinungen wurden die generelle Unterernährung und die damit verbundenen geringen körperlichen Abwehrkräfte der Opfer identifiziert.

Die Hauptbetroffenen der mangelnden gesundheitlichen Versorgung sind die unteren Einkommensschichten. Dementsprechend ist die Höhe ihrer Lebenserwartung bei der Geburt, wie die folgende Tabelle zeigt:

Tabelle 2: Der Zusammenhang von Einkommen und Höhe der Lebenserwartung

Einkommensgruppe (in Mindestlöhnen)	Lebenserwartung bei der Geburt
bis 1 Ml	55,4 Jahre
1 bis 2	59,6 Jahre
2 bis 5	64,2 Jahre
mehr als 5	69,8 Jahre

Quelle: CURY, L., Semana da Medicina, Fakultät für Medizin, Universität São Paulo, Konferenz vom 18.8.1980.

Anhand dieser Zahlen wird ersichtlich, daß die Einkommensschichten, die über mehr als fünf Mindestlöhne pro Monat verfügen, eine um fast 15 Jahre höhere Lebenserwartung haben als diejenigen, die bis zu einem Mindestlohn

1 Ebd.
2 PIRES 1986: 29
3 Ebd.: 31

verdienen. Dabei sei angemerkt, daß sich etwa zwei Drittel der brasilianischen Bevölkerung von einem Mindestlohn ernähren müssen.

Ein weiteres bemerkenswertes Beispiel "weißer" Gewalt ist die Zahl der Verkehrstoten in Brasilien. Durch Verkehrsunfälle wurden 1980 in Rio de Janeiro weit mehr Menschen getötet als durch Überfälle oder Morde.[1] Auf 10.000 registrierte Fahrzeuge entfielen in São Paulo im Jahre 1978 im Durchschnitt 16,6 Todesopfer. In New York lag ihre Anzahl bei 3, in Chicago bei etwa 2 Verkehrstoten pro 10.000 registrierte Fahrzeuge.[2] Trotz der alarmierenden Zahlen gelten Verkehrsunfälle jedoch nicht als "nationales Problem". Das gleiche gilt für Arbeitsunfälle aufgrund fehlender Sicherheitsmaßnahmen, ein Bereich, in dem Brasilien eine Rekordmarke hält. Zwischen 1970 und 1980 gab es mehr als 40.000 Tote bei Arbeitsunfällen[3], und mehr als 100.000 Personen wurden zu Invaliden.[4] Formal existieren zwar zahlreiche Sicherheitsvorschriften, doch werden sie von den Unternehmen nicht eingehalten, weil derartige Auflagen unproduktive Investitionen erfordern. Besteht ein Arbeitnehmer auf die Einhaltung der Vorschriften, so riskiert er, entlassen zu werden. So geschehen etwa im Falle von Genival aus Vila Santa Luzia/Recife, der bei einer Kanalreinigungsfirma angestellt war und sich weigerte, ohne Sicherheitsmaßnahmen in einen unterirdischen Kanal zu steigen. Er wurde auf der Stelle entlassen.

Endlose Klagelieder verursachen auch die Geldbeträge und Werte, die bei Bank- und Raubüberfällen auf illegale Weise ihre Besitzer wechseln. Vergessen werden dabei die horrenden Summen, die durch Korruption auf allen - geschäftlichen wie politischen - Ebenen verschoben werden. Sämtliche Banküberfälle in Brasilien im Jahre 1980 bereicherten die Räuber um etwa 300 Millionen Cruzeiros. Die Summe, die durch Mißmanagement auf dem Finanzmarkt zwischen November 1980 und Ende Januar 1981 verlorenging, belief sich auf das Zwanzigfache.[5] Man geht jedoch falsch in der Annahme, daß dieser Verlust auch mit der zwanzigfachen Lautstärke beklagt wurde wie die Banküberfälle.

Die Schäden durch Korruption und Geldverschiebungen sind in Brasilien um ein Vielfaches höher als die durch kriminelle Delikte entstandenen.[6] Und

---

1   VEJA v. 7.1.1981
2   Folha de São Paulo v. 24.2.1980
3   S. hierzu auch Tab. I im Anhang.
4   ANT/KOWARICK 1982: 42ff.
5   VEJA v. 4.2.1981
6   Zu den sogenannten White-Collar-Verbrechen s.u.a. SUTHERLAND 1983

OLIVEN geht gar soweit zu behaupten, daß die polizeiliche Gewalt dahin tendiert, die Kriminalität und Gewalt der Unterschichten zu überflügeln.[1] Faktisch waren die größeren gewaltsamen Konflikte aufgrund verbotenen Glücksspiels (Jogo do Bicho) oder etwa des Drogenhandels stets mit der Involvierung von Polizei oder ehemaligen Polizisten verbunden. ANT/KO-WARICK stellen in diesem Zusammenhang die Existenz einer Verbrechens-maschinerie in den Vordergrund, die sich durch straffe Strukturierung aus-zeichnet, speziell im Hinblick auf Rauschgifthandel, Schmuggel, Glücks-spiel, Hehlerei etc., die nur noch wenig zu tun haben mit der "gewöhnlichen Straßenkriminalität". Die Schwierigkeit, diese straff organisierten, mafia-ähnlichen Organisationen zu identifizieren, ist dabei ein Indikator für den Grad ihrer Korruptivität, Handlungsbeweglichkeit und Macht. In diesem Netz des institutionalisierten Verbrechens reproduziert sich auch die "ge-wöhnliche Kriminalität", da Delinquenten jeden Niveaus diese Infrastruktur benötigen und in Anspruch nehmen.[2]

Generell werden angesichts der "gewöhnlichen Delinquenz" andere For-men der Gewalt und Kriminalität, die in ihren Folgen wesentlich schwerwie-gender sind, als Restkategorie behandelt: "In diesem politisch-ideologischen Benutzungsschema der Gewalt werden niemals die Kontrolle über den Repressionsapparat in Frage gestellt, die "white-collar"-Verbrechen, die gro-ßen dunklen Geschäfte, die Unfälle aufgrund fehlender Sicherheitsmaßnah-men am Arbeitsplatz und der Tod aufgrund von Elend".[3]

OLIVEN betrachtet das Klima von Unsicherheit und Gewalt als einen Reflex des wilden Kapitalismus (capitalismo selvagem), der das gegenwär-tige brasilianische Entwicklungsmodell charakterisiert. Dieses Modell be-stärkt einen Repressionsapparat, der juristische Entscheidungsfunktionen okkupiert, über Schuld und Unschuld bestimmt und im Namen der öffentli-chen Sicherheit verhaftet, foltert und mordet.[4] Somit ist die Frage der Gewalt untrennbar mit der Demokratiediskussion verbunden, die zwar mit der politischen Öffnung des Landes im Jahre 1978 begonnen hat, jedoch über das Vorwort noch nicht hinausgekomen zu sein scheint.

Mit diesen Ausführungen soll nicht etwa die in den Medien vorrangig erscheinende Gewalt relativiert oder gar verharmlost werden, im Gegenteil: Die direkt gegen Personen gerichtete intendierte, mitunter menschliches

---

1 OLIVEN 1982: 27
2 ANT/KOWARICK 1982: 41f.
3 OLIVEN 1980: 8
4 Ebd.: 28 und ders. 1982 sowie ANT/KOWARICK 1982: 29ff.

Leben zerstörende Gewalt ist ihrer Erscheinung nach ein nicht tolerierbarer Fakt, dem aus seinen Ursachen heraus entgegengewirkt werden muß. Man sollte sich jedoch stets vor Augen halten, daß es nicht nur eine Gewalt gibt: die der gewaltsamen Kriminalität.[1] Denn wenn Gewalt gleichzusetzen ist mit gewaltsamer Kriminalität, so könnte man die Verseuchung unserer Flüsse, die Vergiftung unserer Umwelt und unserer Nahrungsmittel, und den Hunger, die Armut und das Elend in der Dritten Welt niemals als Gewaltverhältnisse begreifen. Und daß in diesem Zusammenhang Gewalt stattfindet, beweist allein schon die Tatsache, daß menschliches Leben bedroht bzw. vernichtet wird. In Brasilien jedoch wird diesem Aspekt - zumindestens in den Massenmedien - kaum Beachtung geschenkt. Gewalt wird darin auf das reduziert, was an der Oberfläche erscheint und den Bürger auf der Straße direkt konfrontiert, und das sind nun einmal Diebstahl, Raub und Mord.

Diese Arbeit dreht sich um Gewalt und deren Ursachen. Das vorliegende Kapitel sollte einen Eindruck über die gegenwärtige Situation in Brasilien hinsichtlich dieser Frage vermitteln, wobei jedoch Zahlen und Statistiken kaum die Realität des Alltags wiedergeben können. Nichtsdestoweniger läßt sich aus ihnen schließen, welchen enormen Umfang das Problem der Gewalt in diesem Land hat. Dabei beschreiben sie eine Situation, aber einen Aufschluß über das Phänomen der Gewalt geben sie nicht. In den zitierten Zahlen erscheint lediglich eine Oberfläche, die mit keinem Wort verrät, aus welchen Faktoren sich dieses Phänomen zusammensetzt. In der Analyse der Gewaltfrage wird es sich jedoch zeigen, daß es gerade diese Zusammensetzung ist, die das Feuer schürt und gleichzeitig durch dicke Rauchschwaden zu vernebeln versucht. Man wird feststellen, daß Gewalt nicht nur Resultat, sondern auch Ursache und Bedingung ist, und daß das, was behauptet wird, nicht unbedingt dem entsprechen muß, was tatsächlich existiert.

Ich möchte nun zu der in den Elendsvierteln von Recife durchgeführten Feldforschung kommen. Dabei soll auch auf frühere Ergebnisse aus den Jahren 1980, 1982, und 1984/85 zurückgegriffen werden, um die Entwicklungen der ökonomischen Situation der untersten Einkommensschichten zu verdeutlichen. Vorab werde ich auf das methodische Vorgehen und die einzelnen Untersuchungsgebiete eingehen.

---

1   Vgl. dazu auch SUSSEKIND 1987: 10

V. Methodisches Vorgehen

Methoden sind nach Meinung vieler Studenten der Soziologie eines der langweiligsten Kapitel innerhalb ihres Studiums. Sie werden auch stets langweilig bleiben, wenn man sie als ein Rezept betrachtet und sie in schulmäßiger Form in der empirischen Form anwendet. Darüber hinaus werden auch die Ergebnisse langweilig und vor allem einseitig sein, wenn man sich nur auf eine Forschungsmethode verläßt. Eine Problematik, die ihrer Natur und ihren Ausprägungen nach nicht nur ein schwarzer Strich auf einer Leinwand ist, sondern ein Gemälde aus ungezählten Farbtupfern und Mischtechniken, bedarf auch einer Mischform von Methoden. Nur auf diese Weise können die einzelnen Grundfarben herausgelesen werden, die in ihrer Gesamtheit das Bild ergeben.

In der vorliegenden wie in den vergangenen Feldforschungen habe ich stets eine Mischform von quantitativen und qualitativen Erhebungsmethoden angewandt, wobei die qualitativen zunehmend in den Vordergrund rückten, da die aus ihnen resultierenden Ergebnisse gegenüber den quantitativen Daten einen wesentlich höheren Erklärungsgrad aufwiesen. Denn was fängt man mit dem quadratmetermäßigen Umfang der Subsistenzproduktion an, wenn man nicht weiß, welche Bedeutung ihr die Betroffenen zumessen und warum sie nicht mehr oder weniger Lebensmittel zur Selbstversorgung anbauen?

Hier also eine Liste der in der Forschung angewandten Untersuchungsmethoden sowie die Art ihrer Anwendung bzw. ihre Ausprägung in einem Beispiel:

1) Fragebogeninterviews:

Sie wurden angewandt, um die "harten" Daten zu erlangen, wie etwa die Anzahl der in einem Haushalt lebenden Personen, Alter, Geschlecht, Höhe des Einkommens etc. Hier ging es in erster Linie um die Erfassung der ökonomischen Situation, die mit den Ergebnissen aus den früheren Forschungen verglichen werden sollen. Insgesamt wurden durch diese quantitative Methode 78 Haushalte mit 392 Personen erfaßt.

2) Tonbandinterviews:

Sie dienten vorwiegend zur Klärung detaillierter Fragen zu bestimmten Problemstellungen. Dies betraf vor allem die Erfahrung und Erleidung von Gewalt, die eigene Einstellung zur Gewalt und gewaltlosem Protestverhalten sowie die eigene Konfliktbereitschaft.

3) Teilnehmende Beobachtung:

Die Feldforschung schloß die Mitwirkung am täglichen Prozeß der

(Über-)Lebensbewältigung der Bewohner der Elendsviertel und der Kinder-bzw. Jugendbanden mit ein, etwa die Teilnahme an Festen, gemeinsame Mahlzeiten, gemeinsames Verbringen von Freizeit, Mitwirkung am "Straßenunterricht" der Kinder etc.

4) Offenes Interview:

Es weist gegenüber dem standardisierten Interview den Vorteil auf, daß man sich innerhalb der Analyse emischer Kategorien bedienen kann.[1] "Der Befragte wird ... im offenen Interview dazu gebracht, selber anzuzeigen, was für ihn in welcher Weise relevant ist ... Der Interviewer beschränkt sich zunächst darauf, den Beiträgen des Befragten zu folgen und diese, wo nötig, durch ergänzende Nachfragen zu vertiefen".[2] Durch assoziatives Reagieren des Forschers werden Themen erschlossen, die im standardisierten Interview in der Regel nicht transparent gemacht werden können.[3]

5) Informelle Gespräche:

Es handelt sich dabei um oft kurze Gespräche im "Vorbeigehen", die jedoch wichtige und neue Informationen vermitteln können, etwa über Unfälle, Verhaftungen o.ä. Sie sind darüber hinaus als Austausch von Floskeln oder Begrüßungsritualen von Bedeutung für die Herstellung und Aufrechterhaltung einer kontinuierlichen Kommunikation.

6) Aktionsforschung:

Durch die Teilnahme an oder die Initiierung verschiedener Aktionen werden Veränderungen der sozialen Situation hervorgerufen.[4] Diese Aktionen können auch experimentellen Charakter haben und wurden sowohl in den Elendsvierteln als auch bezüglich der Straßenbanden unternommen.

7) Expertengespräche:

In intensiven Diskussionen mit Vertretern veschiedener akademischer Fachrichtungen (Soziologen, Politologen, Ökonomen etc.), Mitarbeitern unterschiedlicher Einrichtungen (Kirche, Polizei, Sicherheitsdienst etc.) und Mitgliedern von relevanten Arbeits- oder Selbsthilfegruppen (Comunidade Povo sem Casa, Centro de As-

---

1 Zum Begriff der Aktionsforschung s.u.a. PIKE 1967.
2 KOHLI 1978: 11
3 Vgl. auch KÖNIG 1976: 159 Diese Methode war vor allem in den Gesprächen mit den Straßenkindern und Jugendbanden von großer Bedeutung.
4 Vgl. STREIFFELER 1976

sistência da Mulher e do Menor) wurden Fragen zum Thema erörtert.

Die Methoden der Forschung waren jedoch nicht auf die oben genannten beschränkt. Vielmehr kann das gesamte Verhalten während der Forschungsphase als eine Methode betrachtet werden. So hat sich in den Elendsvierteln meine Rolle als Forscher seit 1980 zu der eines Freundes, Ratgebers etc. gewandelt. Alle Gespräche vollziehen sich daher auf einer persönlichen Ebene, die von einem sehr hohen Grad an Vertrauen gekennzeichnet ist. Man kommuniziert nicht mehr auf der Basis "Frager - Befragter", sondern "Vertrauter - Vertrauter" bzw. "Freund - Freund". Gegenstand der Gespräche können somit Alltäglichkeiten wie auch Intimitäten sein.

Im Falle der Straßenbanden ist ein solches Vorgehen eine Notwendigkeit. Ich mußte mich zum Zwecke der Erforschung dieses Lebensbereiches in die Materie hineinbegeben und auch gewisse Risiken eingehen, doch außer zwei Morddrohungen habe ich keinerlei negative Konsequenzen erfahren. Insgesamt habe ich mich so verhalten, daß ich als "auf ihrer Seite" stehend betrachtet wurde.

Daneben mußte ich mir hinsichtlich der Befragung auch ungewöhnliche Methoden einfallen lassen. So wollte ich ein Interview mit einem Jungen durchführen, der als sehr verschlossen galt. Ein Zugang über traditionelle Methoden war nicht möglich. Da die abendlichen Zusammenkünfte mit den Straßenbanden auch Spiele umfaßten, nutzte ich die Gelegenheit während eines kleinen, improvisierten Puppenspiels. Ich saß abseits mit dem Jungen und sprach über die Handpuppe mit ihm, was er als sehr unterhaltsam empfand. Nach einer Weile wechselte ich vom Monolog in den Dialog mit ihm über und stellte ihm so meine Fragen. Er beantwortete sie alle und verlor auch seine Verschlossenheit mir gegenüber.

Der Zugang zu diesem Bereich wurde mir durch die Mitarbeit in der Selbsthilfegruppe "Comunidade Povo sem Casa" ermöglicht, die im Zentrum von Recife Kinder, Jugendliche und Prostituierte betreut. Im Vordergrund stehen dabei ärztliche Versorgung, rechtliche Beratung, Teilversorgung mit Lebensmitteln und Alphabetisierungsunterricht auf der Straße. Diese Arbeit findet überwiegend am Abend statt. Um ein möglichst vollständiges Bild der Situation auf der Straße zu erhalten, habe ich die Nächte mit den Kindern und Jugendlichen zum Teil auf der Straße oder in einer dafür zur Verfügung gestellten Garage einer Kirche verbracht, was ich für mich selbst als eine beeindruckende Erfahrung erlebt habe. So wurde mir nicht nur der tägliche Ablauf des Straßengeschehens deutlich, sondern auch die psychologische Situation der Kinder, die jede Nacht, von Alpträumen geplagt, schreiend hochschreckten und Zuflucht bei den Betreuern suchten.

V.1 Die Untersuchungsgebiete

Die Feldforschung konzentrierte sich auf fünf Elendsviertel (Favelas), die nach besonderen geographischen und infrastrukturellen Gesichtspunkten ausgewählt wurden, und die im Zentrum von Recife tätigen Straßenbanden. Bei den Untersuchungsgebieten handelt es sich um eine nahe dem Stadtzentrum im Stadtteil Torre gelegene Favela, die im Begriff war, umgesiedelt zu werden (Vila da Prata/Vila Santa Luzia), eine in mittlerer Entfernung vom Stadtzentrum im Stadtviertel Peixinhos befindliche Favela (Cabo Gato), die ebenfalls in mittlerer Entfernung vom Zentrum liegende Favela Bananal im Stadtteil Casa Amarela, das am Stadtrand gelegene Umsiedlungsgebiet Monte Verde sowie das in ganz Brasilien bekannte Armenviertel Brasília Teimosa in der Nähe des Strandviertels Boa Viagem, dem später noch ein gesondertes Kapitel gewidmet ist.

V.1.1 Die Favela Vila da Prata/Vila Santa Luzia

Im folgenden wird diese Favela einen Doppelnamen führen, da sie sich zum Zeitpunkt der Untersuchung im Prozeß der Umsiedlung befand. Die Bewohner Vila da Pratas wurden nach jahrelangen Verhandlungen auf ein Nachbargelände umgesiedelt, wo sie im Austausch gegen ihre Hütten kleine Steinhäuser der staatlichen Wohnungsbaugesellschaft COHAB (Companhia Habitacional do Brasil) zugewiesen bekamen. Diese Maßnahme war notwendig geworden, da innerhalb des "Programa Capibaribe" das Gebiet, auf dem sich Vila da Prata befand, bebaut werden sollte. Am Ende des Untersuchungszeitraumes war die Umsiedlung nahezu abgeschlossen.

Bei der Favela Vila da Prata handelt es sich um ein relativ zentral gelegenes Elendsviertel im Ufergebiet des Flusses Rio Capibaribe, der Recife durchfließt. Es wird begrenzt durch den Fluß selbst, eingezäuntes Privatgelände und sumpfiges Ufergebiet. Obwohl einzelne Bewohner sich bereits 1978 hier niederließen, können die ersten Monate des Jahres 1980 als Gründungszeitraum angegeben werden, da erst zu diesem Zeitpunkt eine massive Besetzung und Besiedlung dieses Gebietes einsetzte. Auf dem Gelände befinden sich zum größten Teil aus Brettern und Holzresten errichtete Baracken. Die Anzahl der dort lebenden Personen beläuft sich auf etwa 1500. Die Favela wird von drei Hauptwegen durchzogen, welche gleichzeitig als Abgrenzungen der wohnungsqualitätsmäßig "besseren" oder "schlechteren" Teile betrachtet werden können. Das Zentrum der Favela gilt als der geschützte Teil, da er selbst bei starken Regenfällen und Hochwasser nicht überschwemmt wird. Der dem Sumpf zugewandte Teil liegt etwas tiefer und ist somit auch der Flut des Meeres ausgesetzt, die den Fluß um einige Meter anschwellen läßt. Die am Flußufer gelegenen Baracken schließlich gelten als die schlech-

52

testen und ärmlichsten. Oft sind sie aus Abfallholz und Pappe gefertigt. Da sie ständig vom Hochwasser des Capibaribe bedroht sind, wurden bereits einige der Bewohner mit Hilfe der Kirchengemeinde innerhalb der Favela umgesiedelt.

Als wesentliche infrastrukturelle Einrichtungen können folgende genannt werden:

a) Es besteht ein in eigener Organisation geführter Kindergarten, der zudem durch die freiwillige Arbeit von Gemeindemitgliedern unterstützt wird. Die dort betreuten Kinder erhalten täglich mehrere Mahlzeiten, ein Medizinstudent ermöglicht eine medizinische Versorgung für kleinere Fälle. Der Kindergarten wurde im Jahre 1982 auf Initiative einer Schweizer Ordensschwester errichtet; die dort arbeitenden Frauen (Wäscherinnen, Köchinnen etc.) erhalten einen monatlichen Betrag von ca. 20 DM.

b) Ein vor etwa fünf Jahren durch die Stadtverwaltung installierter Wasserhahn ermöglicht den Favelabewohnern gegen ein Entgelt von etwa zehn Pfennigen pro Kanister (ca. zehn Liter) die Versorgung mit Trinkwasser.

c) Es besteht eine illegale Stromversorgung: der Strom wird "schwarz" von den regulären öffentlichen Leitungen gezapft. Das von den Bewohnern selbst verlegte Kabelnetz versorgt fast die gesamte Favela.

d) Einmal im Monat erhalten die Bewohner, die die Verteilungskriterien erfüllen, eine Lebensmittelhilfe der LBA (Fundação Legião Brasileira de Assistência). Sie ist jedoch unzureichend und als sporadisch zu bezeichnen, da in keinem Fall eine entsprechend den Richtlinien geregelte Versorgung stattfindet. Stets fehlt es an den Grundnahrungsmitteln wie Bohnen, Reis, Mehl u.a.

e) Ein kleiner Laden bietet Lebensmittel, Haushaltsgeräte u.ä. an. Hervorzuheben ist dabei, daß hier die Bewohner der Favela die Möglichkeit haben, kleinere Mengen als die im Supermarkt erhältlichen zu kaufen, die sie auch bezahlen können.

Neben diesem Laden existieren zwei weitere Verkaufsstände für Getränke, Zigaretten und Plätzchen bzw. für Süßigkeiten. In zahlreichen Baracken bietet man Zigaretten oder Picolé (selbstgemachtes Eis) an.

Der Stadtteil Torre kann als Mittelschichtsviertel betrachtet werden, in dem einige der Favelabewohner Arbeit als Wäscherin, Hausmädchen, Kindermädchen oder dergleichen finden.

Vila Santa Luzia ist ein Umsiedlungsgebiet, das die Bewohner aus sechs verschiedenen Favelas der Stadt beherbergt. Zum Zeitpunkt der Untersuchung waren etwa 500 Häuser fertiggestellt und bewohnt, was einer Bewohnerzahl von ca. 2600 Personen entspricht. Die Größe der Häuser ist auf etwa 16 qm genormt, das gesamte jeweilige Grundstück beläuft sich auf ca. 30 qm. Wer die Wohnfläche vergrößern will, muß die Kosten selbst tragen.

Für Infrastruktureinrichtungen wie fließendes Wasser, Strom, Straßenbeleuchtung, Abwasser und Straßenbefestigung ist gesorgt, doch bringt dies auch ein entsprechendes Quantum an Unkosten für die Bewohner mit sich, die sie oft nicht tragen können. Die Maßnahme der Umsiedlung wird daher aus verschiedenen Gründen nicht als positiv bewertet.

Die Schweizer Ordensschwester, die seit 1982 in Vila da Prata arbeitete, hat auch in Vila Santa Luzia einen Kindergarten initiiert, der in Verwaltung der Bewohner geführt wird. Die Kapazitäten sind jedoch im Vergleich zu der Kinderkrippe in Vila da Prata wesentlich größer.

Aus Eigeninitiative haben sich zahlreiche "vendas" gebildet, kleine Verkaufsstände, in denen einige wenige Grundnahrungsmittel erhältlich sind. Besonders groß ist die Konkurrenz hinsichtlich des Verkaufs von alkoholischen Getränken wie Bier, Zuckerrohrschnaps u.ä., die somit keine große Gewinnspanne der betreffenden Verkäufer zuläßt.

Das Verhältnis der Bewohner untereinander ist von Mißtrauen gekennzeichnet, da die ursprüngliche soziale Konstellation der einzelnen Favelas zerstört und die in Vila Santa Luzia lebenden Menschen "zusammengewürfelt" wurden. Besondere Probleme bestehen mit den ehemaligen Bewohnern der Favela Graças, in der ein hoher Grad an Alkohol- und Drogenkonsum zu verzeichnen war und die Kriminalitätsrate als ungewöhnlich hoch galt. Die Problematik von Umsiedlungen soll im folgenden Abschnitt kurz deutlich gemacht werden, der bereits als Artikel in den Entwicklungspolitischen Nachrichten erschienen ist.[5]

Die Favela Vila da Prata, eines von über 300 Elendsviertel in der nordostbrasilianischen Großstadt Recife, wird es bald nicht mehr geben. Bereits mehr als die Hälfte der armseligen Bretterbuden wurde in den letzten Monaten abgerissen. Die Familien, die hier bis zu zehn Jahren gewohnt hatten, wurden umgesiedelt. Die kleine Siedlung, in der sie nun wohnen, liegt nur einen Steinwurf weit entfernt am Ufer des Rio Capibaribe. Für die ehemaligen Bewohner Vila da Pratas bedeutet dies, daß sie in "ihrem" Stadtviertel bleiben, daß sie ihre Arbeitsstelle - soweit vorhanden - nicht wechseln müssen und daß die zahlreichen Wäscherinnen ihre Kunden behalten.

Die Siedlung - man hat sie Vila Santa Luzia getauft - besteht aus kleinen Steinhäuschen, dicht aneinandergedrängt, weil auf dem Ufergelände die Bewohner aus sechs Favelas eine neue Unterkunft finden sollen. Der größte Teil der Häuschen ist fertiggestellt, die meisten sind bereits bewohnt. Es gibt

---

5 HEGMANNS 1987b (leicht gekürzte Fassung)

Elektrizität und fließendes Wasser, gepflasterte Straßen und eine Straßenbeleuchtung. Die Bewohner zahlen weder einen Kaufpreis noch eine Miete für ihre neue Heimat, lediglich die Kosten für Strom und Wasser müssen sie begleichen. Denn Vila Santa Luzia ist eines der zahlreichen Umsiedlungsprojekte, die die staatliche Wohnungsbaugesellschaft COHAB (Comapanhia Habitacional do Brasil) in den letzten fünf Jahren in Recife durchgeführt hat, um das Problem der Elendsviertel in den Griff zu bekommen und - nicht zuletzt - um dem wachsenden Strom der Touristen ein angenehmeres Stadtbild zu präsentieren. Nachdem man anfangs die Häuschen noch für einen Kredit angeboten hatte, den die Betroffenen nach 25 Jahren abgezahlt haben mußten, ist man inzwischen dazu übergegangen, lediglich die laufenden Kosten abgleichen zu lassen, da niemand in der Lage war, die monatlichen Raten zu zahlen.

Trotz dieser augenscheinlich günstigen Bedingungen will unter den Bewohnern Vila Santa Luzias keine Freude aufkommen. Vielmehr zweifelt man am guten Willen der COHAB, die den Betroffenen zudem kaum eine Wahl läßt. Ist die Entscheidung über den Abriß einer Favela erst einmal gefallen, können die Bewohner das Angebot "Umsiedlung" annehmen oder müssen sich - mit Hilfe einer kleinen Abfindung für die abgerissene Hütte - selbständig eine neue Bleibe suchen. Letzteres endet in der Regel in einer anderen Favela.

Nach der Umsiedlung sehen sich die Betroffenen mit einer Reihe neuer Probleme konfrontiert. Strom und Wasser haben sie bisher niemals bezahlt. So wurde die gesamte Favela Vila da Prata in den Jahren ihres Bestehens über ein von den Bewohnern selbst verlegtes Stromnetz versorgt. "Schwarz" selbstverständlich. Und wenn die Leitungen von Zeit zu Zeit von der Elektrizitätsgesellschaft gekappt wurden, war innerhalb von zwei, drei Tagen der alte Zustand wiederhergestellt. Trinkwasser holten sich die Bewohner von der Gemeindekirche oder aus dem Hydranten einer nahegelegenen Fabrik.

Ein weiterer Klagepunkt ist die Enge, in der man nun wohnen muß. Pro Familie stellte die Stadtverwaltung ein Grundstück von etwa acht mal zehn Metern zur Verfügung, die Häuschen selbst sind nicht größer als 16 Quadratmeter. Wem das nicht ausreicht, der muß auf eigene Kosten anbauen. Für eine acht- bis zehnköpfige Familie, die von nicht mehr als 90 DM im Monat leben muß, eine kaum lösbare Aufgabe. Hinzu kommt, daß der zur Verfügung stehende Boden nicht ausreicht, um Gemüse anzubauen oder Tiere zu halten, wie es in den unstrukturiert angelegten Favelas oft üblich ist. Zwar gibt es Umsiedlungsgebiete mit Grundstücken bis zu 600 Quadratmetern, doch liegen diese am Stadtrand, wo für die Bewohner kaum Arbeitsmöglichkeiten existieren. Und es ist nicht einfach, von einem Mindestlohn auch noch die tägliche Busfahrt in die Stadt zu bezahlen.

Fragt man die Bewohner der Umsiedlungsgebiete nach den positiven Veränderungen in ihrer Situation, so erntet man in der Regel bloßes Schulterzucken. Zugegeben: ein Haus aus Stein mag Vorteile gegenüber den undichten Bretterbuden der Favelas haben, doch ist man sich in den Kommentaren einig, daß die Maßnahmen der COHAB lediglich dazu dienen, "dem Hunger ein neues Kleid anzuziehen".

In der Tat steht man in Brasilien dem Problem der Ernährungs- und Beschäftigungssituation der armen Bevölkerungsschichten ratlos gegenüber. Bei einer monatlichen Inflationsrate von derzeit knapp zwanzig Prozent und einem ständig abnehmenden realen Mindestlohn, von dem etwa zwei Drittel der brasilianischen Bevölkerung leben muß, eröffnet den Betroffenen auch ein Haus aus Stein keine neuen Perspektiven. Nicht wenige ziehen es daher auch vor, sich die Abfindung für ihre Hütte auszahlen zu lassen, um in einer anderen Favela unter unveränderten Bedingungen weiterzuleben, sich jedoch für kurze Zeit von dem Geld einige lang gehegte Wünsche erfüllen zu können.

Für diejenigen, die das Angebot der COHAB annehmen, bedeutet dies in der Regel, daß die in der Favela gewachsenen sozialen Strukturen zerbrechen. Den neuen Nachbarn aus anderen Favelas begegnet man zunächst mißtrauisch, von solidarischem Zusammenleben kann keine Rede sein. So sieht es auch Basílio, der ehemalige Präsident des Bewohnerrates von Vila da Prata. Er geht sogar so weit zu behaupten, daß die Umsiedlungsprojekte auch dazu dienen, die politische Organisation der Favelas zu zerstören, die man - mitunter nach jahrelanger aufreibender Arbeit - aufgebaut hat. Ans Aufgeben denkt er jedoch nicht, ebensowenig wie Genival, Mitglied des Bewohnerrates der Favela Paixão do Christo, deren Bewohner ebenfalls nach Vila Santa Luzia umgesiedelt wurden.

Ihr Ziel ist es, durch grundlegende Veränderungen der Infrastruktur eine Verbesserung der allgemeinen Lebenssituation zu erreichen. Doch die Realisierung solcher Selbsthilfeprojekte dauert mitunter einige Jahre, und bis dahin wird man sich weiterhin damit begnügen müssen, wenigstens "in sauberen Kleidern" zu hungern.

V.1.2 Die Favela Cabo Gato

Ein genaues Alter der Favela Cabo Gato kann nicht angegeben werden. Gespräche mit langansässigen Bewohnern ergaben jedoch, daß die Besetzung des Gebietes - zunächst sporadisch - vor etwa 25 Jahren begann. Cabo Gato liegt auf dem sumpfigen Ufergelände des Rio Beberibe und ist von zahlreichen Sumpfarmen durchzogen. Die Ausdehnung entlang des linksseitigen Ufers beträgt einen Kilometer. Die Hütten - teils aus Brettern, teils aus Steinen gefertigt - reichen bis an die "normalen" Wohnhäuser des Stadtteils

Peixinhos. Insgesamt leben hier etwa 550 Familien, was einer Personenzahl von ca. 3300 entspricht. Cabo Gato kann im Gegensatz zu Vila da Prata als "wilde" Ansiedlung betrachtet werden, ein strukturiertes Wegenetz ist nicht vorhanden.

Ausgehend vom Fluß kann Cabo Gato in drei Abschnitte untergliedert werden. Die Baracken in unmittelbarer Flußnähe sind als die ärmlichsten und gefährdetsten zu bezeichnen. Sie sind in besonderer Weise in der Regenzeit betroffen, wenn das Wasser des Flusses ansteigt und die Ufer überschwemmt. Nach Berichten der Bewohner erreicht das Wasser in den Hütten zeitweise Hüfthöhe. Mit wachsender Entfernung vom Fluß verbessert sich die Wohnlage ebenso wie die Qualität der Baracken. Vereinzelt findet man Steinhäuser. In unmittelbarer Nähe der "normalen" Wohnhäuser des Stadtviertels Peixinhos findet man fast ausschließlich Steinhäuser. Diese Wohnlage kann als beste innerhalb der Favela angesehen werden, da auch die Wege zu den wichtigsten infrastrukturellen Einrichtungen (Busverbindungen, Supermarkt etc.) die kürzesten sind.

Als wichtigste Infrastrukturelemente des Elendsviertels lassen sich nennen:

a) Es besteht eine in eigener Organisation geführte Vorschule, deren Funktionieren ausschließlich durch die Arbeit der Favelabewohner garantiert wird. Die Kinder erhalten eine Schulspeisung, die durch die LBA bestritten wird.

b) In einer Entfernung von etwa 500 Metern von Cabo Gato gibt es je einen Gesundheits- und einen Lebensmittelposten, die zwar sehr wenig effizient sind, von den Bewohnern aber grundsätzlich in Anspruch genommen werden können.

c) Ein großer Teil der Steinhäuser ist durch die Stadtverwaltung an die öffentliche Strom- und Wasserversorgung angeschlossen. Die Kosten werden regulär nach dem jeweiligen Verbrauch der Haushaltseinheit berechnet. Gegen ein entsprechendes Entgelt lassen die Nutznießer dieser öffentlichen Leistungen jedoch auch andere Bewohner daran teilhaben.

d) Es gibt eine Reihe von kleinen Läden, die Lebensmittel, Haushaltsgeräte und dergleichen anbieten. Daneben werden in zahlreichen Baracken Zigaretten, Alkohol oder Picolé angeboten.

Das gesamte Stadtviertel Peixinhos ist aus ehemaligen Favelas heraus entstanden und hat eine etwa 35jährige Geschichte. Dementsprechend leben dort heute überwiegend Angehörige der unteren Einkommensschichten, die soziale Obergrenze wird durch die untere Mittelschicht gesteckt. Hier bieten sich deshalb nur in beschränktem Maße Arbeitsmöglichkeiten für die Favelabewohner.

V.1.3 Die Favela Bananal

Die kleine Favela Bananal befindet sich im Stadtteil Casa Amarela. Sie besteht seit etwa 25 Jahren und weist ca. 80 Steinhäuschen auf, die auf engstem Raum von den Bewohnern selbst errichtet wurden. Die Favela, in der ungefähr 420 Personen leben, ist lediglich von schmalen Pfaden durchzogen, freie Grundstücke existieren nicht. Für Strom und fließendes Wasser ist gesorgt, ebenso für eine minimale nächtliche Beleuchtung der Pfade. Die soziale Struktur ist übersichtlich im Sinne von "jeder kennt jeden", zumal fast alle Bewohner bereits seit langen Jahren hier wohnen.

Wie in anderen Favelas gibt es auch hier kleine "vendas", in denen es das Nötigste zu kaufen gibt. Eine Busverbindung zum Stadtzentrum und in andere Stadtteile ist vorhanden.

Der Stadtteil Casa Amarela ist das größte Stadtviertel von Recife. Hier leben etwa 400.000 Menschen, wovon etwa 70 Prozent den unteren Einkommensschichten zuzurechnen sind. Im Umkreis von Bananal wohnen Angehörige der Mittelschichten, die insbesondere den weiblichen Bewohnern Arbeitsmöglichkeiten als Wäscherinnen, Hausangestellte etc. bieten.

V.1.4 Das Siedlungsgebiet Monte Verde

Jardim Monte Verde besteht seit 1981 und ist ein am Stadtrand von Recife gelegenes Umsiedlungsgebiet, dessen Bewohner überwiegend aus der ehemaligen Favela Vila Camponesa stammen. Inzwischen hat ein starker Zuwachs auch aus anderen Elendsgebieten stattgefunden, die Anzahl der Bewohner beträgt etwa 12.000. Innerhalb Monte Verdes sind unterschiedliche Siedlungstypen feststellbar:

a) Grundstücke in der Größe 8 x 20 Meter, auf denen Ein- bis Zweizimmer-Häuschen errichtet wurden mit einer durchschnittlichen Grundfläche von etwa 40 qm. Sie wurden auf der Basis eines von der Wohnungsbank BNH (Banco Nacional de Habitação) eingerichteten Kredits vergeben, der in einem Zeitraum von 15 bis 25 Jahren zurückgezahlt werden muß.

b) Schlüsselfertige Häuser mit einer Grundfläche von ca. 18 qm, die von der COHAB errichtet wurden. Sie sind zum Verkauf oder zur Vermietung an einkommensschwache, jedoch relativ gesicherte Haushalte vorgesehen.

c) Grundstücke ohne Bebauung, auf denen einzelne Familien auf der Basis von Eigenleistungen Hütten oder Häuser errichten konnten. Die Grundstücke wurden ihnen zum Kaufpreis von umgerechnet etwa 60 DM zugewiesen, da sie von den Behörden aus einer im Entstehen begriffenen Favela vertrieben wurden.

Daneben existieren "wilde" Besetzungen, insbesondere an den Steilhängen des Tales. Es sind Bretterbuden oder Taipa-Hütten, eine traditionelle Bau-

weise mittels eines Holzgeflechtes, das mit Lehm abgedichtet wird.
Eine Infrastruktur wie Wasser, Strom, Straßenbeleuchtung etc. ist gewährleistet, wobei die Unkosten von den Bewohnern getragen werden müssen.
An Gemeinschaftseinrichtungen stehen bereit: eine Schule, ein Gesund-
heitsposten, eine Waschhalle, ein Marktgebäude mit mehreren Verkaufsbo-
xen sowie ein Gebäude für den Bewohnerrat, in dem auch ein öffentlicher
Fernsprecher untergebracht ist. Ferner verfügt Monte Verde über einen
eigenen Polizeiposten und eine direkte Busverbindung zum Stadtzentrum.
Die geographische Lage Monte Verdes ist mit verschiedenen Problemen
verbunden. Arbeitsmöglichkeiten existieren kaum, ebenso sind die Ein-
kaufsmöglichkeiten begrenzt. In der Regel hat man einen Arbeitsplatz in der
Stadt und ist somit auf den Bustransport mit entsprechenden Kosten angewiesen.

V.1.5 Das Armenviertel Brasília Teimosa

Brasília Teimosa bildet in der Landschaft der Elendsviertel von Recife eine
Ausnahme. Die Siedlung entstand aus einer Favela heraus, die sich seit ihrer
Gründung etwa im Jahre 1953 durch einen kontinuierlichen politischen
Kampf um ihre Rechte auszeichnete. Neben einem erheblichen Bekannt-
heitsgrad in ganz Brasilien erlangte sie in kurzer Zeit auch gewisse Privile-
gien, die dazu führten, daß aus der ehemaligen Favela ein "ganz normales"
Stadtviertel geworden ist. Brasília Teimosa unter die Kategorie der "Favelas"
zu subsumieren, erscheint daher als problematisch. Die dort befragten
Haushalte stellen somit eine Sondergruppe dar, die innerhalb der Darstellung der empirischen Ergebnisse spezifiziert werden soll.
Brasília Teimosa liegt im Stadtteil Pina, unweit des Strand- und Touristen-
viertels Boa Viagem. In etwa 4000 Häusern wohnen hier annähernd 20.000
Menschen. Fast alle Haushalte sind mit fließendem Wasser und Stroman-
schluß versogt, gepflasterte Straßen und ausreichende Beleuchtung sowie
eine eigene Busverbindung zum Stadtzentrum sind ebenfalls vorhanden.
Brasília Teimosa zeichnet sich durch eine sehr fortgeschrittene Infrastruktur
aus. Lebensmittelläden, Apotheken, Werkstätten, Bars etc. tragen zu einem
abgerundeten sozialen Leben bei, das zum großen Teil auf den kleinen,
kopfsteingepflasterten Straßen stattfindet und den Charakter einer traditionellen Dorfstruktur hat.
Die politische Organisation in Form des Bewohnerrates gilt als sehr effektiv
und macht innerhalb der Auseinandersetzungen mit den offiziellen Behörden dem Namen des Stadtteils alle Ehre (Brasília Teimosa = furchtloses
Brasília). Der unnachgiebige Kampf der Bewohner um ihre Rechte war es
auch, der den Namen in Anlehnung an die Entstehung der brasilianischen
Hauptstadt Brasília begründete.

In Brasília Teimosa wurden ausschließlich die Haushalte der Mitglieder des Bewohnerrates untersucht, da diese in der Regel als die politisch Aktiven gelten. Hier stand die ökonomische Situation solcher "Aktivisten" im Vordergrund, um festzustellen, wie die materielle Basis beschaffen ist, von der aus ein solch erfolgreicher politischer Kampf geführt wird wie es der der Bewohner Brasília Teimosas darstellt.

V.1.6 Die Straßenbanden

"Gegenstand" der Untersuchung waren auch die Kinder- und Jugendbanden im Stadtzentrum von Recife. Allein im Zentrum leben ca. 3000 Kinder und Jugendliche auf der Straße, die sich zum großen Teil durch Diebstahl und Raub ernähren. In ganz Pernambuco sollen es über 30.000 sein. Ich selbst hatte innerhalb meiner Arbeit ständigen Kontakt zu etwa 40 bis 50 Kindern und Jugendlichen im Alter von drei bis zwanzig Jahren. Dabei muß darauf hingewiesen werden, daß das Leben "auf der Straße" eine differenzierte soziale Struktur aufweist, die von Hierarchien über eigene Gesetze bis hin zur Ausführung von Verurteilungen und Urteilen reicht. Einzelgänger sind ebenso vertreten wie ganze Familien, Solidarität existiert ebenso wie verbitterte Feindschaft bis hin zu Exekutionen.

Die Bandengruppierungen lassen sich im wesentlichen in drei Kategorien untergliedern:

a) Die jüngsten Kinder bis zu einem Alter von etwa 12 Jahren, die vom einfachen Diebstahl leben und unbewaffnet sind.

b) Die Kinder zwischen 12 und 15 Jahren, die von Diebstahl und gelegentlichen Raubüberfällen leben. Ein Raub wird in der Regel nach einem einfachen Schema durchgeführt: man überfällt z.B. gemeinsam einen Straßenhändler, ohne ihn jedoch zu verletzen. Im Vordergrund steht die "schnelle Beute". Die Kinder dieser Gruppe sind unbewaffnet.

c) Die Jugendlichen zwischen 16 und 20 Jahren, deren Tages- und Nachtgeschäft Diebstahl und Raub sind, wobei auch Waffen (Messer, Revolver etc.) zum Einsatz kommen können. Überfälle finden einzeln oder gemeinsam statt.

Zwischen den einzelnen Gruppen gibt es eine klare Grenzziehung, wobei Respekt und Angst der jüngeren gegenüber den älteren Gruppen kennzeichnend sind. In allen Kategorien spielen Drogen eine maßgebliche Rolle, ebenso gewaltsame Auseinandersetzungen z.B. im Hinblick auf Machtansprüche.

Das Stadtzentrum ist für die Betroffenen gleichzeitig "Operationsgebiet" und "Wohnung" und hat den Charakter eines Ortes, an dem sie sich zu Hause fühlen. Sie kennen die Straßen und nutzen eine spezielle Infrastruktur, die ihren Bedürfnissen hinsichtlich Verschiebung des Diebesgutes und der Versorgung mit Drogen entgegenkommt.

VI. Massenelend: Ursache oder Wirkung?

Zunächst können die auftretenden Formen gewaltsamer Konflikte und deren Ursachen als Nuancen eines übergeordneten Phänomens im Sinne einer "Gesamtfrage" der Gewalt nicht als Einheitsbrei behandelt, sondern müssen ihren Besonderheiten entsprechend differenziert werden. Andererseits verweisen sie immer wieder auf den Gesamtzusammenhang, der sie letztlich eint und sie unter ein großes Kapitel der Gewalt subsumiert. Auch können gewaltsame Konflikte nicht auf eine Ursache zurückgeführt werden. Insbesondere im Falle Brasilien wird deutlich werden, daß man es mit einer äußerst facettenreichen Problematik zu tun hat.

Als eine der Hauptursachen der wachsenden Gewalt in Brasilien wird stets die Armut und das Elend breiter Bevölkerungsteile genannt. Man gewinnt den Eindruck, daß Hunger und Armut in logischer Konsequenz Kriminalität und Gewalt verursachen. Dementsprechend haben die Bewohner der zahllosen Elendsviertel in den Städten unter Diskriminierungen und Vorurteilen zu leiden, die sie in die Ecke von Gesetzesbrechern oder zumindest potentiellen Delinquenten drängen. Ich selbst muß wohl unter einem Glücksstern geboren sein, denn in den acht Jahren, in denen ich in den Favelas von Recife gearbeitet habe, wurde ich nicht ein einziges Mal behelligt, und auch Kameras und andere Wertgegenstände, die ich in den bretterwandigen Hütten deponiert hatte, gehören noch heute zu meinem Besitz.

Doch obwohl Armut und soziale Ungleichheit die Gewalt nicht ursächlich erklären können, sind sie ohne Zweifel Basisfaktoren hinsichtlich der Schaffung eines günstigen Klimas zur Entwicklung verschiedener Formen von gewaltsamen Konflikten.[1] Die Erfahrung, grundlegende und existentielle Bedürfnisse nach Nahrung, Unterkunft, Kleidung etc. nicht befriedigen zu können, kann nach menschlichem Ermessen nicht ohne Folgen bleiben. Doch nehmen diese Folgen nicht nur die Form von Kriminalität an, sondern richten sich nach den individuellen wie strukturellen Möglichkeiten. Werden diese Möglichkeiten in irgendeiner Weise eingeschränkt, so bleiben lediglich die Artikulationsformen, die bei einer Wahlmöglichkeit nicht oder nur im unteren Bereich einer "Optionsskala" in Frage kämen. In den folgenden Kapiteln wird deutlich werden, was das heißt.

---

1 VELHO 1987: 3

VI.1 Lebensbedingungen als Todesursachen

Wie ich bereits mehrfach betont habe, zeichnen sich die Lebensbedingungen im Nordosten Brasiliens dadurch aus, daß sie der Region den Titel als Armenhaus Lateinamerikas verschafft haben. So ist hier die Lebenserwartung von Neugeborenen im nationalen Vergleich die geringste des Landes.

Tabelle 3: Lebenserwartung in den einzelnen Regionen Brasiliens
(in Jahren):

	1940	1950	1960	1970	1980
Norden	40,44	44,26	52,62	54,06	64,17
Nordosten	38,17	38,64	43,51	44,38	51,57
Südosten	44,00	48,81	56,96	56,89	63,59
Süden	50,09	53,33	60,34	60,26	66,98
Zentraler Osten	48,28	51,03	56,40	55,96	64,70
BRASILIEN	42,74	45,90	52,37	52,67	60,08

Quelle: IBGE: Anuário Estatístico 1986: 93

Bei der Betrachtung dieser Tabelle stellt man zwar fest, daß sich die Lebenserwartung der Menschen in allen Regionen verbessert hat; doch ist die Lücke zwischen dem Nordosten und den übrigen Teilen des Landes um einige Jahre größer geworden. Eine ähnliche Entwicklung stellen wir hinsichtlich der Kindersterblichkeitsrate fest.

Tabelle 4: Kindersterblichkeitsrate in den einzelnen Regionen
Brasiliens (pro 1000 Einwohner)

	1930/40	1940/50	1950/60	1960/70	1970/80
Norden	168,42	151,70	117,14	111,39	72,31
Nordosten	178,71	176,34	154,94	151,18	121,36
Südosten	152,82	132,62	99,97	100,24	74,50
Süden	127,37	114,31	86,88	87,19	61,80
Zentraler Osten	134,81	123,56	102,17	103,90	70,32
BRASILIEN	158,27	144,73	118,13	116,94	87,88

Quelle: IBGE: Anuário Estatístico 1986: 94

Die Diskrepanzen haben also zugenommen: Während es in fast allen Regionen gelungen ist, die Kindersterblichkeitsrate in den letzten fünfzig Jahren um mehr als die Hälfte zu verringern, nahm sie im Nordosten lediglich um ein Drittel ab. Dies deutet auf eine allgemeine Lebenssituation der Bevölkerungsmehrheit hin, die eine Bezeichnung als "menschenwürdig" sehr in Frage stellt.

Ich will in den folgenden Betrachtungen mein Augenmerk auf die unteren Einkommensschichten richten und die Lebensbedingungen dieser Menschen anhand von Begriffen wie Einkommen, Beschäftigung, Subsistenzproduktion etc. analysieren. Diese Einkommensschichten stellen im Nordosten Brasiliens das Gros der ökonomisch aktiven Bevölkerung. Sie sind es auch, die unter den negativen Auswirkungen der ökonomischen Prozesse wie Inflation, Lohnentwicklungen etc. besonders zu leiden haben. Gemäß einer Untersuchung des gewerkschaftlichen Sozialforschungsinstituts DIEESE (Departamento Intersindical de Estatística e Estudos Socio-Econômicos) stiegen die Lebenshaltungskosten im Jahre 1987 pro Tag um 0,44 Prozent.[1] Von April bis Mai 1987 war eine Erhöhung um 21,93 Prozent zu verzeichnen.[2] Für einen Warenkorb mit den zwölf Grundprodukten, die als wesentlich für die individuelle Reproduktion betrachtet werden, mußten im April auf der Ebene eines Mindestlohnes 174 Stunden und 44 Minuten gearbeitet werden. Einen Monat später waren es bereits 177 Stunden und 32 Minuten.[3] Im Jahresdurchschnitt ergibt sich für die Einkommensschichten, die zwischen einem und drei Mindestlöhnen verdienen, eine Erhöhung der Lebenshaltungskosten um 433,98 Prozent. Schließt man auch die gut verdienenden sozialen Schichten mit ein (Einkommensschichten zwischen einem und dreißig Mindestlöhnen), so erhalten wir einen Betrag von 398,26 Prozent. Wie diese Differenz zustande kommt, veranschaulicht Tabelle 5.

Die Differenz der Erhöhung der Lebenshaltungskosten zwischen den unterschiedlichen Einkommensschichten ist auf das Konsumverhalten der Beteiligten zurückzuführen. Die untersten Einkommensschichten verwenden einen weitaus größeren Teil ihres monetären Einkommens für Lebensmittel und andere lebensnotwendige Güter als die oberen sozialen Schichten. Letztere dagegen konsumieren quantitativ mehr von solchen Gütern, deren Kosten vergleichsweise gering ansteigen, wie etwa kulturelle Veranstaltungen und Güter im erzieherischen Bereich.[4] Zur Veranschaulichung: Allein im Dezember 1987 stiegen die Kosten für Lebensmittel durchschnittlich um 14,33 Prozent. Die Erhöhung für die Bereiche Kultur und Erziehung

---

1 DIEESE 1988: 1
2 DIEESE 1987b: 2
3 Ebd.; S. zu diesem Aspekt auch Tabelle II im Anhang, die die Entwicklung der notwendigen Arbeitsstunden für den Erwerb der Minimalration an Lebensmitteln in São Paulo widerspiegelt.
4 Vgl. dazu DIEESE 1987a

betrug dagegen lediglich 5,28 Prozent.[1]

Tabelle 5: Entwicklung der Lebenshaltungskosten im Jahre 1987
(in %)

Produkt	Mindestlohngruppen		
	1 bis 3	1 bis 5	1 bis 30
Lebensmittel	351,89	351,00	342,58
Wohnung	613,94	616,91	550,04
Transport	462,27	433,29	369,08
Kommunikation	351,63	350,34	348,23
Kleidung	304,85	309,28	308,71
Erziehung/Kultur	327,93	340,70	356,12
Gesundheit	508,70	471,16	431,70
Haushaltsgerät	246,91	258,40	260,30
Freizeit	312,51	319,20	345,81
Reinigungsmittel	530,96	531,16	523,97
Persönl. Hygiene	465,03	463,12	446,54
Verschiedenes	449,49	443,80	435,44
Gesamt	433,98	428,12	398,26

Quelle: DIEESE: O Custo de Vida em 1987, Nota a Imprensa, Janeiro 1988: 4

VI.2 Monetäres Einkommen und Erwerbstätigkeit

Die Basis der Einkommensberechnungen stellt der staatlich festgelegte
Mindestlohn dar, der im Zeitraum der Erhebung umgerechnet etwa 90 DM
betrug. Während der Phase der quantitativen Untersuchung wurde er drei-
mal korrigiert und der Inflation angepaßt, wobei er jedoch die realen Verlu-
ste niemals vollständig ausgleichen konnte. Sein realer Wert verringert sich
somit von Woche zu Woche, und selbst die alle zwei bis drei Monate
erfolgenden Angleichungen bleiben unzureichend und tragen dadurch zu
einer weiteren Verschlechterung der gesamten Lebenssituation der unteren
Einkommensschichten bei. Das folgende Schaubild gibt einen graphischen
Überblick über die allgemeine Entwicklung des realen Wertes des Mindestlohnes seit 1940. Demnach beträgt sein heutiger Wert lediglich noch gut 30
Prozent seines Wertes im Jahr 1957.[2]Schaubild 3: Entwicklung des Mindest-

1   DIEESE 1988: 2
2   S.u.a. DIEESE 1988b: 5; Zur Entwicklung des Mindestlohnes s. auch Tabelle III im
    Anhang.

64

lohnes 1940 - 1986

Quelle: Instituto de Economia Industrial: O mercado de trabalho brasileira, Rio de Janeiro 1987: 59

Schaubild 3: Entwicklung des Mindestlohnes 1940 bis 1986

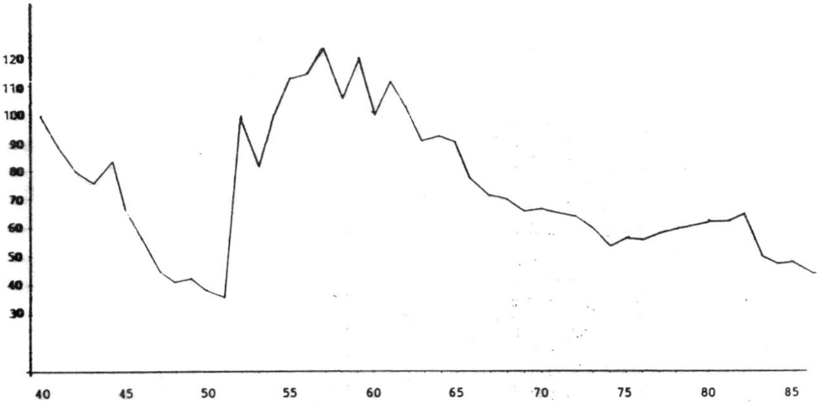

Quelle: Instituto de Economia Industrial: O mercado de trabalho brasileira, Rio de Janeiro 1987: 59

Das mittlere monetäre Einkommen beträgt in den untersuchten Elendsgebieten etwa 155 DM pro Monat und Haushalt und bewegt sich damit unterhalb der Grenze von zwei Mindestlöhnen. Rechnet man dieses Einkommen auf die Anzahl der in einer Haushaltseinheit lebenden Personen um -
sie beträgt im Durchschnitt 5,1 Personen - so stehen jedem Haushaltsmit-
glied etwa 30 DM im Monat zur Verfügung. Von diesem Betrag müssen die
Kosten für Ernährung, Kleidung, Strom, Wasser etc. beglichen werden bei
einem Preisniveau, das nur geringfügig niedriger ist als das deutsche (bezogen auf Nahrungsmittel). Verglichen mit den früheren Erhebungen lesen wir
hinsichtlich des monetären Einkommens in diesen Bevölkerungsschichten
eine erhebliche Verminderung heraus.

Tabelle 6: Einkommensentwicklung in den Untersuchungsgebieten
(in DM)

	1982	1984/85	1987/88
Zur Verfügung stehender Betrag pro Person	52	35	30

Quelle: Eigene Untersuchungen aus den Jahren 1982 und 1984/85 Vgl. dazu auch
HEGMANNS 1983 und AUGEL/FANGMANN/HEGMANNS 1987:94

In den nach Mindestlöhnen gestaffelten Gruppierungen wird deutlich, daß
mehr als 12 Prozent der befragten Haushalte von weniger als einem Min-
destlohn leben müssen. Bei mehr als 51 Prozent liegt der Anteil der Haus-
halte, deren Einkommen zwischen einem und zwei Mindestlöhnen beträgt.
Mit über 14 Prozent fällt der Anteil der Haushalte, die mehr als drei
Mindestlöhne verdienen, besonders auf, zumal er im Vergleich mit der
Untersuchung aus dem Jahre 1984/85 sehr hoch ist. Zunächst die aktuellen
Ergebnisse:

Tabelle 7: Monatliches Haushaltseinkommen (1987/88)
(nach Mindestlöhnen gestaffelt)

Einkommensgruppen	Anteil in %	Kumulativ %
weniger als 1 sm	12,13	12,13
1 bis 2 sm	51,74	63,87
2 bis 3 sm	21,66	85,53
3 bis 4 sm	7,33	92,86
mehr als 4 sm	7,14	100,00

Quelle: Eigene Untersuchung 1987/88; sm = salário inimo (Mindestlohn)

In der Erhebung aus dem Jahre 1984/85 ist der Anteil der untersten Einkommensgruppen (bis zu einem Mindestlohn) wesentlich höher, während die "Spitzenverdiener" den geringeren Prozentsatz ausmachen.

Tabelle 8: Monatliches Haushaltseinkommen (1984/85)

Einkommensgruppen	Anteil in %	Kumulativ %
weniger als 1 sm	35,7	35,7
1 bis 2 sm	40,0	75,7
2 bis 3 sm	18,6	94,3
3 bis 4 sm	2,8	97,1
mehr als 4 sm	2,9	100,0

Quelle: AUGEL/FANGMANN/HEGMANNS 1987:94

In der Gegenüberstellung der beiden Tabellen ergibt sich also eine Einkommensverschiebung nach oben in die jeweils höhere Einkommensgruppierung. Der Eindruck, daß es innerhalb der letzten Jahre zu einer allgemeinen Einkommenserhöhung gekommen ist, täuscht jedoch. Zwar ist die Verschiebung zugunsten der höheren Einkommensgruppen nicht zu leugnen, doch müssen wir uns an den realen Wert der monetären Einkünfte erinnern, und der ist im Durchschnitt geringer als in den Vorjahren. So ist der Mindestlohn von umgerechnet 120 DM im Jahre 1984/85 auf 90 DM im Jahre 1987/88 gefallen, also um reale 25 Prozent. Wer also sein reales Einkommen über die drei Jahre hinwegretten konnte, kann somit heute automatisch unter eine höhere Einkommensgruppierung eingeordnet werden. So fiel damals ein Haushaltseinkommen von 110 DM unter die Kategorie "weniger als 1 sm", während es heute bei "1 bis 2 sm" eingestuft wird. Ein statistischer Taschenspielertrick, mit dem die offiziellen Statistiken "aufgemöbelt" werden, der jedoch über die reale Situation hinwegtäuscht. Statistiken, die mit Kategorien arbeiten, welche am Mindestlohn orientiert sind und den Vergleich mit ähnlichen, früheren Untersuchungen nicht scheuen, gebührt daher das höchste Mißtrauen. Sprechen wir in absoluten Zahlen, so ergibt sich im Vergleich ein völlig anderes Bild:

Tabelle 9: Einkommensgruppen im Vergleich (in DM)

Einkommensgruppen	84/85 in %	Kum. % %	87/88 in %	Kum %
weniger als 120	35,7	35,7	41,27	41,27
120 bis 240	40,0	75,7	36,51	77,78
240 bis 360	18,6	94,3	14,29	92,07
360 bis 480	2,8	97,1	6,34	98,41
mehr als 480	2,9	100,0	1,59	100,00

Quelle: Eigene Untersuchungen 1984/85 und 1987/88

In dieser Tabelle, in der die Einkommensgruppen so umgestaltet wurden, daß sie mit den früheren Ergebnissen direkt vergleichbar sind, wird deutlich, daß die untersten Einkommensgruppen (bis zu zwei Mindestlöhnen des Jahres 1984/85) um mehr als zwei Prozent zugenommen haben, d.h. es gibt mehr Menschen, die von weniger leben müssen. Unter den o.g. Vorbehalten gegenüber offiziellen Statistiken, die mit dem Begriff des Mindestlohnes arbeiten, verdienen im gesamten Nordosten Brasiliens 68,03 Prozent der ökonomisch aktiven Bevölkerung zwei Mindestlöhne oder weniger.[1] Da wir unsere Untersuchung ausschließlich auf die Bewohner von Elendsvierteln beschränkt haben, können wir damit annehmen, daß die Mehrheit der nordostbrasilianischen Bevölkerung unter ähnlichen fatalen Lebensumständen existiert. Da ich meine bisherigen Untersuchungen jeweils in den gleichen Elendsvierteln durchgeführt habe, wurden von den Erhebungen zum Teil auch die gleichen Haushalte erfaßt, so daß ich an dieser Stelle Ergebnisse vorstellen kann, die den Charakter von Daten einer Langzeitstudie haben. Dabei konnte ich nicht sämtliche Haushalte einer solchen Langzeituntersuchung unterziehen, da durch die Mobilität der Betroffenen einige der Bewohner der Elendsviertel unauffindbar blieben und auch durch meine eigenen Kapazitäten Grenzen gesteckt waren. Immerhin gelang es mir bisher, die Entwicklung von 15 Haushalten über einen Zeitraum von vier Jahren zu beobachten. Acht Haushalte konnten über einen Zeitraum von insgesamt sechs Jahren begleitet werden. Zwei Haushalte sind mir bereits seit 1980 bekannt, doch fand damals keine quantitative Erhebung statt, die das monetäre Einkommen zum Gegenstand hatte. Die folgende Übersicht macht die Einkommensentwicklung im direkten Vergleich der untersuchten Haushalte deutlich.

1 IBGE, Anuário Estatístico 1986: 110

Tabelle 10: Vergleich der Haushalte, die 1987/88 und 1984/85
untersucht wurden (in DM)

	1984/85	1987/88
Einkommen pro Haushalt	214	174
Einkommen pro Person	41	37

Quelle: Eigene Untersuchungen 1984/85 und 1987/88

Tabelle 11: Vergleich der Haushalte, die 1987/88, 1984/85
und 1982 untersucht wurden (in DM)

	1982	1984/85	1987/88
Einkommen pro Haushalt	352	260	162
Einkommen pro Person	72	42	27

Quelle: Eigene Untersuchungen 1982, 1984/85 und 1987/88

Schaubild 4: Einkommensentwicklung pro Person (in DM)

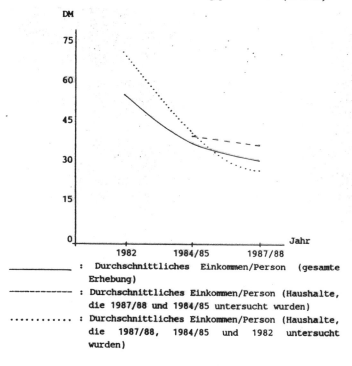

─────────── : Durchschnittliches Einkommen/Person (gesamte
Erhebung)

----------- : Durchschnittliches Einkommen/Person (Haushalte,
die 1987/88 und 1984/85 untersucht wurden)

············ : Durchschnittliches Einkommen/Person (Haushalte,
die 1987/88, 1984/85 und 1982 untersucht
wurden)

69

Wie man es auch dreht oder wendet: gesprochen in absoluten Zahlen ist innerhalb eines Zeitraumes von sechs Jahren eine drastische Einkommensverminderung feststellbar. Hier noch einmal eine Gegenüberstellung im Schaubild entsprechend den entworfenen Tabellen:

Das niedrige Haushaltseinkommen kann nicht damit erklärt werden, daß die Betroffenen vorhandene Möglichkeiten und Ressourcen des Arbeitsmarktes nicht ausschöpfen würden; im Gegenteil: trotz der Einschränkungen des Arbeitsmarktes durch fehlende Arbeitsplätze und Anforderungen an die Qualifikationen von Arbeitsuchenden nutzen die Betroffenen jede Chance, Einkommen zu erwirtschaften. So bestreiten sie ihren Lebensunterhalt oft nicht nur aus einer Einkommensquelle, sondern aus zwei oder mehreren, da eine einzige Einkommensquelle ein erhöhtes Risiko darstellt. Bereits in der Untersuchung von 1984/85 haben wir daher die Unterscheidung in eine Hauptquelle des Einkommens und eine Sekundärquelle getroffen, die den Untersuchten stets die Möglichkeit einer Schwerpunktverlagerung bei geringerer Lukrativität oder bei Verlust einer Einkommensquelle offen läßt.[1] Weiterhin verringern die Betroffenen das Risiko des Verlustes von Einkommen durch die Aktivierung mehrerer Haushaltsmitglieder, die ein komplementäres Einkommen erwirtschaften. Somit sind in diesem Zusammenhang Hauptversorger und Komplementärversorger zu unterscheiden.

Wie in der Studie von 1984/85 wurden auch 1987/88 die Anteile von Haupt-und Sekundärquelle, von Haupt- und Komplementärversorger am Haushaltseinkommen erfragt, doch sollen die Ergebnisse hier nicht zitiert werden, da sie lediglich im Zusammenhang mit der Zusammensetzung des gesamten Einkommens von Bedeutung sind. Dies soll uns an dieser Stelle jedoch nicht interessieren. Wichtig ist allein die Feststellung, daß ein solches Handeln zur Überlebenssicherung stattfindet. Dieses Handeln hat den Charakter von einer "Suche nach Auswegen" und wird praktiziert, obwohl diese Auswege immer enger werden. Es kann nicht bezeichnet werden als eine "Strategie" zur Erhöhung von Einkommen, sondern ist eine existentielle Notwendigkeit zur Verminderung von Risiken. Der Begriff "Strategie", der in diesem Zusammenhang oft gebraucht wird, erscheint hier fehl am Platze.[2] Strategie ist definiert als ein Handlungspaket umfassender Aktionen, die auf ein bestimmtes Ziel gerichtet sind.[3] Das Vorgehen der Betroffenen in den

1 AUGEL/FANGMANN/HEGMANNS 1987: 95ff.
2 MOTTA/SCOTT 1983: 40
3 S. dazu SHUBIK 1965: 23

Elendsvierteln aber ist einer existenziellen Notwendigkeit geschuldet, um weiterer Verelendung oder gar dem Hungertod zu entgehen. Ihm liegen keine strategischen oder rationalen Überlegungen zugrunde, da viele andere potentielle Formen der Überlebenssicherung wie z.B. der Aufbau eines "social networks" nicht genutzt werden. Zudem läßt die unsichere und kaum vorausschaubare Situation der Untersuchten sowie des Arbeitsmarktes keine Handlungsweisen im Sinne einer Strategie zu. Angebote und Möglichkeiten des Erwerbs werden oft spontan genutzt, wobei diese in der Regel auch temporär begrenzt sind. Die Planung der Einkommensbeschaffung wird von der Hoffnung auf einen Arbeitsplatz verdrängt. Schließlich addiert sich zu diesen Problemen eine "Lethargie des Hungers", die die Bewohner der Elendsviertel daran hindert, die Energie für die Arbeitsplatzsuche aufzubringen. Nicht selten werden die daraus resultierenden Depressionen im Alkohol ertränkt.

Nach diesen Ausführungen können wir zunächst feststellen, daß der Verelendungsprozeß breiter Bevölkerungsschichten unter dem Aspekt des monetären Einkommens in den letzten Jahren stetig vorangeschritten ist. Der Begriff des "Elends" kann jedoch nicht allein an der Höhe des monetären Einkommens gemessen werden. Vielmehr sind in diesem Zusammenhang auch andere Faktoren zu nennen, die in ihrer Gesamtheit eine wie immer geartete soziale Sicherheit komponieren. Kranken- und Rentenversicherung, Nachbarschaftshilfe, Subsistenzproduktion etc. können hier entscheidende Bedeutung bei der Frage der (Über-) Lebenssicherung erlangen.

Einen wichtigen Beitrag zur sozialen Sicherung stellt die Kranken- und Rentenversicherung dar, die in formellen Arbeitsverhältnissen in Brasilien durch die INPS (Instituto Nacional para a Segurança Social) gewährleistet wird. Viele Angehörige der unteren Einkommensschichten haben jedoch nicht das Glück, über einen solchen Arbeitsplatz zu verfügen, und erwirtschaften ihr Einkommen durch Tätigkeiten im sogenannten informellen Sektor. Dieser Bereich zeichnet sich vor allem dadurch aus, daß er keinerlei soziale Absicherung bietet, jedoch oft als einziger Ausweg aus der Erwerbslosigkeit fungiert. Im Gegensatz zu westlichen Industriegesellschaften, in denen er in bestimmten Kreisen als Alternative zur entfremdeten Lohnarbeit betrachtet wird,[1] ist der informelle Sektor hier Resultat der fatalen Lebenssituation der Elendsbevölkerung. Tätigkeiten in diesem Bereich sind nicht Resultat einer freien Entscheidung, sondern unterliegen stets dem Zwang,

---

1   Zu alternativen Arbeitsformen in den Industrieländern s.u.a. HUBER 1984, GORZ 1980 und HOLZINGER 1974

auf irgendeine Weise überleben zu müssen. Ich will einen kurzen Blick auf den Anteil informeller Beschäftigung unter den Untersuchten werfen. Dabei unterscheide ich die Haupt- und Komplementärversorger sowie die Haupt- und Komplementäreinkommensquelle.

Tabelle 12: Anteil informeller Beschäftigung und erwirtschaftetes Einkommen

	Anteil informeller Beschäftigung (in %)	Durchschn.Einkommen aus inform. Beschäft. (in DM)
Hauptversorger	51,43	113
Komplementär-einkommen	100,00	39
1. Komplementärversorger	86,67	42
2. Komplementärversorger	92,31	27
3. Komplementärversorger	80,00	3

Quelle: Eigene Untersuchung 1987/88

Nach diesen Berechnungen erwirtschaften 51,43 Prozent der Hauptversorger der untersuchten Haushalte ihr Einkommen durch Tätigkeiten im informellen Sektor. Ihr durchschnittliches Einkommen aus diesen Beschäftigungen beträgt rund 113 DM. Elf Prozent der Hauptversorger gehen auch einer zweiten Beschäftigung nach. Sie ist zu 100 Prozent dem informellen Sektor zuzuordnen und bringt einen Verdienst von etwa 39 DM im Monat. Zur weiteren Erklärung der o.g. Zahlen: Knapp 43 Prozent der befragten Haushalte verfügen zumindest über einen Komplementärversorger. Von diesen Komplementärversorgern sind 86,67 Prozent im informellen Sektor tätig und verdienen dadurch etwa 42 DM monatlich. Rund 18,5 Prozent der Haushalte verfügen über mindestens zwei Komplementärversorger. Von diesen zweiten Komplementärversorgern verdienen 92,31 Prozent ihr Geld, das monatlich ca. 27 DM beträgt, durch informelle Aktivitäten. Von den dritten Komplementärversorgern - bei 5,71 Prozent der Haushalte war ein solcher feststellbar - sind 80 Prozent informell tätig. Bei einem Haushalt waren auch ein vierter und ein fünfter Komplementärversorger vorhanden, die beide einer informellen Beschäftigung nachgingen.[1]

Im Vergleich mit der Untersuchung von 1984/85 ergibt sich folgendes Bild:

Tabelle 13: Anteil von informeller Beschäftigung im Vergleich 1984/85 und 1987/88

	Anteil informeller Beschäftigung (in %)	
	1984/85	1987/88
Hauptversorger Haupteinkommensquelle	48,6	51,43
Hauptversorger Komplementäreinkommen	98,7	100,00
1. Komplementärversorger	76,6	86,67
übr. Komplementärversorger	76,3	90,00

Quelle: Eigene Untersuchungen 1984/85 und 1987/88

Der Anteil der informellen Beschäftigung ist also deutlich angestiegen und beweist, daß eine Tätigkeit in diesem Sektor oft der einzige Weg für die Betroffenen ist, überhaupt ein monetäres Einkommen zu erwirtschaften. Insbesondere die Komplementäreinkommen, also sowohl die Komplementäreinkommensquelle des Hauptversorgers als auch die Einkommensquellen der Komplementärversorger, haben in diesem Zusammenhang einen Aufschwung erfahren. So ist der Anteil aller informellen Tätigkeiten im Komplementärbereich von 83,5 Prozent im Jahre 1984/85[2] auf 92,98 Prozent bei der letzten Untersuchung gestiegen. Der informelle Sektor bildet somit in der Überlebenswirtschaft der unteren Einkommensschichten eine herausragende Kategorie. Dies soll aber nicht darüber hinwegtäuschen, daß ein solches Wirtschaften stets mit Hunger und Elend verbunden ist. Denn der Anstieg informeller Tätigkeiten bedeutet gleichzeitig eine wachsende soziale Unsicherheit der untersuchten Bevölkerungsgruppen. Er bedeutet, daß es weniger Menschen gibt, die auf eine spätere Altersversorgung verweisen können, und daß es weniger Menschen gibt, die im Falle von Krankheiten

---

1   Zum informellen Sektor in Brasilien vgl. u.a. CAVALCANTI 1978, CAVALCANTI/DUARTE 1980a und 1980b sowie MOTTA/SCOTT 1983.
2   AUGEL/FANGMANN/HEGMANNS 1987: 107

oder Verletzungen durch eine Versicherung abgesichert sind. An eine Unterstützung im Falle von Arbeitsunfähigkeit ist erst gar nicht zu denken.

Eine andere Möglichkeit, sich ein gewisses Maß an sozialer Sicherheit zu verschaffen, stellt der Aufbau eines sozialen Netzwerkes dar, also soziale Gegebenheiten, in der Begriffe wie "Nachbarschaftshilfe", "Reziprozität" u.ä. eine wichtige Rolle spielen. Der soziale Zusammenhang innerhalb der untersuchten Elendsgebiete kann jedoch kaum als Solidargemeinschaft bezeichnet werden. Vielmehr sind Mißtrauen und ein gewisser Egoismus im Verhältnis zu den übrigen Bewohnern zu beobachten, wobei in vielen Fällen sicherlich berücksichtigt werden muß, daß derjenige, der nichts hat, auch nichts geben kann. Traditionelle Wurzeln oder eine eigene "Geschichte" der Favelas, die einen stärkeren Zusammenhalt begründen könnten, sind nicht gegeben.

Bereits in früheren Untersuchungen mußte ich feststellen, daß der Anteil der Haushalte, die mit nachbarlicher oder freundschaftlicher Unterstützung rechnen können, relativ gering ist. Lediglich im Falle von Verwandtschaftsverhältnissen sind Ausnahmen zu beobachten. Man hilft der kranken Mutter oder dem arbeitslosen Vater oder läßt die Kinder der Geschwister im eigenen Haushalt zu Mittag essen. Nicht-materielle Nachbarschaftshilfe in Form von Gesprächen, einem "offenen Ohr" für die Probleme der Nachbarin u.ä. sind dagegen häufiger zu beobachten, finden jedoch nicht unter einem breit gestreuten Personenkreis statt, sondern sind auf wenige Vertraute beschränkt. Generell spricht man zwar mit jedem, doch jeder kümmert sich um die eigenen Probleme, hieß die häufigste Antwort auf entsprechende Fragen.

Oft treten an die Stelle von Solidarität und gegenseitiger Unterstützung Konkurrenz und Rivalität, die sich bis hin zu physischer Bedrohung und Verletzung steigern können. So ist das Klima in der Favela Cabo Gato von Angst und Gewalt gekennzeichnet. Kaum ein Tag vergeht, an dem nicht ein Bewohner von einem anderen angegriffen wird; gegenseitiges Bestehlen gehört ebenfalls zum Alltag. Daraus darf jedoch nicht geschlossen werden, daß in den Elendsvierteln generell eine von Gewalt und Kriminalität beherrschte Atmosphäre besteht. In der Regel kann man dort von einer friedlichen Stimmung ausgehen, die nichtsdestoweniger durch die fatale Lebenssituation der Favelabewohner beklemmend wirkt. Und daß ein solches Klima gewaltsame Übergriffe - sei es aus Verzweiflung oder letzter Notwendigkeit - ermöglicht, soll an dieser Stelle nicht abgestritten werden. Doch es als Ursache zu bezeichnen, wäre entschieden zu weit gegriffen.

Ein Kreditwesen, das in die Nähe formalisierter Austauschbeziehungen tritt, existiert in Verbindung mit den "Vendas", den kleinen Verkaufsständen innerhalb der Favelas. Der Inhaber einer solchen Venda kann einem Kunden einen zeitlich befristeten Kredit einräumen, wenn dieser nicht in der Lage ist, die Rechnung sofort zu begleichen. Die Rückzahlungsfrist ist auf 14 Tage begrenzt. Der Kredit wird in der Regel jedoch nur "vertrauenswürdigen" bzw. "kreditwürdigen" Kunden gewährt, die die Sicherheit bieten, den Kredit innerhalb der festgelegten Frist auch zu tilgen. Es ist daher von Vorteil, Stammkunde zu sein und das Vertrauen des Besitzers der Venda zu genießen, das zum Teil auch durch gewisse "Nebenausgaben" - z.b. durch das regelmäßige Heben eines Gläschens - erworben werden muß.

Insgesamt tendiere ich dazu, den Anteil sogenannter "social networks" zur Sicherung des Überlebens in den Elendsvierteln als recht bescheiden zu bezeichnen. Die wachsende Verelendung generiert ein zunehmend egoistisches Verhalten, innerhalb dessen die Sorge im Vordergrund steht, wie man heute und wie man morgen sein Brot verdient. Die eigene Unsicherheit läßt das "Denken an andere" nicht mehr zu. Darüber hinaus sind gegenseitige Hilfeleistungen stets von subjektiven Faktoren abhängig.[1] Es gibt keinen formalen oder traditionellen Kodex, der die Betroffenen an ein Austauschnetz bindet und sie zu Leistungen verpflichtet. Transferaktionen erscheinen in diesem Licht eher als spontane oder willkürliche Handlungen. Lediglich im Falle von familiären Bindungen kann man auf moralische Verpflichtungen verweisen.

Oft wird behauptet, daß der Hausarbeit und der Subsistenzproduktion in der Ökonomie der unteren Einkommensschichten der Dritten Welt ein entscheidendes Gewicht zukommt.[2] Ohne Frage stellt die häusliche Produktion einen wichtigen Beitrag zur Bewältigung der alltäglichen existentiellen Probleme dar und ist somit ein wesentlicher Faktor innerhalb der Überlebenssicherung. Ihre Charakterisierung als "Überlebensarbeit" ist durchaus gerechtfertigt, denn sie muß die kaum lösbare Aufgabe bewältigen, unter den gegebenen Bedingungen aus den wenigen vorhandenen Ressourcen die jeweilige Haushaltseinheit möglichst adäquat zu versorgen.

Hausarbeit ist in den Untersuchungsgebieten ausschließlich Frauenarbeit. Männliche Haushaltsmitglieder beteiligen sich lediglich sporadisch an häuslichen Aktivitäten, die keinen ausgesprochenen Hausarbeitscharakter haben, z.B. Reparaturen oder Materialbeschaffung für bauliche Veränderungen am oder im Haus. Der Ausgleich auftretender Defizite - etwa ein finanzieller Engpaß - ist ebenfalls der Frau überlassen. Ist ihr der Einkauf

---

1 Vgl. dazu MOTTA/SCOTT 1983
2 Nachzulesen etwa in AG BIELEFELDER ENTWICKLUNGSSOZIOLOGEN 1981 und ELWERT/EVERS/WILKENS 1983.

von Lebensmitteln nicht möglich, so ist es ihre Aufgabe, diese sich beim Nachbarn oder bei Verwandten auszuleihen oder sie auf irgendeine andere Weise zu beschaffen. Organisatorische Angelegenheiten oder Bittgänge zur Gemeindekirche oder zu staatlichen Einrichtungen sind fester Bestandteil des Frauenalltags in den Elendsgebieten. Man könnte behaupten, daß die Aktivitäten der Frau darin bestehen, das "Überlebensmanagement" zu bestreiten. Die Ergebnisse dieses Managements sind zwar weniger sichtbar und werden dementsprechend von den Männern kaum gewürdigt, doch schaffen sie oft erst überhaupt die Möglichkeit, Engpässe in der Versorgung einigermaßen schadlos zu überstehen.

Das Quantum absolvierter Hausarbeit statistisch zu ermitteln, gestaltet sich äußerst problematisch.[1] Ausdruck in Zahlen finden lediglich solche Aktivitäten, die an den Haushalt gebunden und monetär entgolten sind. Der Verkauf von einzelnen Zigaretten oder von selbstgemachtem Eis sind hier zu nennen, doch konnte auch in dieser Hinsicht eine deutliche Abnahme gegenüber früheren Untersuchungen beobachtet werden.

Eine angenommene wesentliche Bedeutung der Subsistenzproduktion in unteren Einkommensschichten der Dritten Welt[2] zur Sicherung ihres Überlebens kann für die untersuchten Elendsgebiete in Recife nicht nachvollzogen werden. War sie nach den Studien aus dem Jahr 1984/85 schon als gering zu bezeichnen[3], so hat sie sich zwei Jahre später noch wesentlich vermindert, obwohl das Einkommensniveau allgemein gesunken ist und vielleicht eine Kompensation durch vermehrten Eigenanbau von Nahrungsmitteln zu vermuten wäre. Auch bei den Haushalten, die auf die gleichen Ressourcen wie 1984/85 zurückgreifen konnten - d.h. die ausreichenden Boden zur Verfügung hatten - war eine solche Veränderung nicht erkennbar.

Das Motiv, ein Versorgungsdefizit durch Subsistenzproduktion zu kompensieren, fällt also offenbar weg. Dies weist zudem darauf hin, daß auch hier wieder der Begriff der "Strategie" zur Überlebenssicherung nicht greift. Vorhandene Ressourcen werden nicht genutzt. Es liegt daher die Annahme nahe, daß in der Überlebensökonomie innerhalb der Elendsviertel weniger Optimierungsstrategien entwickelt werden, als vielmehr kulturelle Wertmu-

1 Einen Versuch, solche Tätigkeiten in Schattenpreisen darzustellen, unternahmen EVERS 1981 sowie GOLDSCHMIDT-CLERMONT 1982 und HILZENBECHER 1986

2 S. hierzu vor allem die Arbeiten der AG BIELEFELDER ENTWICKLUNGSSOZIOLOGEN 1981.

3 AUGEL/FANGMANN/HEGMANNS 1987: 110ff.

ster und Aspekte wertrationalen Handelns in den Vordergrund treten.[1] So wird dem Erwerb monetären Einkommens stets Priorität vor einer "Natural-wirtschaft" eingeräumt. Geld wird höher bewertet als das nicht-monetäre Einkommen in Form von Nahrungsmitteln, die man selbst angebaut hat.

Ich will dabei jedoch in Rechnung stellen, daß sich die Untersuchungsge-biete von 1984/85 im Vergleich zu 1987/88 ein wenig unterscheiden. Die Favelas Cabo Gato und Monte Verde sind die gleichen geblieben, im Hin-blick auf ihre soziale Struktur hat sich kaum etwas verändert. Ebenso ist das Ausmaß der Subsistenzproduktion in diesen Gebieten gleich geblieben.

Das damalige Untersuchungsgebiet Chão de Estrelas war dieses Mal nicht Gegenstand der Studien. Dort fand - wenn auch ein minimaler - Anbau von Nahrungsmitteln statt. In der Favela Bananal dagegen sind die Vorausset-zungen für eine Subsistenzproduktion nicht gegeben, da das gesamte Gelän-de quasi "lückenlos" für Wohnraum genutzt wird. Insofern hat hier die Wahl der Untersuchungsgebiete zur Beurteilung des Umfangs der Produktion für den Eigenbedarf sicherlich beigetragen.

Vila da Prata/Vila Santa Luzia stellt hier einen interessanten Sonderfall aufgrund des Umsiedlungsprozesses dar. Wurde in der Vergangenheit ein Anbau von Nahrungsmitteln in kleinem Umfang betrieben, so findet er nach der Umsiedlung nicht mehr statt, da das zur Verfügung gestellte Grundstück keine ausreichenden Kapazitäten dazu bietet. Vorhandener Boden wird in erster Linie der Wohnraumnutzung zugeführt: aufgrund der beengten Wohnverhältnisse - die Häuschen haben eine durchschnittliche Grundfläche von nur 16 qm - werden ein bis zwei Räume angebaut, sobald die finanzielle Situation der Betroffenen dies zuläßt. Der soziale Wohnungsbau wirkt sich somit in mehrfacher Hinsicht negativ auf die untersuchten Haushalte aus:
   a) bisher nicht angefallene Kosten für Wasser und Strom müssen
      nun beglichen werden,
   b) der vorhandene Wohnraum ist nun geringer als zuvor und muß
      durch Eigenleistungen vergrößert werden,
   c) eine Subsistenzproduktion ist aufgrund der beengten Verhältnisse
      nicht mehr möglich.

In Brasília Teimosa ist ebenfalls kein Anbau für den Eigenbedarf feststell-bar. In der Regel wird vorhandener Boden zur Verbesserung der Lebens-qualität genutzt, die stark an den Werten einer sozialen Mittelschicht orien-tiert ist. Der Vorgarten - ummauert oder von Gittern umgeben, auf jeden Fall aber abgegrenzt - dient als Ziergarten und Prestigeobjekt, das beweisen soll,

---

1   Zum Begriff des wertrationalen Handelns s. WEBER 1972.

daß man es "sich leisten kann", vorhandene Flächen ungenutzt zu lassen bzw. zu ästhetischen Zwecken, die unteren Einkommensschichten "nutzlos" oder "überflüssig" erscheinen, zu verwenden. Insgesamt ist das Einkommensniveau in Brasília Teimosa deutlich höher als in den übrigen Untersuchungsgebieten, wenngleich die Zuordnung der Bewohner zu den unteren Einkommensschichten unbestritten bleibt. Wesentlich jedoch ist in diesem Zusammenhang die Feststellung, daß entgegen der von ELWERT/EVERS/WILKENS [1]vertretenen Annahme kein Zusammenhang zwischen der Höhe des Einkommens und dem Ausmaß der Subsistenzproduktion erkennbar ist. Nach den Überlegungen von ELWERT/EVERS/WILKENS steigt das Ausmaß der Subsistenzproduktion mit der Höhe des Einkommens. Bereits in den Studien von 1984/85 konnte diese These für brasilianische Verhältnisse nicht nachvollzogen werden.[2] Nach meiner letzten Untersuchung kann ich diese Ergebnisse voll bestätigen.

Insgesamt bleibt festzustellen: Die Subsistenzproduktion in den unteren Einkommensschichten hat in ihrer Bedeutung, die ohnehin bereits als marginal zu bezeichnen war, deutlich abgenommen. Dabei sind auch staatliche Maßnahmen, die ihrer Definition nach eine Verbesserung der Lebenssituation der Betroffenen auslösen sollen, als Verursacher zu nennen. Faktisch rufen sie eine Verschlechterung in mehrfacher Hinsicht hervor. Die Subsistenzproduktion als Faktor in einer Überlebensökonomie kann somit als diminuierende Kategorie behandelt werden, d.h. ihr Umfang in brasilianischen Elendsvierteln strebt der Bedeutungslosigkeit entgegen.

Zusammenfassend kann ich nach diesen Betrachtungen also feststellen, daß der Prozeß der Verelendung breiter Bevölkerungsschichten in Brasilien in den letzten Jahren vorangeschritten ist. Ausgehend von eigenen Studien ist das monetäre Einkommen in den untersuchten Gebieten seit 1982 um mehr als 42 Prozent gesunken (von 52 DM pro Person und Monat auf 30 DM). Weiterhin ist der Anteil der Personen, die auf Aktivitäten im sogenannten informellen Sektor zur Sicherung ihres Überlebens angewiesen sind, angestiegen. Faktisch bedeutet dies, daß weniger Menschen auf eine soziale Absicherung, wie sie ein Sozial- oder Wohlfahrtsstaat bieten mag, verweisen können. Und letztlich ist der Anteil der Haushalte, die eine Subsistenzproduktion zur Ergänzung ihres ohnehin spärlichen Speiseplans betreiben, auf ein äußerst niedriges Niveau zurückgegangen. Die wachsende

---

1 ELWERT/EVERS/WILKENS 1983
2 AUGEL/FANGMANN/HEGMANNS 1987

soziale Unsicherheit und das konkrete Erleiden von mehr Hunger und mehr Elend werden von den Betroffenen ebenso registriert wie von den ungezählten Statistiken ungezählter Forschungsinstitutionen. Die Frage ist, wie man dieser Situation begegnet. Mit Kriminalität? Mit Gewalt? Mit politischem Protest?

VI.3 Elendskriminalität als Überlebenskampf

Auffallend ist, daß trotz der "unsolidarischen" Verhältnisse in den Untersuchungsgebieten niemand von einem anderen behauptet, er sei kriminell oder gewalttätig. Natürlich verweist man darauf, daß es unter den Bewohnern auch solche gibt, die "illegale" Geschäfte betreiben, doch betont man gleichzeitig, daß diese eine kleine Minderheit darstelle. Gewaltkriminalität innerhalb der Elendsviertel wie bewaffneter Raubüberfall oder gar Mord sind zwar zu beobachten, doch sind die Täter in der Regel nicht in den jeweiligen Favelas ansässig. Mit den Worten "Die kommen von woanders," weist man stets darauf hin, daß im eigenen sozialen Umfeld derartige Straftäter nicht existieren. In Diskussionen mit den Bewohnern der Favelas über Kriminalität und Gewalt fiel darüber hinaus stets der beiläufige Kommentar, daß die größten Kriminellen ohnehin die Politiker seien.

Ich möchte jedoch auch nicht die Ausnahme verschweigen. Die Favela Cabo Gato habe ich bereits als ein Gebiet charakterisiert, in dem gewaltkriminelle Übergriffe zum Alltag gehören. Die Bewohner selbst bezeichnen das Elendsviertel als ein "heißes Pflaster". In der Tat erlebte ich dort im Durchschnitt etwa einen Mord in der Woche, wobei die oder der Täter jedoch in keinem Fall aus Cabo Gato stammten. Anders dagegen Diebe oder bewaffnete Räuber, die sich ihre Opfer zum Teil in der Favela selbst suchen. Ein Opfer schilderte mir, wie ein bewaffneter Mann aus Cabo Gato mit vorgehaltenem Revolver ein Schwein von ihm verlangte, das er auf dem Grundstück am Flußufer aufzog. Nach dem Raub ging der Bestohlene zur Polizei und erstattete Anzeige. Der Täter wurde verhaftet, nach einer Woche jedoch wieder auf freien Fuß gesetzt und tauchte erneut mit der Waffe in der Hand bei seinem früheren Opfer auf. Er schoß ihm ins Bein und drohte ihm, ihn das nächste Mal zu erschießen, falls er ihn noch einmal bei der Polizei anzeigen würde.

Der Verlauf dieses Raubzuges mit anschließender "Racheaktion" deutet darauf hin, daß hier die Justiz offenbar nicht die vorgeschriebenen gesetzlichen Maßnahmen eingeleitet hat. Wie einige Bewohner Cabo Gatos erzählten, handeln weder Polizei noch Richter den Gesetzen entsprechend, weil sie selbst von den Delikten profitieren. 30 Prozent des Raubgutes für die Polizei sei die Regel, sagen sie, und wenn es bis zur Gerichtsverhandlung kommt, noch einmal 30 Prozent für den Richter.[1]

Ein anderer Aspekt, den man im Falle Cabo Gatos berücksichtigen sollte, ist das ganze soziale Umfeld. Der gesamte Stadtteil Peixinhos ist aus einer Reihe von Favelas heraus entstanden, die sich im Laufe der Jahrzehnte zu "ganz normalen" Wohngebieten entwickelten.[2] So ist Peixinhos zwar überwiegend durch Steinhäuser charakterisiert, doch sind die Bewohner ausnahmslos den unteren Einkommensschichten zuzuordnen. Insgesamt dürften in diesem Stadtteil etwa 120.000 Menschen leben. Die Vermutung liegt nahe, daß eine solche Konzentration von Armut über einen Zeitraum von mehreren Jahrzehnten hinweg ein Klima erzeugt, in dem Kriminalität und Gewalt besser gedeihen als in anderen Elendsgebieten. Ein vergleichbarer Stadtteil ist Casa Amarela. Von den etwa 400.000 Bewohnern sind ca. 70 Prozent den unteren Einkommensschichten zuzurechnen, die in Favelas oder unter ähnlichen Bedingungen wie in Peixinhos leben. Diese Wohngebiete sind vor allem bekannt für die ausgedehnte Drogenkriminalität, die vom Anbau über den Konsum bis zum Handel mit Drogen reicht. Auch in diesem Fall ist nach Auskunft von Anwohnern die Polizei beteiligt.

Diese Ausführungen sollen jedoch nicht zu den Annahme verleiten, daß Casa Amarela und Peixinhos ausgesprochen kriminelle Stadtteile sind. Es sollte lediglich nach einer Erklärung für die häufig beobachtbare Gewalt in Cabo Gato gesucht werden, und das ist eine Favela mit etwa 3300 Personen. Zudem habe ich selbst vor einigen Jahren in Casa Amarela gewohnt und mich dort recht wohl gefühlt. Und daß es auch den umgekehrten Fall gibt - nämlich daß die Bewohner eines Armenviertels für den legalen Gang der Dinge sorgen - zeigt das Beispiel Brasília Teimosa.

Vor einiger Zeit ereignete sich unweit Brasília Teimosas ein Verkehrsunfall: Der Fahrer eines VW-Käfers hatte einen Fußgänger nicht beachtet und erfaßte ihn mit seinem Fahrzeug. Der junge Mann blieb schwer verletzt auf der Straße liegen, der VW-Fahrer beging Fahrerflucht. Ein Bewohner Brasília Teimosas hatte den Vorgang beobachtet und den Fahrer des Unfallwagens als einen Nachbarn aus dem Armenviertel identifiziert. Die Justiz jedoch ließ den Fall auf sich beruhen, obwohl das Unfallopfer querschnittgelähmt blieb und somit arbeitsunfähig war. Niemand wollte für den Schaden

---

1   Zum Problem der Polizeikorruption s.u.a. GOLDSTEIN 1975.
2   Dazu u.a. ENGELHARDT 1987

aufkommen. Der Bewohnerrat Brasília Teimosas faßte daraufhin den Entschluß, die erforderlichen Schritte selbst einzuleiten, um so auch gegenüber
der Öffentlichkeit dem Vorwurf zu begegnen, Kriminelle zu beherbergen
bzw. zu verstecken. Die Initiative zeigte Erfolg. Der Unfallfahrer wurde
verurteilt, das Opfer erhielt Schadensersatz.

Dies soll nur einen Eindruck davon vermitteln, wie vielschichtig der "innere
Charakter" der Favelas gegliedert ist und wie wenig sinnvoll es ist, pauschale
Bewertungen und Charakterisierungen zu äußern. Ich möchte damit der oft
vertretenen These begegnen, daß ein logischer Zusammenhang zwischen
wachsender Verelendung und steigender Kriminalitität und Gewalt besteht,
daß also Hunger und Armut die Ursache von Kriminalität und Gewalt sind.[1]
Sicherlich gibt es eine Beziehung, doch ist sie nicht notwendigerweise eine
ursächliche.[2] Eine solche Argumentation ist vielmehr stark ideologisch geprägt und verdeckt die Zusammenhänge. Elend und Hunger entstehen nicht
von ungefähr, sondern sind selbst Resultat - also Wirkung - komplexer
Entwicklungen, die an dieser Stelle nicht nachzuvollziehen sind. Der Überblick über die jüngere Geschichte Brasiliens sollte jedoch zumindestens die
Richtung deutlich gemacht haben, aus der die Verursacher des Massenelends
kommen. Dabei wollen wir jedoch Begriffe wie "Kapitalismus", "wirtschaftliche Entwicklung", "wirtschaftliche Struktur" etc. nicht überstrapazie-
ren. Fraglos spielen sie eine wichtige Rolle, doch stehen sie hier als Phänomene, die bestimmte Denk- und Handlungsmuster beinhalten. Später werde
ich noch darauf zu sprechen kommen.

Was ich zunächst betonen möchte: Massenelend und wachsende Verelendung können nicht als Ursache für die steigende Anzahl von Kriminal- und
Gewaltdelikten in Brasilien betrachtet werden. Eine solche Annahme stellt
eine verkürzte Sichtweise der realen Verhältnisse dar, da Hunger und Elend
selbst nur als Wirkung zu begreifen sind. Trotzdem behaupte ich nun einen
Zusammenhang! Dieser Zusammenhang zwischen wachsender Verelendung und steigender Kriminalität und Gewalt läßt sich herstellen aus der

---

1 Dieser ursächliche Zusammenhang wird insbesondere in den brasilianischen Medien
   behauptet. S. dazu aber auch CASTELO BRANCO PUTY 1982 sowie LINS E
   SILVA/LUPPI 1982.
2 Mit dieser und meiner folgenden Argumentation möchte ich nicht bestreiten, daß es
   eine direkte Beziehung zwischen Armut und Kriminalität gibt. DURKHEIM etwa
   stellte fest, daß, wenn gegenüber der Armut ein Bild hoher Aspirationen entworfen
   wird, die Armut als unerträglich empfunden und versucht wird, diese mit allen Mitteln
   (auch unerlaubten) zu überwinden, wodurch abweichendes Verhalten entsteht. S.
   dazu DURKHEIM 1967a, 1967b und 1977, aber auch MERTON 1957. Weitere
   Spezifizierungen liefern CLOWARD/OHLIN 1969.

Katalysatorfunktion des Elends. Das heißt, Hunger und Armut ermöglichen das, was man unter der Bezeichnung der "Elendskriminalität" versteht: delinquentes Verhalten aus der Notwendigkeit heraus, überleben zu müssen und sich das zu nehmen, was man zum Leben braucht. Massenelend dient hier als Katalysator, über den sich wirtschaftliche und politische Prozesse in aktive Reaktionen umsetzen. Elend selbst stellt sich dar als ein passiver Faktor, eben als Resultat dieser Prozesse, wenngleich es ein dynamisches Phänomen ist. Diese auf die fortschreitende Verelendung gerichtete Dynamik kann die Auslösefunktion für delinquentes Verhalten übernehmen.

An dieser Stelle kann man jedoch auch die Frage nach der Legitimität der Kriminalität unter den gegebenen Umständen stellen. Eine vielleicht vergleichbare Situation trat in Deutschland unmittelbar nach Kriegsende ein, als Millionen Menschen ohne Dach über dem Kopf in extremer Armut lebten und auch hungerten. Selbst Kardinal Frings konstatierte, daß man es in dieser Lage keinem Menschen verwehren könne, sich das Nötigste, was er zum Leben braucht, selbst zu nehmen, und sei es auf unerlaubte Weise. Das Stehlen zum Zweck des Überlebens wurde im Volksmund daraufhin unter dem Begriff "fringsen" geführt und als spezielle Form der Kriminalität zumindest zum Teil toleriert wie auch der blühende Schwarzmarkt.

Betrachten wir nun noch den zweiten großen Komplex, der in der Frage der Gewalt von Bedeutung ist: den Alltag auf den Straßen der Großstädte. Dieser Alltag zeichnet sich nicht nur durch zahlreiche Verkehrsunfälle aus, sondern auch durch ein hohes Maß an gewaltsamen Delikten wie Diebstahl, Raub, Mord, Hehlerei und vieles mehr. Alltag in Brasilien zu leben heißt, mit der Gewalt leben, denn die Zentren der Großstädte bieten ein ideales Pflaster für die illegale Beschaffung des Lebensunterhalts einer nicht geringen Anzahl von Menschen. Die Kinder- und Jugenbanden haben es in diesem Zusammenhang zu trauriger Berühmtheit gebracht. Ihr Lebensalltag spiegelt eine Vielfalt der Gewaltverhältnisse wider, wie sie in Brasilien zu beobachten sind. Dabei halten sich die Ausübung und die Erfahrung von Gewalt mehr oder minder die Waage.

Die Straßenkinder Brasiliens, die sogenannten abandonados, gehören zur Gruppe der Elendsbevölkerung und stellen in ihrer Gesamtheit einen beachtlichen Anteil an der brasilianischen Bevölkerung dar. Auf rund sieben Millionen schätzt man die Anzahl der auf den Straßen der Großstädte lebenden Kinder und Jugendlichen[1], und allein im Zentrum von Recife sollen es 3000 sein. Ihr Auftreten in Banden ist eine fast logische Folge der

---

1   Vgl. POLLMANN 1985

Gewalt, der sie ständig ausgesetzt sind: seitens der Polizei, der Bevölkerung und anderer, rivalisierender Banden. Die Gemeinschaft bedeutet in erster Linie einen Schutz für sie, denn das Überleben auf der Straße richtet sich nach dem Prinzip "jeder gegen jeden". Ein Beispiel mag dies erläutern: Nach seiner Ankunft in Recife, wo er sich eine Arbeit suchen wollte, mußte der siebzehnjährige Roberto auf der Straße übernachten, da er kein Geld für ein Hotelzimmer besaß. Kaum hatte er sich schlafen gelegt, wurde er "bis aufs Hemd" ausgeraubt. Ein anderer Jugendlicher bot ihm daraufhin Kleidung und den Schutz seiner Bande an. In seiner Verzweiflung nahm Roberto das Angebot an und wurde so Mitglied der Bande, die ihn auf ihre Weise auch eine "Arbeit" gab. Aber gehen wir chronologisch vor und stellen zunächst die Frage nach der Herkunft der abandonados.

Von den mehr als 60 Millionen brasilianischen Jugendlichen bis zu einem Alter von 18 Jahren gilt etwa die Hälfte als "carente", d.h. sie leben unter Bedingungen, die eine vollständige individuelle Reproduktion nicht gewährleisten.[1] Laut einer Untersuchung der FEBEM (Fundação Estadual do Bem-Estar do Menor) in São Paulo, eine Institution, die man ihrer Funktion und Einrichtung nach als Kinder- und Jugendgefängnis bezeichnen kann, hatten zwar 93 Prozent der eingelieferten Kinder und Jugendlichen eine Familie, doch zählten diese zu den etwa 20 Prozent der Bevölkerung, die in absoluter Armut leben.[2] Vier von zehn Familien, die unter diesen Bedingungen leben, sind darauf angewiesen, das Haushaltseinkommen mit Hilfe der Kinder zu erwirtschaften. Die Kinder arbeiten als Aushilfskräfte und Handlanger, Schuhputzer oder Eisverkäufer u.v.m.[3], erwirtschaften dabei jedoch stets ein Einkommen, das weit unter einem Mindestlohn im Monat liegt. Für manchen stellt daher der Diebstahl oder die Arbeit als Drogenkurier eine Alternative dar, die trotz der Risiken relativ leicht verdientes Geld verspricht.

Innerhalb der verschiedenen Gruppen der untersuchten Straßenkinder im Zentrum von Recife ließ sich kein "typisches" Muster identifizieren, welches eine einheitliche Erklärung für die Tatsache liefert, daß die Kinder und Jugendlichen auf der Straße leben. Lediglich eines hatten sie gemeinsam:

1 Je nach Quelle liegen die Schätzungen zwischen 20 und 36 Millionen "carentes" in Brasilien. Vgl. u.a. RETRATO DO BRASIL 1985: 302 und MARTINS 1986: 6.
2 RETRATO DO BRASIL 1986: 4f.
3 Zur Kinderarbeit in Brasilien s.u.a. POLLMANN 1984. Allgemein zu solchen Tätigkeiten, die unter den Begriff "informeller Sektor" gefaßt werden, s. HEGMANNS 1984, CAVALCANTI 1978 und 1980a.

Sie alle stammen aus prekären Verhältnissen, wie sie die zahlreichen Favelas der Stadt aufweisen. Es können jedoch einige der meistgenannten Antworten auf die Frage gegeben werden, warum die Betroffenen sich für ein Leben auf der Straße "entschieden" haben:

a) Man hat keine Familie mehr (beide Elternteile sind verstorben; die Mutter ist verstorben, der Vater in eine andere Stadt verzogen etc.);

b) man wurde von der Familie ausgesetzt oder "verstoßen";

c) man hat die Lebensbedingungen zu Hause als zu prekär empfunden und sich für das Leben auf der Straße entschlossen;

d) aufgrund von Alkoholismus oder "zerrütteten" Familienverhältnissen hat man die Familie verlassen;

e) die Familie lebte bereits auf der Straße, man ist bereits als Kleinkind dort aufgewachsen.

Letztendlich sind die vielschichtigen Gründe, die zu einem Leben auf der Straße geführt haben, mehr oder minder auf die fatale Lebenssituation der Betroffenen zurückzuführen. Zwischenmenschliche Spannungen, Alkoholismus, Hunger etc. lassen sich durchaus aus diesem Zusammenhang erklären, wenn man die Gespräche mit den Kindern und Jugendlichen zugrunde legt. Die Kinder, die das Elternhaus verlassen, haben nur die Wahl zwischen der FEBEM und der Straße, und die fällt aufgrund der zwanghaften Verhältnisse in der FEBEM in der Regel zugunsten der Straße aus. Die Situation der Jugendlichen ist ähnlich. Da ihnen die materiellen Voraussetzungen für die Gründung eines eigenen Hausstandes fehlen, bleibt nur die Straße.

Ein legales Geschäft auf der Straße zu betreiben, gestaltet sich für die abandonados als problematisch; es fehlt das "Startkapital". Zudem läuft man ständig Gefahr, seiner Ware und/oder seines vedienten Geldes beraubt zu werden. Früher oder später ist man somit immer wieder auf Diebstahl und Raub zurückgeworfen. Auch hier ein Beispiel: Zusammen mit der Selbsthilfegruppe "Comunidade Povo sem Casa" baute ich für zwei fünfzehn- und sechzehnjährige abandonados einen Handkarren, mit dem sie geschälte Apfelsinen verkaufen konnten. Für Startkapital und Ausrüstung war somit gesorgt. In den ersten Tagen des Geschäftes zeigte sich auch ein recht guter Erfolg der Initiative. Dann jedoch rief das relativ gut funktionierende Geschäft den Neid anderer Jugendlicher hervor. Der in dem Handkarren unter Verschluß deponierte Gewinn stellte ebenfalls einen Reiz dar. Der erste nächtliche Überfall auf die beiden "Geschäftsmänner" richtete sich auf deren Verdienst, nach dem zweiten verloren sie auch die gesamte Ausrüstung und waren somit wieder an den Ausgangspunkt zurückgeworfen.

Eine wichtige Rolle im Hinblick auf die Anwendung von Gewalt zwischen rivalisierenden Banden nimmt der Drogenkonsum ein. Das Kleisterschnüffeln steht dabei an erster Stelle, es wird in allen Altersgruppen praktiziert.

Die Gründe für den Drogenkonsum sind schnell gefunden. Kleisterschnüffeln, das Rauchen von Marihuana und Haschisch und das Injizieren von rauschverursachenden Medikamenten haben in erster Linie eine Ersatzfunktion. So bezeichnen die Kinder den Kleister als Essen, Zuhause, Zärtlichkeit (carinho), Familie und Kraftgeber. Die Droge läßt sie das eigene Elend vergessen und gibt ihnen zudem Mut für ihre Diebstähle und Raubzüge.

Unter dem Einfluß der Drogen verschieben sich die Dimensionen der Wahrnehmung und des eigenen Handelns. Gewaltsame Auseinandersetzungen im Drogenzustand sind unter den Kindern und Jugendlichen häufig zu beobachten, und nicht selten enden sie mit Verletzungen oder gar mit dem Tod eines der Beteiligten. In Verbindung mit den "Gesetzen der Straße", einem eigenen Regelsystem unter den Kinder- und Jugendbanden, nehmen die Auseinandersetzungen oft die Formen institutionalisierter Verfahren an, die von der Anklage über die Verurteilung bis zur Vollstreckung des Urteils reicht.[1] Wer z.B. von der Polizei verhaftet wird und einen Mittäter "verpfeift", muß mit der Verfolgung durch den Verratenen rechnen, der in diesem Fall die "Todesstrafe" vollstrecken kann. So geschehen etwa im Falle des sechzehnjährigen Fernando, der einen Mittäter verraten hatte und von diesem im Schlaf mit einem Stein erschlagen wurde. Ein ebenfalls Sechzehnjähriger - einer der o.g. "Geschäftsmänner" - wurde nachts von zwei Jugendlichen mit Alkohol übergossen und angezündet. Er erlitt schwerste Verbrennungen und Entstellungen im Gesicht und am Oberkörper.

Ebenso häufig sind jedoch auch Fälle von Autoaggression. Selbstverstümmelungen mit Rasierklingen oder anderen scharfen Gegenständen zeugen vom Willen, dem eigenen Leben ein Ende zu setzen, weil ein Ausweg kaum zu erwarten ist. Andererseits aber können die zahlreichen Narben auf dem Körper eines Kindes die Funktion übernehmen, Mitleid bei Passanten zu erregen und so bei diesen die Bereitschaft erzeugen, ein Almosen zu geben.[2]

Die Ausübung und Erfahrung von Gewalt bleibt jedoch nicht auf die Kinder-und Jugendbanden beschränkt. Passanten verstehen sich selbst stets als konkretes oder zumindest potentielles Opfer eines Deliktes. Die "Opfersituation" kann jedoch schnell in das Gegenteil umschlagen. Aufgrund der latent existierenden Gewalthysterie unter der brasilianischen Bevölkerung

---

1   S. in diesem Zusammenhang u.a. die Analysen zu "Straßengesellschaften" von VIERA ARRUDA 1983 und QUEIROZ et al. 1984 sowie COLLEN 1987.
2   Zur Autoaggression unter den Kinder- und Jugendbanden s.u.a. POLLMANN 1985.

löst der Schreck nach einem erlittenen Diebstahl das unumstößliche Verlangen nach Bestrafung des Täters aus, das bis in den Ruf nach Rache eskalieren kann, wie ich mehrmals im Zentrum von Recife beobachten konnte. Bestrafungsaktionen von aufgebrachten Bürgern in Form von Prügel für den Täter gehören zum Bild des Alltagslebens brasilianischer Großstädte, wobei Fälle von Lynchjustiz zwar nicht die Regel, jedoch von Zeit zu Zeit als Extremreaktionen zu verzeichnen sind [1]

Nicht weniger gewaltsam reagiert die Polizei. Mehrmals konnte ich Verhaftungen von Kindern und Jugendlichen im Stadtzentrum von Recife beobachten. Der Delinquent wurde in der Regel an Ort und Stelle mit dem Schlagstock traktiert - unter dem Beifall der zahlreichen Schaulustigen -und wenig später im Innern des Polizeiwagens zusammengeschlagen. Der Einsatz von Schußwaffen bedarf unter den Polizisten keines besonderen Grundes. Schon ein langsames Reagieren auf die Befehle eines Polizisten kann diesen zum Ziehen seines Revolvers provozieren. Der Gebrauch der Waffe im "Fluchtfall" ist durchaus üblich, gut die Hälfte der Jugendlichen über fünfzehn Jahre wies alte und weniger alte Schußverletzungen durch die Polizei auf. Auch in bezug auf die Polizei ist ein Extrem zu verzeichnen: Sogenannte Todesschwadrone nehmen in steigendem Maße Eliminierungen von Straftätern vor, wobei Erwachsene, Jugendliche und Kinder in gleichem Maße als Opfer zu beklagen sind.

Die Problematik der "carentes" ist eine dynamische. 1976 wurde ihre Anzahl noch auf sechzehn Millionen geschätzt, heute sind es gut doppelt so viele.[2] Dementsprechend ist auch die Zahl der auf der Straße lebenden Kinder und Jugendlichen gestiegen. Angesichts der Tatsache, daß Brasilien ein "Land der Jugend" ist - fast die Hälfte der Bevölkerung weist ein Alter bis zu 18 Jahren auf -, ist dies ein schlechtes Omen für die Zukunft des Landes. In der Regel können die abandonados weder lesen noch schreiben; Einige sind in der Lage, ihren Namen zu schreiben (und gelten damit offiziell als alphabetisiert), nur wenige haben die erste Stufe der Grundschule (= vier Jahre) absolviert. Während des Alphabetisierungsunterrichts auf der Straße durch die "Comunidade Povo sem Casa" wurde dieses Defizit deutlich, wogegen einigen das Rechnen wesentlich leichter fiel. Dies findet

---

1 S. hierzu BENEVIDES 1982, BENEVIDES/FISCHER 1985 und LINS E. SILVA/LUPPI 1982.
2 RIZZINI 1987: 19

jedoch seine Erklärung in dem Umstand, daß das Rechnen einen Teil des Überlebens darstellt, da man sonst beim Verkauf des Diebesgutes betrogen werden kann. Die Defizite hinsichtlich des Grades der Alphabetisierung schränken jedoch die Perspektiven der Betroffenen sehr stark ein. Arbeit finden sie - wenn überhaupt - nur in Bereichen mit einem Einkommensniveau bis zu einem Mindestlohn.[1] Zwar bietet die FEBEM einen Schulunterricht an, doch wird dieser aufgrund der dort generell angewandten Methoden (Kasernierung, Prügelstrafen, gefängnisähnliche Situation etc.) abgelehnt. Die Hoffnungslosigkeit führt die abandonados daher in den meisten Fällen immer wieder auf ihre einzige Alternative zurück: Überleben durch Illegalität.

Aber auch hier möchte ich feststellen, daß die Armut nicht die Ursache der verschiedenen Gewaltverhältnisse auf der Straße ist. Die abandonados sind in ihrer Existenz zwar dem Massenelend in den Favelas geschuldet, doch habe ich dies bereits als Katalysator - nicht als Ursache - für Gewalt und Kriminalität identifiziert. Das Problem der abandonados stellt lediglich eine Form unter vielen dar, wie sich Armut und Elend ausdrücken können, und verweist seinerseits auf einen Hintergrund von "eigentlichen" Ursachen. Diese habe ich zunächst benannt als wirtschaftliche und politische Prozesse, deren Analyse in den letzten Jahren zu verschiedenen Erklärungsansätzen geführt hat.[2] Zu einem endgültigen Ergebnis ist man noch nicht vorgedrungen, doch ist man sich einig, daß das Massenelend und die Unterentwicklung der Dritten Welt das Resultat historischer Prozesse ist, in denen Kolonialisierung, Marktverflechtungen, eurozentrierte Entwicklung etc. eine vorrangige Rolle einnehmen. Das heißt, eine der Ursachen für die wachsende Gewalt in Brasilien und in der Dritten Welt schlechthin verweist auf diese Zusammenhänge.

Damit möchte ich Argumenten entgegentreten, die eine oberflächliche Bekämpfung der Armut mittels erhöhter Hilfeleistungen, Krediten etc. propagieren und darin eine Vorbeugung gegen Gewalt und Kriminalität

---

1   Wie sich der Bildungsgrad auf das spätere Einkommen auswirkt, verdeutlicht Tabelle IV im Anhang. So finden sich in den Einkommensschichten bis zu drei Mindestlöhnen vor allem solche Personen, die einen sehr niedrigen Bildungsgrad aufweisen.

2   Hier sind in erster Linie folgende Theorierichtungen und ihre Vertreter zu nennen: Modernisierungstheorien: PERROUX 1972, PREBISCH 1967, PINTO 1965, HIRSCHMAN 1958. Dependenztheorie: SUNKEL 1967, CARDOSO 1971 und 1976, FURTADO 1972b, QUIJANO 1970. Moderne Imperialismus-Theorien: BARAN 1966, ARRIGHI/SAUL 1973, AMIN 1975, SENGHAAS 1974 und 1977a. Einen Überblick bietet WÖHLCKE 1980.

sehen. Eine solche Argumentation beinhaltet eine Vorgehensweise, die Symptombekämpfung betreibt und das Problem lediglich vor sich herschiebt. Nicht Almosen sind gefragt, sondern eine fundierte Strategie, die die Analyse der internationalen Zusammenhänge sowie eine Ausrichtung individueller Potentiale berücksichtigt.

Das Problem der Gewalt in Brasilien ist jedoch weitaus komplexer, als daß es nur durch diese Zusammenhänge erklärt werden könnte. Sie stellen zunächst den "großen Rahmen" der Problematik dar. Das Phänomen ist vor allem vor dem Hintergrund der jüngeren Geschichte des Landes zu betrachten, die lange Zeit durch politische Gewaltverhältnisse geprägt war. Ich möchte zunächst einmal untersuchen, inwiefern das Problem der Gewalt die Hysterie verdient, die es unter der Bevölkerung gewonnen hat. Gewalt, Kriminalität und Massenelend in der Dritten Welt hängen u.a. mit dem Grad der Urbanisierung zusammen. Insbesondere in Brasilien weisen die Großstädte in den letzten Jahrzehnten ein immenses Wachstum auf. Ich möchte daher im folgenden Kapitel die Entwicklung von Kriminalität, Gewalt und Armut in diesem Zusammenhang nachvollziehen.

VII. Urbanisierung und Gewalt

Der Grad der Urbanisierung in Brasilien hat in den Jahren seit 1940 einen hohen Zuwachs erfahren. Lebten 1940 etwas mehr als 30 Prozent der Bevölkerung in den Städten, so waren es 1985 über 72 Prozent. Man schätzt, daß allein zwischen 1950 und 1970 etwa 18 Millionen Menschen die ländlichen Bereiche verlassen haben, um in die Städte zu migrieren.[1] Die höchste städtische Konzentration finden wir dabei stets im Südosten, während der Nordosten heute wie damals das Schlußlicht bildet.

Tabelle 14: Die Entwicklung des Urbanisierungsgrades 1940 bis 1985

	1940	1950	1960	1970	1980	1985
BRASILIEN	31,24	36,16	44,67	55,92	67,59	72,65
Norden	27,75	31,49	37,38	45,13	51,65	-
Nordosten	23,42	26,40	33,89	41,81	50,46	54,69
Südosten	39,42	47,55	57,00	72,68	82,81	85,43
Süden	27,73	29,50	37,10	44,27	62,41	64,62
Zent.Ost.	21,52	24,38	34,22	48,04	67,79	73,06

Quelle: Instituto de Economia Industrial: O mercado de trabalho brasileira, Rio de Janeiro 1987: 42 und IBGE: Anuário Estatístico do Brasil 1986, Rio de Janeiro 1987: 79

Die Zuwachsraten der Stadtbevölkerung sind besonders hoch in den Jahren zwischen 1950 und 1970, wie die folgende Tabelle zeigt.

Tabelle 15: Jährliche städtische Zuwachsraten in den einzelnen Regionen Brasiliens (in %)

	1940/50	50/60	60/70	70/80
BRASILIEN	3,91	5,15	5,22	4,44
Norden	3,71	5,04	5,44	6,44
Nordosten	3,51	4,63	4,57	4,10
Südosten	4,08	4,91	5,19	3,99
Zentraler Osten	4,65	8,90	9,94	7,69

Quelle: IBGE: Anurio Estatstico do Brasil 1986, Rio de Janeiro 1987: 91

---

1 GUIMARAES 1982: 169; detaillierte Daten finden sich u.a. bei MATA 1974 und YAP 1972.

Die Erhöhung des Grades der Urbanisierung in Brasilien lag in der50er-Dekade bei 24,7Prozent und in der Zeit von 1960 bis 1970 bei 24,4 Prozent und unterschied sich damit deutlich von den Wachstumsraten Lateinamerikas in seinerGesamtheit mit 17,8 bzw. 14,6 Prozent. Im Vergleich zu Europa (8,8 bzw. 8,6Prozent) und Nordamerika (9,3 bzw. 7,7 Prozent) erscheinen diese Werte enorm hoch, doch war zu dieser Zeit auch in Ländern Asiens und Afrikas ein ähnlicher Zuwachs des Urbanisierungsgrades zu beobachten. [1]

Die starke Zunahme der Verstädterung ist Resultat eines hohen Bevölkerungszuwachses sowie des fortschreitenden Prozesses der Migration insbesondere seit dem Beginn der Industrialisierung Brasiliens.[2] Vor etwas mehr als 100 Jahren betrug die Gesamtbevölkerung des Landes knapp zehn Millionen. Mit dem Beginn des 20. Jahrhunderts änderte sich das, und in den letzten 45 Jahren ist die Anzahl der in Brasilien lebenden Menschen um mehr als das Dreifache gestiegen. [3]

Tabelle 16: Bevölkerungsentwicklung in Brasilien 1940 bis 1985

Jahr	Bevölkerung
1940	41.236.315
1950	51.944.397
1960	70.191.370
1970	93.139.037
1980	119.002.706
1985	135.564.396

Quelle: IBGE: Anuário Estatístico do Brasil 1986, Rio de Janeiro 1987: 52 und 55

Die These, die einen Zusammenhang zwischen Urbanisierung und Kriminalität bzw. Gewalt herstellt, ist nicht neu. Sie wurde bereits im Zuge des

1 S. zu diesen Zahlen COSTA 1975: 44; weiteres Zahlenmaterial liefert SANTOS 1967.
2 Insgesamt kann die Urbanisierung als eine Folgeerscheinung des ökonomischen Entwicklungsprozesses betrachtet werden. Eine Untersuchung in diesem Zusammenhang über verschiedene Länder führte BERRY 1962 durch. Eine Abhängigkeit der Verstädterung von der industriellen Diversifikation, der technologischen Entwicklung und der Vielfalt von externen Austauschbeziehungen konstruieren GIBBS/MARTIN 1962.
3 Darüber hinaus gibt Tabelle V im Anhang Aufschluß darüber, wie sich die brasilianische Bevölkerung bis zum Jahre 2025 entwickeln wird.

weltweiten Industrialisierungsprozesses insbesondere in diesem Jahrhundert aufgeworfen.[1] Die Logik dieses Arguments erscheint einleuchtend:

Rasche Prozesse der Industrialisierung und Urbanisierung rufen starke Migrationsbewegungen hervor, die in der Folge breite Bevölkerungsteile in den Peripherien der urbanen Zentren konzentrieren, in der Regel unter Bedingungen extremer Amut und sozialer Desorganisation. Diese Bedingungen schaffen ein günstiges Klima für Veränderungen sozialer Normen und für eine Expansion von Kriminalität und Gewalt.[2] Die folgende graphische Darstellung spiegelt diesen Prozeß wider:

Schaubild 5: Urbanisierung und Kriminalität/Gewalt

Quelle: PAIXÃO, A.L.: Crimes e Criminosos em Belo Horizonte, Rio de Janeiro 1982: 82

---

1 Vgl. SZABO 1960 und 1968. Eine Untersuchung zu diesem Themenbereich über das Großbritannien des 18. Jahrhunderts unternahm LINEBAUGH 1983; eine Mehr-Faktoren-Analyse führte bereits HEALY 1915 durch.
2 PAIXÃO 1982:

Verschiedene Strukturmerkmale wie Ausdehnung und Differenzierung des Lebensbereiches, Zustrom und Einkommenskonzentration sowie bestimmte sozio-psychologische Momente wie Isolation, Unpersönlichkeit und die Formierung peripherer Subkulturen können sich in diesem Zusammenhang fördernd auf delinquentes Verhalten und Gewalt auswirken und so die Hauptakteure dieser Problematik herausbilden: die sogenannten "gefährlichen Klassen".[1]

Der Begriff der gefährlichen Klassen tauchte zum ersten Mal im Jahre 1849 auf und bezeichnete den Kreis von Personen, die ihren Lebensunterhalt durch Delikte wie Raub, Diebstahl etc. bestritten.[2] Er wurde dabei auch mit dem Begriff des "Lumpenproletariats" identifiziert bzw. vermischt[3] und verweist auf den raschen Prozeß der Industrialisierung Großbritanniens, dem diese verelendeten Bevölkerungsschichten geschuldet sind.[4]

Die Problematik ist also keineswegs eine, die sich auf Brasilien oder auf Länder der Dritten Welt beschränkt. Offensichtlich handelt es sich hierbei um eine "normale" Erscheinung im Zuge von Industrialisierung und Urbanisierung, die die Industrienationen ebenso beschäftigt wie die sogenannten Entwicklungsländer, die diese Prozesse zudem noch modifiziert und im Zeitraffertempo durchlaufen. Eine Studie aus dem Jahre 1971 belegt, daß in den USA in den ländlichen Bereichen die Kriminalität 1.388 Fälle pro

---

1   PAIXÃO 1982: 83; darüber hinaus erläutert WIRTH (1938) die sozio-psychologischen Effekte des Urbanismus; über die destabilisierende Wirkung von Industrialisierung und Urbanisierung s. OLSON 1963; über die Verflechtung dieser verschiedenen Variablen und soziale Abweichung s. MERTON 1957; über marginale Subkulturen s.u.a. MILLER 1958.

2   CARPENTER 1849

3   So etwa in der französischen Übersetzung des "Kapitals" von MARX, die von diesem auch durchgesehen wurde: MARX 1960.

4   Vgl. dazu auch GUIMARAES 1982

100.000 Bewohner beträgt, während sie in den Städten mit mehr als 250.000 Einwohnern bei 7.188 pro 100.000 Menschen liegt. In Städten mit weniger als 10.000 Einwohnern beträgt diese Rate 2.795 Fälle.[1] Auf der Grundlag e solcher Studien wird eine eindeutige Korrelation zwischen demographischer Konzentration und kriminellen Delikten herausgestellt.[2]

Untersuchungen über die sich entwickelnde Industriegesellschaft Großbritanniens heben diesen Zusammenhang ebenfalls hervor.[3] Dabei sind es jedoch nicht die Prozesse der Industrialisierung und Urbanisierung selbst, die zu einer Erhöhung von Kriminalität und Gewalt führen, sondern die durch sie hervorgerufene Verelendung breiter Bevölkerungsteile. Hunger und Elend, sei es in England, den USA oder in Brasilien, übernehmen die Funktion des Katalysators, über den sich delinquentes Verhalten realisiert.[4]

Der Zusammenhang zwischen Urbanisierung und Gewalt ist u.a. Thema des Wissenschaftszweiges der Kriminalgeographie.[5] Sie hat den Versuch unternommen, die Gestaltung von Flächen und bebauten Räumen als eine der Ursachenkomponenten der Kriminalitätsauslösung zu erkennen und diese Beziehung herausgearbeitet.[6] Soziologen, Psychologen, Sozialarbeiter und andere Berufszweige sind mit der Problematik ebenfalls befaßt und betonen die jeweiligen fachspezifischen Charakteristika der Urbanisierung und ihre Auswirkungen auf delinquentes Verhalten.[7]

Entsprechend der verschiedenen Studien kann Urbanisierung im Sinne baulicher Erweiterung oder baulicher Gegebenheiten nicht als unmittelbare

---

1   Ders.: 161; weiterhin unternahm BOYDELL 1970 eine Studie über 130 nordamerikanische Städte.
2   Ebd.; weitere Untersuchungen zu diesem Zusammenhang unternahmen u.a. MÜLLER 1981 und McLENNAN 1970.
3   Vgl. hierzu u.a. TOBIAS 1967, HAY/LINEBAUGH/THOMPSON 1975, BEATTIE 1974 und COCKBURN 1977.
4   S. hierzu auch LINEBAUGH 1983
5   Ich wähle hier bewußt den Bereich der Kriminalgeographie, um den Zusammenhang von Bebauungsdichte und Kriminalität bzw. Gewalt zu betonen und um nicht in eine von meinem Anliegen wegführende Darstellung der verschiedenen Erklärungsansätze von Gewalt und Kriminalität zu verfallen. Diese Ansätze finden sich u.a. bei DURKHEIM 1967a, MERTON 1957 und 1968 sowie PARSONS 1951.
6   HEROLD 1979: 1
7   Umfassende Studien zur Kriminalität und Gewalt leistete die soziologische Abteilung der Universität Chicago. Hier sind vor allem folgende Autoren zu nennen: PARK 1950, 1952 und 1955, BURGESS 1957, SUTHERLAND 1924, 1937 und 1941 sowie SUTHERLAND/CRESSEY 1955.

Ursache der Entstehung kriminalitätsrelevanter Handlungsdispositionen bezeichnet werden. "Meist wird diese Wirkung primär von sozialen Umständen ausgehen, die in verschiedenartiger Weise mit materiellräumlichen, auch baulichen Gegebenheiten funktionell verbunden sein können".[1] In Untersuchungen über die Beziehung zwischen dem Grad der Verstädterung und der Kriminalitätsrate in verschiedenen europäischen Städten gelangte man zu folgenden Ergebnissen, die auch für städtische Zentren in der Dritten Welt von Bedeutung sind:

a) Es besteht ein Effekt der internen Dichte (Anzahl der Personen pro Raum) auf Merkmale delinquenten Verhaltens, auch wenn man soziostrukturelle Merkmale kontrolliert.[2] Dieser Effekt läßt sich zwar durch die Kontrolle der soziostrukturellen Merkmale vermindern, bleibt jedoch stets zumindestens als Restfaktor bestehen. Beispiel: Personen mit niedrigem sozialen Status sind gezwungen, in Gebieten mit hoher Belegungsdichte zu wohnen. Das niedrige Einkommen sowie die beengten Wohnverhältnisse erhöhen die Wahrscheinlichkeit, daß delinquentes Verhalten auftritt.

b) Eine hohe Migrationsrate bzw. Fluktuation in einem Stadtgebiet führt zu einer geringen Stabilität sozialer Normen, da keine kontinuierlichesoziale Kontrolle gewährleistet ist.[3]

c) Die interne Dichte ist in der Kindheit bedeutsamer als bei Erwachsenen, wobei die Zahl der Personen pro Raum größeren Einfluß hat als die Fläche pro Person. "Die weiterführende Erklärung für diese Befunde lautet, daß das Fehlen eines Raumes, in den sich eine Person zurückziehen kann, zu einer psychischen Überlastung führt, die Person häufiger aushäusig ist, und im Falle des Jugendlichen, der elterlichen Kontrolle entzogen, sich eventuell jugendlichen Banden anschließt".[4]

Diese Faktoren treffen auch auf die Elendsgebiete in Brasilien bzw. in den Städten der Dritten Welt schlechthin zu, obwohl hier die Lebensbedingungen noch weitaus fataler sind. Die Städte versprechen einer begrenzten Anzahl von Migranten Arbeit, Einkommen, Wohnung, Bildung etc., sind jedoch nicht in der Lage, die Bedürfnisse der breiten Masse zu befriedigen. Die Erfordernisse, die sich im Zuge von Industrialisierung und Modernisierung ergeben, wie etwa die Bereitstellung von Wohnraum, werden nicht

---

1 KAMINSKI 1979: 23
2 FRIEDRICHS 1979: 28
3 Ebd.
4 Ebd.: 30f.; zu gleichen Ergebnissen gelangten MITCHELL 1971 und STROTZKA 1974.

erfüllt. Mit anderen Worten: Die Politik, die den Prozeß der Industrialisierung vorantreibt, ist den Folgeproblemen nicht gewachsen.

Ich möchte nun nicht die Entwicklungsprozesse Europas bzw. Großbritanniens mit denen Brasiliens vergleichen, denn Begriffe wie etwa peripherer Kapitalismus, abhängige Entwicklung u.ä. sollten deutlich machen, daß die Qualität der Entwicklung der Länder der Dritten Welt eine andere ist als etwa die der Industrialisierung Englands.[1] Die Ergebnisse dieser Prozesse sind jedoch ähnlich, wenn auch das Ausmaß in der Dritten Welt heute um ein Vielfaches höher ist als im Großbritannien des 19. Jahrhunderts.

Am Beispiel der Stadt Belo Horizonte, die die Prozesse der Industrialisierung und Urbanisierung in einer Geschwindigkeit durchlaufen hat, die alle anderen brasilianischen Städte übertrifft,[2] soll der Zusammenhang zwischen dem Grad der Verstädterung und dem Ausmaß der Kriminalität bzw. der Gewalt nachvollzogen werden. Zunächst die Zunahme der Einwohnerzahl seit 1900:

Tabelle 16: Bevölkerungsentwicklung in Belo Horizonte

Jahr	Einwohner
1900	13.472
1920	55.563
1940	211.377
1950	352.724
1960	683.908
1970	1.235.030
1980	1.780.855
1985	2.114.429

Quelle: IBGE: Anuário Estatístico do Brasil 1986, Rio de Janeiro 1987: 57f.

Der starke Zuwachs der Bevölkerung insbesondere während der Hoch-Zeit der Industrialisierung zwischen 1950 und 1970 war dabei vor allem der ungewöhnlich hohen Migrationsrate in die Stadt geschuldet. Fast 60 Prozent der neuen Bewohner in dieser Zeit waren Migranten, und im Jahre 1970 betrug ihr Anteil an der Gesamteinwohnerzahl Belo Horizontes 50,53 Prozent.[3]

---

1 Zu den genannten Begriffen vgl. vor allem Senghaas 1974, 1977a und 1977b.
2 Das jährliche Bevölkerungswachstum von Belo Horizonte wurde zwischen 1960 und 1970 nur von Santo André mit 6,2 Prozent pro Jahr übertroffen; vgl. PAIXÃO 1983: 23.
3 PAIXAO 1982: 84

Tabelle 17: Bevölkerungszuwachs in Belo Horizonte 1950 bis 1970

Zeitraum	Total	Zuwachs aus Migration	"Natürlicher" Zuwachs
1950 - 1960	340.605	199.327 (59 %)	141.278 (41 %)
1960 - 1970	541.701	316.040 (58 %)	225.652 (42 %)

Quelle: PAIXÃO, A.L.: Crimes e Criminosos em Belo Horizonte in:
BOSCHI, R.R. (Hrsg.): Violência e Cidade, Rio de Janeiro 1982: 84

Die Industrialisierung und Verstädterung Belo Horizontes wurde begleitet von der Herausbildung sozialer Ungleichheiten und Ungleichgewichte, die sich in Arbeitslosigkeit, Verelendung und Marginalisierung niederschlugen.[1] Gemäß der Interpretation des delinquenten Verhaltens als "Überlebensstrategie" oder als Erschließung illegitimer Ressourcen zur Minimalisierung von Entbehrungen stehen Vergehen gegen das Eigentum anderer im Vordergrund.[2] Zwar liegen derartige kriminelle Akte noch immer hinter gewaltsamen Verbrechen und Verbrechen gegen Personen, doch zeigen sie in den letzten Untersuchungsperioden die höchsten Zuwachsraten. Raubdelikte führen hier die Tabelle mit einer Erhöhung um 452 Prozent in der Periode 1960/68 bis 1970/78 an[3] ,Diebstähle liegen in der Rangordnung der Häufigkeit der verschiedenen beobachtbaren kriminellen Taten seit 1932 an zweiter Stelle.[4] Eine Übersicht über die Entwicklung der Straftaten bietet das folgende Schaubild,in dem diese direkt mit der Bevölkerungsentwicklung der Stadt in Zusammenhang gesetzt werden:

1 S.u.a. DA SILVA 1987
2 Vgl. COELHO 1980
3 PAIXÃO 1982: 89
4 Ebd.: 88; zu ähnlichen Resultaten gelangte COELHO in einer Studie über Rio de Janeiro zwischen 1970 und 1974. S. COELHO 1978b.

Schaubild 6: Durchschnitt der Straftaten und Bevölkerungsentwicklung
in Belo Horizonte

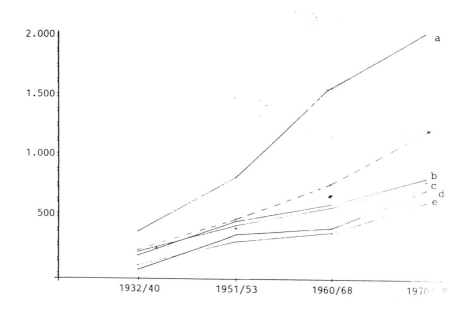

a: Gesamtanzahl von Verbrechen
b: Verbrechen gegen Personen
c: Gewaltverbrechen
d: Gewaltlose Straftaten
e: Straftaten gegen Wohneigentum

Quelle: Anuário Estatístico Policial e Criminal 1928/1932 - 1940; Anuário Estatístico de
Minas Gerais 1952 - 1955; Academia de Polícia Civil, Instituto de Criminologia, SESP/MG
1960 - 1978

In diesem Schaubild wird der Zusammenhang deutlich, den die unterschiedlichen Studien über Urbanisierung und Kriminalität und Gewalt behaupten. Mit der absoluten Zunahme der Bevölkerung Belo Horizontes
wächst auch die absolute Anzahl der Straftaten. Aber diese Daten können
auch täuschen. Bisher habe ich die jährlichen Durchschnitte von Straftaten
betrachtet und Tendenzen ihrer Entwicklung aufgezeigt. Dabei habe ich von

absoluten Zahlen gesprochen. Betrachtet man die Relation zwischen dem Ausmaß der Straftaten und der Bevölkerungsentwicklung und spricht dementsprechend in relativen Zahlen, so ergibt sich ein etwas verändertes Bild.

Schaubild 7: Jährlicher Durchschnitt der Straftaten pro 100.000 in Belo Horizonte

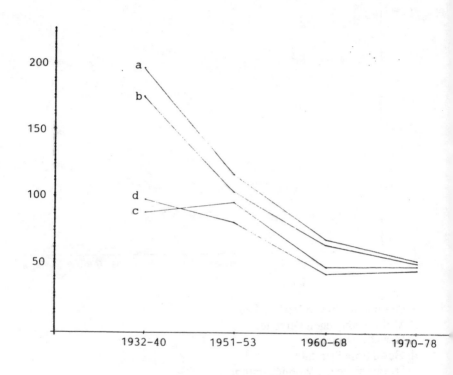

a: Verbrechen gegen Personen
b: Gewaltsame Verbrechen
c: Gewaltlose Straftaten
d: Straftaten gegen Wohneigentum

Quelle: Anuário Estatístico Policial e Criminal 1928/1932 - 1940; Anuário Estatístico de Minas Gerais 1952 - 1955; Academia de Polícia Civil, Instituto de Criminologia, SESP/MG 1960 - 1978

Diese Grafik veranschaulicht, daß trotz steigender absoluter Zahlen im Hinblick auf Straftaten ihr relativer Anteil im Verhältnis zur Einwohnerzahl Belo Horizontes abnimmt. Dabei stellen wir fest, daß Straftaten gegen fremdes Eigentum sowie Verbrechen ohne Gewaltanwendung im Vergleich zu anderen Taten langsamer abnehmen und in der letzten Untersuchungsperiode sogar wieder leicht zunehmen. Diese Beobachtung kommt der These entgegen, daß Sraftaten zunehmend aus existentieller Notwendigkeit begangen werden, also eine Form von "Überlebensstrategie" darstellen, wenn auch in diesem Zusammenhang die gleichen Bedenken aufrechterhalten werden, wie ich sie bereits in Verbindung mit dem Begriff der "Strategie" formuliert habe. Zu berücksichtigen ist in diesen Betrachtungen auch, daß es sich hier umoffizielle Zahlen handelt. Nicht gemeldete Straftaten, insbesondere Diebstahl und Straßenraub, sind darin nicht erfaßt. Man kann also davon ausgehen, daß die Zahl der Eigentumsdelikte höher ist, als es die hier angegebenen Zahlen und Grafiken widerspiegeln.

Als ein zweites Beispiel möchte ich die Großstadt São Paulo anführen. Sie beherbergt insgesamt etwa 17 Prozent der Gesamtbevölkerung Brasiliens und 28 Prozent der Stadtbevölkerung des Landes. Ihre Einwohnerzahl ist um 40 Prozent höher als die Rio de Janeiros und überschreitet gar die Summe der sieben brasilianischen Großstädte Belo Horizonte, Recife, Porto Alegre, Salvador, Fortaleza, Curitiba und Belem.[1] Eine solche Konzentration von Menschenmassen in einem Industriezentrum gigantischen Ausmaßes bringt schwerwiegende Probleme mit sich. So erreicht São Paulo nicht nur Höchstwerte in der Einwohnerzahl, sondern auch in den Bereichen der Luft-und Wasserverschmutzung, der Mängel im Transportwesen und des Massenelends. Die Einkommenskonzentration verschärft sich stetig. Vereinigten die zehn Prozent der Bevölkerung, die die höchsten Einkommensschichten der Stadt darstellen, im Jahre 1981 45,3 Prozent des Gesamteinkommens auf sich, so waren es 1983 bereits 46,2 Prozent des Gesamteinkommens São Paulos. ImGegenzug fielen 1981 9,3 Prozent des Einkommens auf 40 Prozent der Ärmsten,zwei Jahre später waren es nur noch 8,1 Prozent des Gesamteinkommens.[2]

Wenn auch für São Paulo nicht so vielfältige Daten vorliegen wie im Falle Belo Horizontes, so können ähnliche Entwicklungen und Tendenzen aufgezeigt werden. Zunächst die Bevölkerungsentwicklung der Stadt seit 1900:

1 PEZZIN 1986: 63
2 Ebd.: 79

Tabelle 18: Bevölkerungsentwicklung in São Paulo seit 1900

Jahr	Einwohner
1900	239.820
1920	579.033
1940	1.326.261
1950	2.198.096
1960	3.781.446
1970	5.924.615
1980	8.493.226
1985	10.063.110

Quelle: IBGE: Anuário Estatístico do Brasil 1986, Rio de Janeiro 1987: 57f.

Der Grad der Urbanisierung sowie der Index der Kriminalität verzeichnen eine relativ parallel laufende Entwicklung, wie die folgende Tabelle verdeutlicht:

Tabelle 19: Urbanisierungsgrad und Kriminalitätsindex

Jahr	Urbanisierungsgrad	Kriminalitätsindex
1970	0.956	1.2125
1971	0.956	1.3861
1972	0.966	1.6435
1973	0.967	0.9419
1974	0.967	2.2773
1975	0.968	2.0634
1976	0.968	2.4748
1977	0.968	2.5937
1978	0.968	3.0218
1979	0.970	3.1219
1980	0.976	2.8151
1981	0.974	2.8605
1982	0.980	2.7359
1983	0.987	3.1804
1984	0.993	3.0644

Quelle: PEZZIN, L.E.: Criminalidade Urbana e Crise Econômica: O Caso de São Paulo, São Paulo 1986: 150

In ihrer Untersuchung über städtische Kriminalität in São Paulo kommt PEZZIN zu dem Schluß, daß zwischen dem Grad der Urbanisierung und der Kriminalität - insbesondere der gegen fremdes Eigentum - eine positive

Korrelation besteht.[1] Je höher also der Grad der Urbanisierung ist, desto höher fällt auch die Anzahl der ausgeübten Kriminaltaten aus. Wie im Falle von Belo Horizonte kann man auch hier davon ausgehen, daß die sozialen Folgen des rapiden Verstädterungsprozesses eine Zunahme von Eigentumsdelikten nach sich ziehen, der eine existentielle Notwendigkeit zugrunde liegt. Ein Vergleich zwischen den Jahren 1979 und 1983 macht diese Entwicklung hin zum Eigentumsdelikt deutlich:

Schaubild 8: Verteilung der Kriminaldelikte (in %)

Delikte	1979	1983
Gegen Eigentum	39,8	47,7
Gegen Personen	33,2	32,2
Gegen öffentl.Ein-richtungen	4,9	1,2
Gegen die Sittlichkeit	1,7	0,9
Andere	20,0	17,8

Quelle: PEZZIN, L.E.: Criminalidade Urbana e Crise Econômica: O Caso de São Paulo, São Paulo 1986: 81

In Verbindung mit derartigen Statistiken müssen sich die brasilianischen Großstädte, die industriellen Zentren des Landes, den Vorwurf gefallen lassen, einen "unmenschlichen Lebensraum" darzustellen.[2] Damit ist nicht nur die beobachtbare Zunahme von Gewalt und Kriminalität gemeint, sondern vor allem die Faktoren, die diesen Phänomenen vorausgehen: das Fehlen von Grünflächen, Luftverschmutzung, Elendsviertel, mangelhafte gesundheitliche Versorgung, Transportprobleme, unmenschliche Arbeitsbedingungen etc. In ihrer Gesamtheit bilden sie das, was man unter den Begriff der "Lebensqualität" faßt. Je nach Betroffenheit wirken sie sich auf Psyche und Physis der Stadtbevölkerung aus und provozieren die verschiedenartigsten Reaktionen von der Neurose über den Raubüberfall bis zum Lynchmord[3]

Vor dem Hintergrund dieser Betrachtungen kann man Kriminalität und Gewalt als "normale" Phänomene innerhalb des sozialen Lebens von Groß-

---

1   Ebd.: 108
2   ANT/KOWARICK 1982: 32
3   Ebd.

städten identifizieren. Abgesehen davon gibt es keine Gesellschaft, in der keine Kriminalität existiert.[1] In den urbanen Zentren der Dritten Welt mag sie stärker ins Auge fallen als in den Industriestädten der entwickelten Länder, da in letzteren staatliche Sozialleistungen einen Teil der durch die kapitalistische Entwicklung hervorgerufenen Defizite auffangen können. Doch gemessen an den sozialen Bedingungen eines "Molochs" wie São Paulo oder einer Großstadt wie Recife als urbanes Zentrum im "Armenhaus Lateinamerikas" erscheint die kriminelle Gewalt als notwendiges Übel, welches man trotz der zu erwartenden sozialen Defizite eines raschen ökonomischen Wachstums nur bedingt kontrollieren kann. Warum also die Aufregung und die Gewalthysterie unter der brasilianischen Bevölkerung?

Die Beantwortung dieser Frage weist über den Bereich der Statistik hinaus auf die jüngeren politischen und historischen Prozesse in Brasilien. Den Zusammenhang von Gewalt bzw. Kriminalität mit Verstädterung und Massenelend möchte ich als einen oberflächlichen bezeichnen. Urbanisierung und Kriminalität weisen eine "normale" Beziehung auf, Massenelend übernimmt die Funktion eines Katalysators im Hinblick auf das Auftreten von gewaltsamen Konflikten. Unter dieser Oberfläche jedoch spielen politische Prozesse eine wesentlicheRolle, die insbesondere vor dem Hintergrund der Demokratisierung Brasiliens von soziologischen Interesse sind und auch unter dem Aspekt derMenschenrechte Beachtung finden sollten. Ich möchte nun die Gewaltdebatte inBrasilien bis zu ihren Ursprüngen verfolgen und die Auswirkungen dieser öffentlich geführten Diskussion in ihrer Bedeutung für den brasilianischen Alltag betrachten.

---

1   Vgl. DURKHEIM 1968; auch DURKHEIM bezeichnet Kriminalität als "normales Phänomen" in allen Gesellschaften. Dazu auch OPP 1978: 11.

VIII. Die Frage der Gewalt: eine Antwort auf die brasilianische Demokratie

Die Gewaltfrage, wie sie heute in Brasilien diskutiert wird, steht in relativ jugendlicher Blüte. Zwar ist das Phänomen als solches ein altbekanntes und - wie ich dargelegt habe - ein "normales", doch weist es in Brasilien die Besonderheit auf, daß es den Alltag der Bevölkerung auf eine bedrückende Weise dominiert. Der Begriff "Gewalthysterie" mag polemisch klingen, doch ist er für den außenstehenden Betrachter zumindest treffend.

Der Beginn dieser Gewalthysterie oder - um das Pferd von vorne aufzuzäumen - der Beginn der öffentlich geführten Diskussion der Gewaltfrage und damit der Involvierung aller Bevölkerungsschichten als aktuelle oder potentielle Betroffene läßt sich recht exakt bestimmen. Das massive Bombardement der Meldungen von Gewalttaten, die unter der Bevölkerung mit jedem Mal mehr das unbestimmte Gefühl erzeugten, man habe es mit einer Welle der Gewalt zu tun, mit einer Gefahr, die jeden bedrohe, setzte gegen Ende der siebziger Jahre ein. Dieser Zeitpunkt war nicht zufällig, denn bei genauem Hinsehen fällt ein herausragendes Ereignis in dieser Zeit auf: die "abertura", die politische Öffnung Brasiliens im Jahre 1978, die den Prozeß der Demokratisierung des Landes einleiten sollte. Was aber hat die Gewalt mit der Demokratie zu tun?

Mit der Beantwortung dieser Frage betrete ich politisches Terrain. Ich möchte zeigen, daß das Phänomen der Gewalt in Brasilien vor allem ein politisches Phänomen ist und nicht nur mit Hilfe von Indikatoren wie Urbanisierung und Massenelend analysiert werden kann. Ich werde die Frage der Gewalt in Zusammenhang mit den jüngeren politischen Entwicklungen des Landes diskutieren und darüber hinaus die Mechanismen deutlich machen, mittels derer die Gewalt zu dem dominierenden Alltagsfaktor avancierte, den sie heute darstellt.

VIII.1 Politische Öffnung und politische Kontrolle

Als sich die Autoritäten der Militärdiktatur 1978 zur politischen Öffnung Brasiliens entschlossen, um damit den Weg zur Demokratie zu ebnen, fand dies internationalen Beifall.[1] Das Ende einer seit 1964 andauernden Gewaltherrschaft zeichnete sich ab und damit das Ende von Menschenrechtsverletzungen, willkürlichen Verhaftungen, Folter und politischem Mord. Das Motiv für diesen Schritt war vor allem die wachsende internationale Kritik

---

1 Zur sogenannten "abertura" s.u.a. BICUDO 1984: 54ff.

am autoritären Regime eines Landes, das in vielfältigen Austauschbeziehungen mit den führenden Industrienationen der Welt stand und darüber hinaus das größte ökonomische Potential auf dem südamerikanischen Kontinent darstellte. Diese Position machte es notwendig, eine weltweit anerkannte und geachtete Staats- und Regierungsform zu etablieren, die es zudem erlaubte, die Vormachtstellung auf dem Kontinent auszubauen und weiterhin das Wohlwollen und die vorzugsweise Förderung durch andere Nationen - etwa in Form von Krediten - zu genießen. Die Militärs leiteten die Demokratie also nicht freiwillig ein, sondern gaben lediglich einem externen Druck nach.[1]

Mit dem Abbau der Militärdiktatur war gleichzeitig eine Demontage von Institutionen verbunden, die wesentlich zur Stützung der autoritären Strukturen beigetragen hatten und die "nationale Sicherheit" garantierten. Dies betraf in erster Linie die politische Polizei (polícia política). Es fand jedoch keine Auflösung dieses Organs statt, sondern lediglich eine Umbenennung der "politischen Polizei" in "Zivilpolizei" (polícia civil). Das Personal war nach wie vor dasselbe, und damit blieben auch die gleichen Normen und Wertmuster bestehen.[2]

Dieses Beispiel steht stellvertretend für die Maßnahmen, die zur Einführung der Demokratie in Brasilien ergriffen wurden. Das vorrangige Problem des Militärregimes war es, Formen der Desaktivierung zu finden, die eine Übernahme der politischen Funktionen der jeweiligen Sektoren durch die traditionellen Institutionen der sozialen Kontrolle (Polizei und Justiz) garantierten. Dies mußte auf eine Weise geschehen, die das Ende von Willkürmaßnahmen und die Wiederherstellung der Legalität erlaubte, ohne diese Sektoren politisch zu tangieren und ohne die politische Kontrolle über die Gesellschaft zu verlieren.[3] In diesem Prozeß ist der Versuch zu sehen, auf der Basis eines Minimalkonsenses durch die Reorganisation und Restrukturierung von Polizei und Justiz die politischen und ideologischen Grundpfeiler zur Legitimation der (anhaltenden) Repression zu konstruieren.[4] Die Beziehung zwischen Staat und Gesellschaft erhält hier einen erhöhten Grad

---

1   Es existierte allerdings auch ein gewisser innerer Druck, der insbesondere von den unzufriedenen Mittelschichten ausging. Er gewann Anfang der 80er Jahre wachsende Bedeutung.
2   Zu den Aufgaben und Funktionen von Zivilpolizei und Militärpolizei vgl. PINHEIRO 1987.
3   CERQUEIRA FILHO/NEDER 1987: 59
4   Ebd.

an Komplexität, in der die Ideologie eine ausschlaggebende und klassenübergreifende Funktion übernimmt. An diesem Punkt setzt die öffentliche Debatte über die Gewalt an, die alle Segmente der brasilianischen Gesellschaft durchdringt und den dominierenden Sektoren einen relativen Konsens verschafft.

Im Zuge der Demokratisierung Brasiliens durchliefen die Zunahme von Kriminalität und Gewalt sowie die angeheizte Diskussion über dieses Phänomen einen Prozeß der "strategischen Mobilisierung"[1], unabhängig davon, ob diese Strategie von den Mitgliedern der verschiedenen Institutionen bewußt oder unbewußt vollzogen wurde. Die Übernahme der Aufgaben der politischen Polizei durch die Zivilpolizei erforderte eine Neuordnung des Personals und eine Verflechtung dieser Transformation mit einem ideologischen Hintergrund[2], der auch unter der Bevölkerung auf fruchtbaren Boden fiel. Die Suche nach Legitimität in der Gesellschaft war letztendlich durch die Ideologisierung der Gewalt von Erfolg gekrönt.

In all diesen Entwicklungen kommt der Frage der nationalen Sicherheit eine dominierende Rolle zu. Die Formel lautet einfach: Wo Kriminaltät und Gewalt grassieren, da ist die nationale Sicherheit gefährdet. Die Frage der Gewalt wurde zum nationalen Problem erhoben, dem man nur durch entsprechende drastische Maßnahmen begegnen könne. Mit der nationalen Sicherheit griff man ein altes Thema auf. Wurde sie in den Jahren der Militärdiktatur weitgehend durch politische und polizeiliche Willkür aufrecht erhalten, so galt es nun, ihr einen seriösen Anstrich zu verleihen und sie zu einem Instrument politischer und sozialer Kontrolle in demokratischer Verkleidung auszubauen. Ich möchte diesen Aspekt nun etwas eingehender beleuchten.

VIII.1.1 Die Frage der nationalen Sicherheit

Die "nationale Sicherheit", wie sie heute formuliert und praktiziert wird, findet ihren Ursprung in den USA. Schon in der amerikanischen Verfassung ist sie als die Aufgabe des Staates umschrieben, für die allgemeine Verteidigung vorzusorgen. Damit war die Verteidigung der neuen Nation gegen europäische Machtinteressen gemeint, die sich vor allem auf ökonomische Ressourcen richteten. Später, insbesondere mit der Monroe-Doktrin aus dem Jahre 1823, erweiterte man die Interpretation der Verfassung auf die Interessenssphäre der USA, die die Karibik, Mittelamerika und schließlich

---

1 Ebd.: 61
2 Die ideologische Schulung wurde vor allem durch den Aufbau von Polizeiakademien geleistet.

ganz Lateinamerika umfaßte.

Einer wachsenden Popularität erfreute sich das Konzept der nationalen Sicherheit nach dem zweiten Weltkrieg. Sie betraf hier insbesondere den Schutz vor dem Kommunismus, der ja bekanntlich im Begriff war, die ganze Erde rot einzufärben. Um den blauen Planeten vor dieser Verfärbung zu bewahren, exportierte man das Konzept der nationalen Sicherheit in eben die Länder, die als Interessensgebiete der USA definiert wurden.

Die brasilianische nationale Sicherheit ist ein solches Exportprodukt, das die Südflanke der USA möglichst konfliktfrei halten sollte. Wie auf Kuba, in den Ländern Mittelamerikas, in Argentinien und in Chile trat auch in Brasilien der amerikanische Geheimdienst CIA (Central Intelligence Service) in Aktion, um sich dieser diffizilen Aufgabe zu widmen.[1] Insofern ist die nationale Sicherheit in Brasilien deckungsgleich mit der nationalen Sicherheit der USA. Und wie im Jahre 1973 in Chile wurde auch in Brasilien 1964 der Militärputsch aus "Sicherheitsgründen" durch den CIA vorangetrieben, nachdem man vor allem im Nordosten des Landes ein "vorrevolutionäres" Potential ausgemacht hatte, das sich in der Gründung der "ligas camponesas" sowie wachsenden politischen Bewegungen ausdrückte.[2]

Der Übernahme der Regierungsmacht durch die Militärs folgte eine Neukonzipierung der nationalen Sicherheit, die nun sämtliche Bereiche des öffentlichen Lebens durchdrang. Ein tragendes Element der neuen Ideologie, die in erster Linie die Bekämpfung des Kommunismus zum Ziel hatte,

---

1 Eine informationsreiche Analyse dieser Aktivitäten insbesondere in Mittelamerika bieten SCHLESINGER/KINZER 1986; Einen tieferen Einblick in die Tätigkeiten des CIA in Lateinamerika vermittelt der ehemalige CIA-Agent AGEE 1975. Lesenswert in diesem Zusammenhang ist auch DUCHROW/EISENBÜRGER/HIPPLER 1989.

2 S. dazu CASTRO 1969

stellte die Gründung der "Escola Superior de Guerra" (Oberste Kriegsschule) dar, in der sowohl das Kriegshandwerk und entsprechende ideologische Materie als auch die Bekämpfung "subversiver Elemente" gelehrt wurde.[1] 1969 startete man die "Operation Bandeirantes", die durch repressive Mittel die Unterdrückung von Subversivität und Terrorismus zum Zweck hatte und durch das Sekretariat für nationale Sicherheit, die Marine und die Luftwaffe getragen wurde.[2] Menschenrechtsverletzungen und die Einschränkung demokratischer Freiheiten prägten von nun an das Tagesgeschehen, und wo die Verfassung störte, da wurde sie schlichtweg geändert.[3]

Nach amerikanischem Vorbild wurde die nationale Sicherheit, deren Aufgabe u.a. die Sicherung und Konservierung der "nationalen Macht" war, über die Sicherheit des Individuums gestellt.[4] In Brasilien übernahm man das Wort Robert McNamaras, demzufolge Sicherheit mit Entwicklung gleichzusetzen war.[5] Die Machtkonzentration in den Händen der Militärs sorgte somit für Sicherheit und Entwicklung, und man erfüllte mit bestem nationalem Gewissen das, was in der Flagge Brasiliens geschrieben stand: Ordnung und Fortschritt (Ordem e Progresso). Die Durchsetzung der ökonomischen, sozialen und politischen Ziele wurde dabei vom nationalen Sicherheitsrat kontrolliert, der darüber hinaus die Machtkonzentration in den Händen der Generäle garantieren sollte. Seine Befugnisse überschritten die des Präsidenten der Republik, obwohl er ursprünglich lediglich als Beratungsinstanz

---

1   BICUDO 1984: 37
2   FON 1986: 15ff.
3   BICUDO 1984: 39
4   Ebd.: 40. Formell definiert, besagt die brasilianische Doktrin der Nationalen Sicherheit "das relative Ausmaß von Garantie, das der Staat der Nationalen Gesamtheit verschafft, damit sie ihre Ziele erreicht und bewahrt, und zwar trotz aller internen und externen, vorhandenen und eingebildeten Gegensätzen" (COUTO E SILVA 1967: 170). Faktisch jedoch steht dahinter eine altbekannte Schwarz-Weiß-Malerei: Gut und Böse sind auf die militärischen Blöcke des Westens und des Ostens verteilt, ebenso wie auf die Freunde und Feinde im Innern des Landes. Die Konfrontation der Blöcke ist in diesem Zusammenhang unvermeidlich (s. auch SCHOOYANS 1979: 93).
5   Dazu CASTELLO BRANCO 1967 und BAEZA 1981.

konzipiert worden war.[1] Möglich war dies durch die Orientierung an einem "nationalen Strategiekonzept", wie es an der "Escola Superior de Guerra" vermittelt wurde. Demnach war die nationale Strategie "die Kunst, die nationale Macht zu bewahren und auszuweiten" und gegen alle aktuellen und potentiellen Antagonismen und Pressionen die gesteckten Ziele der nationalen Politik zu realisieren.[2] Im Klartext hieß dies: Machtkonzentration, Autoritarismus und Totalitarismus.

Durch Gesetzesänderungen, Verschärfung des Strafrechts und Modifikationen des Bestrafungssystems war der etablierten Diktatur unter Mißachtung der Menschenrechte die Durchsetzung ihrer Politik für den Zeitraum von fast zwei Jahrzehnten möglich. Neben den erwähnten Gründen (wachsende internationale Kritik, externer Druck) war es sicherlich auch ein Verdienst der Menschenrechtskampagne des damaligen amerikanischen Präsidenten Jimmy Carter, daß gegen Ende der siebziger Jahre ein Umdenken notwendig wurde.[3] Dies umfaßte auch eine Redefinition der nationalen Sicherheit, die nun folgende Ziele der nationalen Politik durchzusetzen half: nationale Souveränität, territoriale Integrität, repräsentative und demokratische Regierungsform, sozialer Frieden, nationaler Wohlstand und internationale Harmonie.[4]

Die offene politische Repression rückte in den Hintergrund, wenn auch der nationalen Sicherheit weiterhin Priorität eingeräumt wurde. Doch unter dem Vorzeichen der Demokratie stellte sich nun das Problem, wie die zukünftig zu ergreifenden Mittel zur Wahrung der Sicherheit - und damit zur Wahrung der politischen Kontrolle - zu legitimieren waren. Hier bot sich das Phänomen der Gewalt an. Obwohl die relative Rate von Kriminalität und Gewalt im Sinken begriffen war, gaben die steigenden absoluten Zahlen durchaus Grund zu der Annahme, man müsse diesen Entwicklungen mit drastischen Maßnahmen begegnen. Um diese Maßnahmen zu ergreifen, mußte die Bevölkerung für das Problem sensibilisiert werden, und zwar auf eine Weise, die es erlaubte, repressive und willkürliche Übergriffe durch die Gewaltmonopole - ähnlich denen aus der Zeit der Militärdiktatur - zu

---

1 S. dazu BRUMMEL 1980
2 BICUDO 1984: 51
3 Ein Beispiel für eine entscheidende Wirkung der Menschenrechtskampagne Jimmy Carters mag der Sturz des Diktators Somoza 1979 in Nicaragua sein. Aufgrund massiver Vorwürfe gegen das menschenrechtsverletzende Somoza-Regime stoppte Carter sowohl Kredite als auch Waffenlieferungen an den Diktator, der wenige Tage später aus Nicaragua fliehen und sein Land den Sandinisten überlassen mußte.
4 Vgl. Artikel 2 der Gesetze zur nationalen Sicherheit, zitiert nach BICUDO 1984: 58.

rechtfertigen. Die brasilianische Bevölkerung mußte dahingehend manipuliert werden, daß sie -bewußt oder unbewußt - einer "kontrollierten Demokratie" zustimmte, jener Mischung aus Demokratie und Diktatur, die sich in dem populären Begriff "democradura" niederschlug.

Eines der vorrangigen Mittel, diesen Konsens herzustellen, waren die Massenmedien. Mit ihrer Hilfe wurden die ersten Schritte getan, um das Phänomen der Gewalt als den alltagsbestimmenden Faktor im Leben der Brasilianer zu konstruieren.

VIII.1.2 Die Medien im Dienste der "democradura"

In einer Untersuchung über die Erfahrung und das Erleben von Gewalt bei Kindern haben VOGEL/LEITÃO/OLIVEIRA LIMA [1]herausgearbeitet, daß bereits Minderjährige mit Hilfe der Medien zu einem durchaus differenzierten Verständnis von Gewalt gelangen. Sie unterscheiden zwischen konkreter und versteckter, physischer und psychischer Gewalt und identifizieren darüber hinaus die subtileren Formen, in der sie erscheint, wie etwa die "hohen Kosten", die den Konsumenten betreffen.[2] Gleichzeitig reproduzieren sie die alarmierende Version, daß eine stetig wachsende Unsicherheit den Stadtbewohner bedrohe.

Gewalt ist eine alltägliche Erfahrung in Brasilien, entweder als Opfer oder als Zeuge oder - vermittelt durch die Massenkommunikationsmittel - als Voyeur. Man hört oder erzählt von Gewalt, man erlebt sie, man kommentiert die Meldungen in der Presse, man ist erschreckt, man entrüstet sich. Man ist Publikum und Co-Autor des Diskurses über die Gewalt und spricht von ihr wie über die steigenden Lebenshaltungskosten, die Fahrpreise oder die Resultate der Fußballspiele. Wo Gewalt nicht direkt erfahren wird, kommt sie per Bildschirm ins Wohnzimmer, sie ist allgegenwärtig.

Nicht immer waren die Medien in solchem Maße auf Gewalt fixiert. Der Beginn dieser Art von Programmgestaltung aber läßt sich ziemlich exakt bestimmen und ist mit Sicherheit nicht zufällig gewählt. Er fällt zusammen mit der politischen Öffnung Brasiliens im Jahre 1978. Zu dieser Zeit begannen die Massenkommunikationsmittel, dem Thema Gewalt ständig mehr Raum zu gewähren, sowohl in nachrichtlicher als auch in dokumentarischer Hinsicht, wobei die Meinungen von Kirche und sozialen Institutionen, vor

---

1   VOGEL/LEITÃO/OLIVEIRA LIMA 1987
2   Ebd.: 7

allem aber der verschiedenen Autoritäten lanciert wurden, die dem Staat verbunden sind, wie etwa der Streitkräfte, der Sicherheitskräfte und natürlich der Regierung selbst.[1] In zunehmendem Maße wurde die "gewöhnliche Delinquenz" gegenüber anderen Formen der Gewalt, welche quantitativ und qualitativ wesentlich dringlicher zu behandeln waren (z.B. Arbeits- und Verkehrsunfälle), hervorgehoben, und stellten somit letztere als sekundäre Problematiken dar.[2] Innerhalb dieses Schemas polit-ideologischen Gebrauchs der Gewaltfrage tauchte bald schon gar nicht mehr die Frage nach einer Kontrolle des Repressionsapparates, nach White-Collar-Verbrechen, Unfällen aufgrund fehlender Sicherheitsvorkehrungen und nach dem Tod durch Hunger und Elend auf.[3] Auf diese Weise wurden die negativen Wirkungen konzentrierter wirtschaftspolitischer Maßnahmen und willkürlicher Eingriffe in der Wahrnehmung der Bevölkerung reduziert und gleichzeitig die Gewaltkriminalität als endemisches und vor allem bedrohliches Moment des Großstadtlebens etabliert.[4] Durch den massiven Einsatz der Massenkommunikationsmittel wurde ein neuer Sündenbock geschaffen: der Kriminelle, welcher als Ventil für die Bedrohungsphantasien insbesondere der Mittel- und Oberschichten dient und an dem sich die Ängste vor Inflation, Arbeitslosigkeit und dem Verlust des sozialen Status abreagieren. Die dramatische Präsentation des Themas durch die Medien, sei es aus Sensationalismus oder aus ideologischen Interessen, potenziert die persönlichen direkten oder indirekten Erfahrungen zu einem kollektiven (Zerr-)Bild der städtischen Gewalt.[5]

Massenkommunikationsmittel in ihrer heutigen Struktur beinhalten stets das Moment der Manipulation des Konsumenten. Eine lange Reihe von Wissenschaftlern hat sich diesem Thema gewidmet, und ich gehe davon aus, daß diese Feststellung im allgemeinen akzeptiert wird.[6] Ich werde daher an dieser Stelle darauf verzichten, diese Arbeiten darzustellen. Allerdings möchte ich ein kurzes Beispiel dafür nennen, welche Wirkung Fernsehbilder haben können, wenn sie unangemessen, absichtlich oder nicht, kommentiert

---

1   FISCHER 1985: 9: Zur wachsenden Aufnahme des Themas Gewalt in den Massenmedien s.u.a. BENEVIDES 1983.
2   ANT/KOWARICK 1982: 40
3   OLIVEN 1980
4   PAIXÃO 1983: 33
5   Vgl. SHELEY/ASHKINS 1981
6   Auf einige Arbeiten zum Thema Medien und Manipulation möchte ich hier hinweisen: BOVENTER 1988, GROSSENBACHER 1988, MANOZ 1984, BERGSDORF 1980.

werden.

Zu der Zeit, als ich in Recife mit der Feldforschung befaßt war, wurden in den Fernsehnachrichten Ausschnitte von Unruhen in Berlin gezeigt, welche durch Hausbesetzer, "Autonome" und sonstige alternative Erscheinungen getragen wurden. Straßenkämpfe, zerbrochene Schaufenster, massiver Polizeieinsatz vermittelten das Bild eskalierender gewaltsamer Auseinandersetzungen. Das Vokabular des Kommentars war ähnlich den Beschreibungen, wenn es um den Libanon-Konflikt ging, und man hatte den Eindruck, als wäre in Berlin der Bürgerkrieg ausgebrochen. Am folgenden Tag ergab sich in einem der Untersuchungsgebiete ein Gespräch über Deutschland, und zu meiner Überraschung und im Gegensatz zu gewohnten Äußerungen sagte man, daß man lieber in Armut leben würde als in Deutschland. Warum? - Weil dort Krieg herrsche! Auf meine Frage, wie meine Gesprächpartner zu dieser Überzeugung gekommen wären, antworteten sie, das hätten sie in den Fernsehnachrichten gesehen.

Neben den seriös erscheinenden Präsentationsformen von Gewalt, etwa in den Nachrichten, gibt es aber auch speziell auf dieses Thema ausgerichtete Programme. Insbesonders derart ausgelegte Radioprogramme können sich eines großen Stammpublikums erfreuen. Die COMISSÃO JUSTIÇA e PAZ (Kommission Gerechtigkeit und Frieden) hat die wesentlichen Charakteristika einiger solcher Programme herausgearbeitet.[1] Die Ergebnisse möchte ich hier wiedergeben, um deutlich zu machen, auf welche Weise Teile der brasilianischen Bevölkerung hinsichtlich des Themas Gewalt manipuliert werden.

Die Untersuchung bezog sich in erster Linie auf die Programme von Gil Gomes, Afanâsio Jazadji und Wagner Montes. Montes' Stimme gehört "Radio Record", dem größten Sender des Staates, der bis in die Nachbarländer reicht. Gil Gomes spricht für "Radio Globo de São Paulo", dem zweitstärksten Sender, der immerhin von São Paulo bis nach Amazonien reicht.[2] Jazadji und Montes sprechen sich öffentlich für die Todesstrafe aus, für die Folter von Strafgefangenen, für Selbstjustiz und für die Eliminierung von Delinquenten durch Polizeikräfte. Analysiert wurden die Sendungen über einen Zeitraum von zwei Wochen mit einer Gesamtsendezeit von etwa 80 Stunden. Schon diese Zeitdimension offenbart, mit welcher geballter Intensität der Radiohörer hier mit konzentrierter Gewalt "bestrahlt" wird: 40 Stunden pro Woche.

1 COMISSÃO JUSTIÇA e PAZ 1985
2 WILSON 1985: 36

Die Profile der jeweiligen Sendungen sind einander sehr ähnlich. Das Programm von Afansio Jazadji macht ständig Werbung in eigener Sache: "Opfer, Angeklagte, Zeugen, Autoritäten, hier reden alle für die perfekte Analyse der Fakten"; "Ernsthaft, erschütternd, aufklärend" sind nur einige Schlaglichter, mit denen Jazadji die Hörer bei der Stange hält. Fast jeder seiner Beiträge dreht sich um einen Toten, ermordet oder zumindest das Opfer eines gewaltsamen Todes. Im Untersuchungszeitraum registrierte man in seiner Sendung 146 Berichte, davon 126 über einen gewaltsamen Tod. Unter diesen 126 Fällen waren 89 Morde.[1] Der zweifelhafte Ruhm seines Programms fußt auf einem Team von etwa 25 Mitarbeitern, die 24 Stunden pro Tag im Einsatz sind und denen man nachsagt, daß sie an jedem Ort seien, stets als erste zur Stelle sind und immer die letzte, aktuellste Nachricht parat haben.

Wagner Montes arbeitet in seinen Sendungen mit den gleichen stereotypen Formulierungen: "Polizeijournal: die Fakten, die Gewalt, die Absicherung, die Geschichten, die Dramen und die Nachrichten. Polizeijournal, mit Wagner Montes auf den Wegen der Wahrheit".[2] Ebenso wie Afansio Jazadji spickt Montes sein Programm mit zahlreichen Interviews von Betroffenen, auf seiten der Täter wie der Opfer, wobei die Beteiligten namentlich genannt und oft auch die kompletten Adressen angegeben werden.

Gil Gomes nutzt über die polemische Berichterstattung hinaus auch musikalische Effekte, die die jeweilige Stimmung (Trauer, Wut, Erschütterung etc.) unterstreichen und den Sensationalismus verstärken. Mit der Beschreibung von Details eröffnet er dem Hörer die Möglichkeit des "Visualisierens" des Geschehens. Die Rekonstruktion der Persönlichkeit des Opfers und seiner sozialen und menschlichen Beziehungen führen zu persönlicher Betroffenheit und Anteilnahme.

Den drei Radioreportern werden freundschaftliche Verbindungen zu den Todesschwadronen nachgesagt, was von ihnen selbst nicht ohne Stolz registriert wird. Afansio Jazadji: "In der Zeit der Todesschwadrone hatte ich viele Freundschaften mit Polizisten, die mich anriefen, um von mir detaillierte Auskünfte zu bekommen".[3] Auch Wagner Montes rühmt sich, mit Personen wie Mariel Mariscot, einem bekannten Polizisten, der der Todesschwadron angehört, befreundet zu sein: "Es war Mariel, von dem ich gelernt habe,

---

1   Ebd.: 6
2   Ebd.: 7
3   ISTOÉ vom 30.11.83

ein 'Macho' zu sein, nicht vor der Gefahr davonzurennen, Banditen für Schlappschwänze zu halten und vor allem, daß man Blumen mit Blumen beantwortet und Kugeln mit Kugeln".[1] Zu seiner eigenen Sicherheit führt er stets ein ganzes Arsenal von Feuerwaffen mit sich, darunter auch eine Maschinenpistole.

Um den Stil der Sendungen ein wenig zu verdeutlichen, möchte ich einige Beispiele zitieren. Afanâsio Jazadji etwa bietet neben der Berichterstattung auch bestimmte Dienstleistungen wie Spendenaufrufe an, die er geschickt mit den ideologischen Komponenten seiner Sendung verknüpft: "Márcia braucht einen Rollstuhl für sich. Sie ist achzehn Jahre alt und kann seit drei Jahren nicht mehr gehen, weil sie unter Blutrheumatismus leidet. Verflixtes Leben! Sie hat keinen Vater mehr, hat vier Geschwister, die Mutter arbeitet, verdient aber nicht viel. Seit 1981 wohnen sie in einer Baracke ... Eine Leidende, eine Kranke, und die Regierung muß soviel Geld für Häftlinge rauswerfen, für Vagabunden, für den Auswurf, für die Gewohnheitsverbrecher im Knast und die, die soviel Übel verursachen".[2]

Weiterhin geht Jazadji davon aus, daß sein Programm als Entscheidungsstütze im Hinblick auf die Aburteilung der Delinquenten fungiert: "Unser Programm wird gestaltet von illustren Staatsanwälten, illustren Richtern und Magistraten, die sich, wenn sie ihre Fälle beurteilen, an uns erinnern, die sich bestimmte Gespräche ins Gedächtnis zurückrufen, bestimmte Gemeinheiten, die diese Schweine (gemeint sind die interviewten Delinquenten, D.H.) hier ins Mikrophon gesprochen haben, und auf dieser Basis findet der Richter zu seiner Überzeugung".[3]

Wagner Montes bedient sich in seinen Ausführungen auch des Jargons und der Methoden der Polizei, inclusive der Original-Tonbandaufzeichnungen von der Polizeiwache: "Bringen wir die zwei (Delinquenten, D.H.) ins Zimmer der Abteilung Zärtlichkeit und Scherze, bringen wir sie in die Suite der brechenden Nasen".[4]

In den Augen solcher Radioreporter ist die Gesellschaft ein Spielball in den Händen der Übeltäter. Die Ursachen von Gewalt und Kriminalität werden niemals in der Gesellschaft gesucht, letztere ist stets nur Opfer. Der Delinquent wird als interner Feind entlarvt, den es zu eliminieren gilt, denn

---

1   JORNAL DO BRASIL vom 19.9.84
2   COMISSÃO JUSTIA E PAZ 1985: 12
3   Ebd.: 11
4   Ebd.: 15

innerhalb der Ideologie der Nationalen Sicherheit ist er der Verantwortliche für die Probleme der Nation. Demnach gilt es nicht, die Situation der Bevölkerung zu verändern, sondern - um die Empfehlungen der Programme zu zitieren - die Strafbedingungen zu verschärfen oder die Todesstrafe einzuführen.[1] Der Polizei - Repräsentant des "Guten"- werden in diesem Zusammenhang alle Rechte zugesprochen: Gesetze zu machen, Recht zu sprechen und Urteile, bis zur Exekution des Delinquenten, auszuführen[2]

Obwohl auch im Fernsehen Sendungen existieren, in denen "das Volk zu Wort kommt" und die die gleichen Inhalte hinsichtlich der Gewalt vertreten (etwa die Sendung "O Povo na TV"), werden in den Programmen der Fernsehanstalten - allen voran Rede Globo - und in der Tagespresse die gleichen Themen zwar weniger polemisch, jedoch gleichermaßen sensationalistisch und mit dem gleichen Ziel aufbereitet. Gewaltkriminalität hat ihren festen Platz in den Nachrichten und eine eigene Rubrik ("Polícia") in den Tageszeitungen. Ohne Unterlaß wird die Bevölkerung mit blutrünstigen Schlagzeilen bearbeitet und dahingehend manipuliert, daß ein latenter Angstzustand entsteht. Ähnlich dem invasionslüsternen kommunistischen Gespenst aus dem Osten - dem Reich des "Bösen" - wird ein internes Feindbild produziert, das die immensen gesellschaftlichen Defizite überdeckt und gegen welches es sich zu verteidigen gilt.

Der ideologische Gebrauch der Gewaltfrage mündet in eine durch alle Bevölkerungsschichten sich ziehende Gewalthysterie, ein Phänomen, das in seinen verschiedenen Ausprägungen nicht neu ist und bereits in anderen Zusammenhängen - unterstützt durch flankierende Maßnahmen -"positive" Resultate gezeigt hat. Und dabei wird die öffentliche Aufmerksamkeit durch die Medien insbesondere auf die Formen städtischer Kriminalität gelenkt, "die in der Selbstwahrnehmung der Polizei- und Justizbehörden deren Existenzberechtigung ausmachen, also Mord, Körperverletzung und Eigentumsdelikte".[3]

VIII.1.3 Die Ideologie der Angst

"Die Stadt ist in Angst" heißt ein Buch eines Rechtsprofessors und eines Journalisten, in dem viele Fakten zusammengetragen werden, welche die Gewalthysterie unter der Bevölkerung produzieren.[4] Die meisten dieser

---

1 Ebd.: 17
2 Ebd.: 25
3 BENEVIDES/FISCHER 1985: 32
4 LINS E SILVA/LAPPI 1982

Fakten habe ich bereits dargelegt. Der Titel des Buches nennt offen das erzielte Resultat der massiven Konfrontation mit Gewaltakten: die Bevölkerung hat Angst.

"Die Nutzung der Angst zu politischen Zwecken reicht sicherlich in die frühen Zeiten der Menschheit zurück. Zum eigentlichen System erhoben wurde sie aber erst am Ende des 18. Jahrhunderts ... Jene Zeit gehört zu den Epochen des Übergangs, des politischen und wissenschaftlichen Um- und Aufbruchs ... Die Französische Revolution schuf, nachdem sie alle Geborgenheiten der Tradition aufgelöst hatte, den Terrorismus als politisches System".[1] Ziel dieser Strategie war es, durch Erregung von Angst die Massen zu beherrschen.

Angst ist die Waffe einer jeden Diktatur, nicht nur der gegenwärtigen. Keine Diktatur "konnte je im Laufe der Geschichte ohne die Waffe der Angst bestehen".[2] Um diese zu erzeugen, schafft sich jedes diktatorische Regime "ein Schreckgespenst oder einen ganzen Reigen von Gespenstern, sowohl im Innern wie außerhalb der Grenzen".[3] Beispiele für den äußeren Feind finden wir reichlich: In der Sowjetunion und in China erscheint die Bedrohung in Gestalt des 'Kapitalismus', in den USA und in Brasilien ist es der 'Kommunismus' und in Indien das teuflische Pakistan. Die so erzeugte Angst soll zunächst die alltäglichen Probleme und Leiden relativieren.

Schon anhand dieser Beispiele wird deutlich, daß die Errichtung einer Feindfigur nicht auf diktatorische Systeme beschränkt bleibt, jedoch wird sie von diesen am rücksichtslosesten genutzt. "In jeder Staatsidee ist nicht nur das formuliert, was diesen bestimmten Staat vor allen anderen Staaten auszeichnen soll; es finden sich ebenso Hinweise darauf, was ihn besonders bedroht. Wie sein Schattenbild begleitet die Gefährdung jedes Gesellschaftsmodell: wo seine weltanschaulichen Schwerpunkte liegen, dort ist es offenbar am verletzlichsten, dort wird am ehesten ein Angriff gegnerischer Kräfte erwartet. So besitzt jede Ideologie zwangsläufig ihr eigenes, integriertes Feindbild".[4]

In welcher Weise hier wiederum die Medien eine Rolle spielen können, mag ein Beispiel aus den USA verdeutlichen. Zunächst kann man aufgrund der historischen Hintergründe unter der amerikanischen Bevölkerung eine verschleierte "Elementarangst" erkennen. Die Gründergeneration war bela-

---

1 SCHWARZ 1967: 104
2 Ebd.: 110; vgl. auch KLEIN 1986: 11
3 SCHWARZ 1967: 116
4 SUTER 1983: 149

stet durch "theologische Ängste der Reformation in ihrer calvinistischen Ausprägung".[1] In kleinen Gemeinschaften mußten sie sich gegen eine unbekannte und wilde Umwelt durchsetzen, die durch ihre Ausdehnung das Gefühl der Verlorenheit und des auf-sich selbst-gestellt-Seins verstärkte. Später brachte eine Welle von Emigranten die angstgeladene Atmosphäre des deutschen Nationalsozialismus in die Vereinigten Staaten.

"Die amerikanische Angstsituation wird belichtet durch die Antwort, die sie herausgefordert hat".[2] Diese Antwort besteht in einer Verehrung von Eigenschaften wie Mut, Tapferkeit, Ehre etc., die man mit dem Begriff "toughness" umschreiben kann. Insbesondere Kino- und Fernsehfilme zehren von Figuren, deren Charaktere diese Eigenschaften widerspiegeln, und stets sind es solche Figuren, die gegen das "Böse", das sich in der Regel durch Hinterlist und Feigheit auszeichnet, den Sieg davontragen. Die Darstellung von Mut und Tapferkeit ist in diesem Zusammenhang nicht etwa ein Spiegelbild der amerikanischen Realität, sie "weist vielmehr darauf hin, daß hier ... eine notwendige Reaktion auf die Angst vorliegt, welche die Seelen heimsucht".[3]

Umgekehrt produzieren die Medien auch gleichzeitig die Angst unter der Bevölkerung. Offensichtlich wird diese Absicht insbesondere in den amerikanischen Spielfilmen aus den fünfziger Jahren, also zur Hoch-Zeit des Kalten Krieges. Ähnlich wie in Brasilien seit 1978 traten die Medien damals in den Dienst des Staates und unterstützten ihn in der Verbreitung seiner Ideologie.

Mit Horror- und Monsterfilmen, die oft die Bedrohung der gesamten Menschheit zum Inhalt hatten, startete man gleichsam eine unterhaltende Medienkampagne gegen den Kommunismus und für die Rechtfertigung eigener politischer Entscheidungen. "Tarantula", "Formicula", "Invasion vom Mars" etc. lauteten die Titel solcher Streifen. Waren es Invasoren von anderen Planeten, so drohten sie stets damit, die Menschen "gleich zu machen", womit - nach amerikanischer Interpretation - der Kern der kommunistischen Idee getroffen war. Waren es lastwagenschwere Ameisen oder Riesenspinnen von der Größe mehrerer Fußballfelder, so fanden nützliche Waffen wie Napalm siegesversprechende Anwendung. Und da niemand der aufgeregt Popkorn verschlingenden Kinogänger weder seine Persönlichkeit verlieren und zur Gleichheit verdammt sein noch zwischen den Giftkrallen

---

1 SCHWARZ 1967: 172
2 Ebd.
3 Ebd.: 173

einer Monsterspinne enden wollte, war das Ende jedes Streifens - die Vernichtung des Feindes - von aufatmender Zustimmung begleitet.

Halb bewußt, halb unterbewußt verfestigte sich die Überzeugung, daß Napalm eine gewinnbringende Erfindung war, obwohl (oder gerade weil) die internationale Kritik am Einsatz dieser Waffe im Koreakrieg und später im Vietnamkrieg lauter wurde. Man war froh, auf ein schier unerschöpfliches Waffenarsenal zurückgreifen zu können, mochte es nun gegen Marsmonster oder Kommunisten eingesetzt werden. Mit anderen Worten: systematisch wurde hier die Legitimation für die amerikanische Rüstungs- und Kriegspolitik geschaffen und gleichzeitig die Ideologie dafür etabliert, daß diese Legitimation erhalten blieb. [1]

Weiterhin wurde durch die Medien der rasenden Aufrüstung auch ihre Bedrohung genommen, etwa durch Filme wie "Atomic Cafe", in dem die Gefahr eines Atombombenangriffs verharmlost und mit musikalischen Mitteln verniedlicht wurde.

Die Bedrohungswirkung durch den so geschaffenen äußeren Feind läßt jedoch im Laufe der Zeit nach, wenn stützende Tatsachen der Gefahrenthese ausbleiben, wenn offensichtlich wird, daß der erklärte Feind weder angreift noch die erkennbare Absicht hat anzugreifen. Der äußere Feind muß durch einen inneren ergänzt oder gar ersetzt werden. Welche katastrophalen Folgen die Beschwörung eines inneren Feindes haben kann, zeigt der deutsche Nationalsozialismus oder die Sowjetunion unter der Herrschaft Stalins. Ob Jude oder Feind der Revolution: gegen die herrschende Ideologie hatte der erklärte innere Gegner keine Chance.

In Brasilien fiel die Wahl des internen Feindes auf die Gewalt bzw. deren Träger. Sie machte es möglich, Gegengewalt im wahrsten Sinne des Wortes auszuüben und unter der zunehmend angstbehafteten Bevölkerung mit repressiven Maßnahmen zu wirken. "Angst bringt die Menschen dazu, sich willenlos zu unterwerfen, auch wenn der äußere Zwang nicht sehr stark ist. Sie ist deshalb ein ideales Herrschaftsmittel. Mit der Angst des Menschen

---

1 Eine diese Entwicklungen verstärkende Tatsache waren auch die "Sputniks", die sowjetischen Satelliten, die die unter der amerikanischen Bevölkerung verbreitete Illusion der US-Überlegenheit zerstörten. Die daraus resultierende Angst mußte durch technische Erfolge, wenn nicht verscheucht, so doch zumindestens verringert werden. Auch heute noch ist die Angst in den USA ein psychologischer Faktor von großem politischem Gewicht. Vgl. dazu u.a. FLOHR 1967: 45.

lassen sich Armeen aufbauen".[1] Und gerade um diese Armeen ging es in Brasilien ab 1978.

Wie bereits dargelegt, ging es den Autoritäten des Militärregimes ab 1978 darum, trotz der Einleitung des Demokratisierungsprozesses in Brasilien die politische Kontrolle nicht zu verlieren. Auf dem Wege der Ideologisierung der Gewalt bzw. durch die Herstellung eines latenten Angstzustandes unter der Bevölkerung wurde dies möglich, denn je stärker die Frage der Gewalt in den Alltag und das Bewußtsein drängte, desto lauter wurde auch der Ruf nach Autorität, nach einer starken Hand. "Botar o exército na rua": das Heer auf die Straße schicken. So lautete schon bald die Lösung, mit der große Teile der Bevölkerung das Problem der Gewalt in den Griff zu bekommen hofften, und das ließen sich die Militärs nicht zweimal sagen. Nach wie vor ist eine starke Präsenz von Soldaten und Polizisten ein fester Bestandteil im Stadtbild der brasilianischen urbanen Zentren. Von Schlagstöcken und Schußwaffen wird großzügig Gebrauch gemacht und von beobachtenden Passanten zunehmend befürwortet, ja gleichsam gefordert. Und nicht selten hört man den Wunsch nach den alten Zeiten, wo noch Ordnung herrschte, und das waren die Zeiten der Militärdiktatur.

Alles Unheil wird einem Sündenbock zugeordnet, "auf dem Altar einer falschen Konkretheit wird die politische Rationalität geopfert".[2] Das Ziel ist erreicht, die Gewalt ist zum funktionalen Element in einem politischen Mosaik geworden, in dem autoritäre Strukturen und Demokratie nebeneinander existieren, als wären sie niemals etwas anderes gewesen als eine Einheit. "Die ... kapitalistische Gesellschaft hat die Möglichkeit, die individuelle Angst durch kollektive Formen der Angstverarbeitung zu programmieren und in Kanäle zu leiten, die ihr nützlich sind".[3] Die Democradura funktioniert, und wie nach der Französischen Revolution der Terrorismus zum politischen System erhoben wurde, so ist es im heutigen Brasilien die Gewalt.

Die an anderer Stelle bereits teilweise zitierten Ergebnisse von entsprechenden Umfragen belegen die unter der Bevölkerung latent existierende Angst vor der Gewalt. Dabei drückt diese sich nicht nur aus in einer Angst

---

1 DUHM 1973: 95. Ein Beispiel für die Unterwerfung des Individuums unter eine Autorität, bedingt durch die Angst vor ebensolcher Autorität, sind die Milgram-Experimente. Vgl. dazu MILGRAM 1967
2 FLOHR 1967: 45
3 DUHM 1973: 117

vor Überfällen oder Einbrüchen. So erklären auch 65 Prozent der Befragten, aus Angst keine Anhalter im Auto mitzunehmen[1], 37 Prozent würden sich nicht als Anhalter selbst an den Straßenrand stellen, und ebenfalls 37 Prozent reden nicht mit Fremden auf der Straße.[2] Solche Ängste machen auch vor "aufgeklärten" Personen nicht halt, wie ein Beispiel aus meinem Bekanntenkreis verdeutlichen mag. Marcelo, Ökonom und über die Frage der Gewaltideologie in Brasilien durchaus im Bilde, erzählte mir in einer Diskussion von seinen Reaktionen auf der Straße. Auf dem Weg von der Arbeit nach Hause fragte ihn eine ältere Dame nach der Uhrzeit. Ohne stehenzubleiben oder zur Seite zu blicken, antwortete Marcelo lediglich "Nein". Erst nach einer Weile wurde ihm seine Reaktion bewußt, und er war geradezu sprachlos über das Ereignis. Er führte sein Verhalten, das er im Nachhinein "lächerlich" nannte, auf die latente Angst zurück, die in jedem brasilianischen Stadtbewohner existiere und selbst ihn, der das Phänomen analytisch erkannt hat, eingenommen hat.

Einige der bisherigen Ausführungen weisen bereits auf die Ergebnisse des ideologischen Gebrauchs der Gewaltfrage hin. Im folgenden Kapitel sollen sie systematisiert und in ihren jeweiligen Ausprägungen dargelegt werden.

VIII.2 Wer Gewalt sät..: Die Früchte der Gewaltideologie

Welche Folgen hat die Etablierung der Gewalt als alltagsbestimmendes Phänomen? Wie wirkt sich die latent existierende Angst unter der Bevölkerung auf das Alltagsverhalten und vor allem auf das politische Verhalten aus? An diesen Fragen möchte ich mich im folgenden orientieren.

Mit dem Ruf nach Autorität habe ich die vielleicht wichtigste Folgeerscheinung der Gewaltideologie bereits genannt. "Das Heer auf die Straße schiken", wie es mancher schon fordert, heißt: ständige militärische Präsenz auf den Straßen; ständige Kontrolle des Alltagslebens durch die Gewaltmonopole; die Möglichkeit, zu jeder Zeit und an jedem Ort mit militärischen Mitteln eingreifen zu können; durch die Vermittlung eines Eindrucks von Sicherheit die gleichzeitige Einschüchterung der Bevölkerung, die durch exemplarische Aktionen (z.B. Bestrafung von Kleinkriminellen vor Ort) noch intensiviert wird; die stetige Erinnerung an die Zeiten der Diktatur und somit die Verbindung der Militärs mit politischer Macht; die ständige Möglichkeit, im Falle einer neuerlichen militärischen Machtübernahme präsent zu sein und sofort die Kontrolle in den Straßen auszuüben.

---

1 Indice Gallup de Opinião Pública 1979: 4
2 Ebd.

Das Heer ist bereits auf der Straße. Als wolle es stets an die Möglichkeit eines Putsches erinnern, zeigt es eine permanente Anwesenheit im Stadtbild, sei es durch die üblichen Patroullien, durch patriotische Lieder schmetternde Wehrsportler beim Konditionstraining in den Hauptstraßen oder durch Truppentransporte durch die Innenstadt. Der Bürger kann sich ihm nicht entziehen, und er will dies auch gar nicht, denn ungezählte Lektionen haben ihm suggeriert, daß ohne die Militärs dem Verbrechen Tür und Tor geöffnet würde. So nimmt er das kleine Übel der Angst vor dem Putsch in Kauf, die ihm vordergründig sehr viel weniger konkret erscheint als die Angst vor dem Überfall. Er wird zum Komplizen der Militärs, deren formale Machtaufgabe er noch vor einigen Jahren gefeiert hat, und wird so zum Befürworter dieser übergeordneten Gewalt, die die öffentliche Ordnung nicht selten durch willkürliche Maßnahmen aufrechtzuerhalten sucht. Das Militär erscheint als die notwendige Gegengewalt, die das Gleichgewicht des Alltags mehr schlecht als recht wiederherstellt.

Ob unter diktatorischen oder demokratischen Verhältnissen: Nach wie vor haben die Militärs fast unumschränkten Handlungsspielraum. Die ideologisierte Gewalt legitimiert die durch sie ausgeübte zunehmende Repression, und sowohl Folter als auch die Eliminierung von Verdächtigen oder andere Maßnahmen dieser "Pädagogik der Angst" werden systematisch unter der Bevölkerung etabliert und von dieser toleriert.[1]

Wie tief die Angst vor der ständigen Bedrohung durch Gewalt unter der Bevölkerung verankert ist, beweist eine Untersuchung in Recife aus dem Jahre 1986. Befragt nach dem persönlichen Gefühl von Sicherheit ergab sich unter den Bürgern der Stadt folgendes Bild:

Tabelle 20: Beurteilung des Grades an persönlicher Sicherheit

Beurteilung der Sicherheit	% der Befragten
wenig	50,8
keine	44,1
weiß nicht	0,8
keine Antwort	0,2

Quelle: OLIVEIRA, L./PEREIRA, A.: A Polícia na Boca do Povo e a Percepção Social do Combate à Violência, Recife 1986: 9

Wie wir sehen, ist die große Mehrheit der Bevölkerung von der Angst besetzt, daß ihre persönliche Sicherheit gefährdet ist. Insgesamt 94,9 Prozent

---

1   PINHEIRO 1985: 87f.

der Befragten beurteilten ihre Situation als wenig oder gar nicht sicher, die Angst stellt sich somit als Massenphänomen dar.

Die gleichen Interviewpartner wurden auch danach befragt, ob sie Polizeiradioprogramme hören wie die von mir skizzierten in Kapitel VIII.1.2. Das Ergebnis war folgendes:

Tabelle 21: Hören von Polizeiradioprogrammen

Hört Polizeiradioprogramme der Befragten

täglich	31,1
1bis2mal/Woche	10,5
manchmal	24,8
nie	31,6
keineAntwort	2,1

Qelle: OLIVEIRA, L./PEREIRA, A.: A Polícia na Boca do Povo e a
Percepção Social do Combate Violncia, Recife 1986: 12

Mit einer täglichen Einschaltquote von 31,1 Prozent kann man derartige Programme als recht populär bezeichnen. Die gesamte Hörerschaft - vom Stammpublikum bis zum sporadischen Hörer - beträgt 66,6 Prozent, d.h. zwei Drittel der Bewohner Recifes können als Empfänger der polemischen Botschaften verzeichnet werden.

In der Untersuchung wurden die Variablen "Beurteilung des Grades an persönlicher Sicherheit" und "Hören von Polizeiradioprogrammen" auch auf eine mögliche Korrelation hin untersucht, d.h. der empfundene Grad an Sicherheit wurde in den Zusammenhang von der Häufigkeit des Hörens von Polizeiradioprogrammen gestellt.

Tabelle 22: Der Zusammenhang von empfundener Sicherheit
und Hören von Polizeiradioprogrammen

Hört Polizeiradioprogramme	Grad an empfundener Sicherheit		
	viel	wenig	kein
täglich	53,8	25,5	37,5
1bis2mal/Woche	7,7	9,9	12,1
manchmal	7,7	29,3	22,4
nie	38,8	35,4	27,9

Quelle: OLIVEIRA, L./PEREIRA, A.: A Polícia na Boca do Povo e a
Percepção Social do Combate à Violência, Recife 1986: 9

Demnach beträgt der Anteil derer, die Polizeiradiosendungen hören (von "täglich" bis "manchmal") und gleichzeitig in ihrem Alltag keine Sicherheit vor möglichen Gewalttaten verspüren, 72 Prozent. Wenn auch ein ursächlicher Zusammenhang hier nicht zur Debatte steht, so dürften doch kaum Zweifel darüber bestehen, daß die Radioprogramme Ängste verstärken und entsprechende "Meinung machen". Die neue Ideologie der Nationalen Sicherheit schlägt sich sodann in der faschistoiden Konzeption der "Säuberung der Gesellschaft" nieder: die Gewalttäter müssen eliminiert werden.[1]

Die Mittel zur Exekutierung der vermeintlich Schuldigen am Elend der Gesellschaft reichen von Erschießungen durch die Polizei - inklusive solcher, die durch die Todesschwadrone ausgeführt werden - bis zur Lynchjustiz aufgebrachter Bürger. Einen Eindruck über die Befürwortung dieser verschiedenen Repressionsmaßnahmen vermitteln die folgenden Tabellen.

Tabelle 23: Meinung über Lynchjustiz

	%derBefragten
Einverstanden	51,1
nicht einverstanden	46,2
weiß nicht	2,4
keineAntwort	0,3

Quelle: OLIVEIRA, L./PEREIRA, A: A Polícia na Boca do Povo e a Percepção Social do Combate à Violência, Recife 1986: 17

Tabelle 24: Meinung über Polizeirazzien in Favelas

	% der Befragten
Einverstanden	77,6
nicht einverstanden	19,5
weiß nicht	2,4
keine Antwort	0,5

Quelle: OLIVEIRA, L./PEREIRA, A.: A Polícia na Boca do Povo e a Percepção Social do Combate à Violência, Recife 1986: 17

Tabelle 25: Meinung über die Eliminierung von Straftätern durch die Polizei

	% der Befragten
Einverstanden	53,7
nicht einverstanden	41,1
weiß nicht	4,3
keine Antwort	1,0

Quelle: OLIVEIRA, L./PEREIRA, A.: A Polícia na Boca do Povo e a Percepção Social do Combate à Violência, Recife 1986: 18

1   BENEVIDES 1983b: 99

Tabelle 26: Meinung über die Einführung der Todesstrafe

	% der Befragten
Einverstanden	68,9
nicht einverstanden	27,3
weiß nicht	3,5
keine Antwort	0,3

Quelle: OLIVEIRA, L./PEREIRA, A.: A Polícia na Boca do Povo e a
Percepção Social do Combate à Violência, Recife 1986: 19

Tabelle 27: Forderung nach größerem Polizeiaufgebot

	% der Befragten
Einverstanden	90,6
nicht einverstanden	7,1
weiß nicht	1,3
keine Antwort	1,0

Quelle: OLIVEIRA, L./PEREIRA, A.: A Polícia na Boca do Povo e a
Percepção Social do Combate à Violência, Recife 1986: 20

Hier wird deutlich, welche fatalen Folgen die Angsthysterie unter der Bevölkerung hat. Zwar ist Lynchjustiz keine etablierte Form von Herstellung einer wie immer definierten Gerechtigkeit, doch ihre Existenz und Befürwortung durch über die Hälfte der Bevölkerung Recifes erzeugt die beängstigende Vision, daß hier eine Gesellschaft auf dem Weg in die Selbstjustiz ist, wenn härtere Maßnahmen durch die Gewaltmonopole - wie sie ja befürwortet bzw. gefordert werden - ausbleiben.

Und in dieser grausamen Symbiose von Volkswillen und ideologischem Gewaltkonstrukt bildet sich das, was schon bei den Hexenverbrennungen des Mittelalters beobachtbar war und man auch im Zusammenhang mit anderen Terrorvorgängen als "Blutkitt" bezeichnen mag.[1] "Durch die Teilnahme an diesem Justizmord fesseln sich die Zuschauer gewissermaßen innerlich unbewußt an das System. Die Verfolgten und Hingerichteten **müssen** nun also schuldig gewesen sein (Hervorhebung von mir). Andernfalls wären ja die Zuschauer Teilnehmer an einem Justizmord und mitschuldig an einem furchtbaren Justizirrtum. Zur inneren Entlastung gleichsam, übernehmen die Zuschauer die Theorie von der Schuld der Exekutierten und Verfolgten".[2]

---

1 BAEYER-KATTE 1958: 226
2 Ders. 1967: 62

123

Weniger blutig hat DURKHEIM das einigende Moment krimineller Handlungen formuliert: "Das Verbrechen bringt das Gewissen aller ehrbaren Leute zusammen und verdichtet es".[1] Und ähnlich argumentierte auch MEAD, wenn er konstatierte, daß 'der Kriminelle' ein Solidaritätsgefühl unter denjenigen hervorrufe, deren Einstellung sonst auf divergierende Interessen gerichtet sind.[2]

Lynchmorde können nicht als ein alltägliches Phänomen identifiziert werden, sie finden eher sporadisch und spontan statt. Doch sind sie Ausdruck einer latent existierenden Aggressivität unter der Bevölkerung, die bei entsprechenden Vorfällen zum Ausdruck kommt. Andeutungen von Lynchjustiz sind dagegen häufig zu beobachten. Mehrmals erlebte ich im Stadtzentrum von Recife, wie Passanten bestohlen und die Übeltäter - in der Regel Kinder - nach kurzer Flucht durch andere Passanten gefaßt wurden. Obwohl unbeteiligt, nahmen diese an Ort und Stelle die Bestrafung vor, verprügelten die Kinder und ließen sie danach entweder laufen oder übergaben sie der Polizei - die das Bestrafungsritual sogleich wiederholte.

Entlud sich in diesen Fällen die Wut der sich stets als potentielle Opfer verstehenden Passanten noch auf relativ bescheidene Weise, so kann dies andernorts durchaus bis zum Lynchmord - ob an Erwachsenen oder Kindern - eskalieren. Dazu bedarf es bisweilen sogar keines konkreten Vergehens, ein Verdacht genügt. So wurde ein Straßenjunge in Curitiba Opfer von "Untersuchungen" einiger Taxifahrer, die ihn verurteilten, folterten und schließlich umbrachten. Der Junge war unschuldig.[3]

In Rio de Janeiro machte sich die aufgebrachte Menge daran, einen Jungen an einem Baum aufzuhängen, da er schlecht gekleidet war und sich zudem "verdächtig verhalten" habe, als er ein Fahrrad betrachtete. Im letzten Moment verhinderte die Polizei den Lynchmord, und es stellte sich heraus, daß das Fahrrad Eigentum des Jungen war.[4]

Systematisch erfaßt wurde das Phänomen der Lynchjustiz bisher nicht, lediglich die Presse nimmt Notiz von derartigen Fällen. So wurden zwischen September 1979 und Februar 1982 allein in Rio de Janeiro insgesamt 82 Fälle von Lynchjustiz durch die Presse registriert, wobei 38 Todesopfer zu beklagen waren. In 44 Fällen konnten die Opfer gerettet werden.[5] Dabei

1   DURHEIM 1977:144
2   MEAD 1928
3   BENEVIDES/FISCHER FERREIRA 1983: 234
4   JORNAL DO BRASIL v. 25.8.1980
5   BENEVIDES/FISCHER FERREIRA 1983: 230

muß unterschieden werden zwischen Lynchakten, die als Vergeltungs- oder Racheakte aufgrund eines konkreten Ereignisses stattfinden, und solchen, die ausgeführt werden, obwohl keine direkte Betroffenheit vorliegt. Bei letzteren handelt es sich um den Ausdruck eben jener kollektiven Hysterie, die ich bereits mehrfach benannt habe und welche nicht nur der Justiz Mißtrauen entgegenbringt, sondern darüber hinaus in die Forderung nach der Todesstrafe mündet, die Aktionen der Todesschwadrone gutheißt und nach einer Verschärfung der allgemeinen Strafmaßnahmen ruft.[1]

Ein verstärkender Faktor in diesem Zusammenhang ist auch die nicht selten brutale Vorgehensweise der Gewaltmonopole. Als effizienter repressiver Apparat in der Militärdiktatur mit freier Hand agierend, üben sie auch heute noch in hohem Maße Gewalt gegen die eigene Bevölkerung aus und setzen das Erbe des Autoritarismus fort. Die Verprügelung und Eliminierung von Straftätern durch die Gewaltmonopole fungieren gleichsam als ermutigende Beispiele für große Teile der Bevölkerung und führen zu gewaltsamen Eskalationen wie etwa Lynchmorden. "Die Baixada Fluminense, die als Schauplatz der barbarischen Schlächtereien der Todesschwadronen (zynisch als 'Eierlegen' umschrieben) traurige Berühmtheit erlangt hat, hält den Rekord der Lynchgeschehnisse".[2] SOUZA erklärt die Häufigkeit von Lynchmorden in der Baixada Fluminense mit dem Desinteresse der Polizei an "kleinen" kriminelle Taten (Diebstahl, Einbruch etc.) auf der einen Seite und der Gelegenheit zu privater Rache auf der anderen.[3] Zusammenfassend können folgende Faktoren als Ursache für die Lynchjustiz angegeben werden:

- "Der mangelnde Zugang zu Informationen und fehlende soziale und politische Partizipation breiter Schichten des Volkes, die in einer Situation wirtschaftlicher und sozialer Marginalisierung leben;
- mangelndes Vertrauen in die Effektivität von Polizei und Justiz, weil die Polizei selbst in verbrecherische Praktiken verstrickt ist und das Gefühl besteht, daß es 'eine Justiz für die Armen und eine andere für die Reichen' gibt, was die soziale Ungleichheit auf die Ebene der Bürgerrechte trägt;
- die pathologische Entladung einer 'kollektiven Psychose', die durch die wachsende Panikstimmung angesichts der Zunahme der Gewaltkriminalität und die ideologische Manipulation dieser Fakten und Wahrnehmungen

---

1 Ebd.: 234
2 BENEVIDES/FISCHER 1985: 24
3 SOUZA 1980

angeheizt wird;

- die Assimilierung der gewalttätigen Methoden der Polizei durch diejenigen, die diese Art von Repression ständig zu spüren bekommen, nämlich die Bevölkerung im allgemeinen und die Kriminellen im besonderen;
- eine Verschärfung von Repression und Willkür auf verschiedenen Ebenen und die dabei demonstrierte Straflosigkeit der Reichen und Kriminalisierung der Armen".[1]

Der hohe Konsens über polizeiliche Razzien in den Favelas der Großstädte zeigt den Erfolg der Stigmatisierung der armen Bevölkerungsschichten zu Kriminellen oder zumindestens potentiellen Straftätern. Der herrschenden Ideologie wird ein Zusammenhang zwischen Elend, Kriminalität und Gewalt einverleibt: "Wenn alle Armen potentielle Verbrecher sind, dann ist es gerechtfertigt, ihre Wohnviertel mit kriegsmäßigem Truppenaufgebot zu durchkämmen, ohne besonderen Anlaß, sozusagen als Mittel der Vorbeugung und Abschreckung, Arme zu verhaften und Verdächtige zur Erpressung von Aussagen oder zur Bestrafung zu foltern".[2]

Solche polizeilichen Aktionen sind stets von besonderer Härte und Willkür gegen die Betroffenen gekennzeichnet. Ein Vorwand - etwa die Suche nach einem Kriminellen - findet sich immer, um die Türen der Bretterbuden einzutreten, das Mobiliar zu zerschlagen oder Verdächtige zu verprügeln. Nicht selten wird der Gesuchte - auch wenn er keine Gegenwehr leistet - getötet, ein fiktives Feuergefecht später für die Presse rekonstruiert.

Ein Beispiel dafür liefert der Tod von "Pixote", ein über Brasilien hinaus bekannt gewordener ehemaliger Chef einer Straßenkinderbande, der sich selbst in einem dokumentarischen Spielfilm vor einigen Jahren dargestellt hatte. Er wurde 1987 nach einem Diebstahl gestellt und ergriff die Flucht. Die Polizei verfolgte ihn bis in sein Wohnviertel, wo sie seine Hütte umstellte und dann angriff. Sie drang in die Hütte ein, "Pixote" versteckte sich unter dem Bett, er war unbewaffnet. Mit sechs Schüssen aus den Revolvern der Polizisten wurde er exekutiert. "Sicherheitshalber" wurde danach das ganze Wohnviertel auf den Kopf gestellt.

Mit der Forderung der Bevölkerung nach einem höheren Polizeiaufgebot, durch das in der Konsequenz ein höheres Maß an sozialer Kontrolle und auch Repression verbunden ist, ist ein weiteres Ziel der Ideologisierung der Gewalt erreicht. Unglücklicherweise (jedoch verständlicherweise) ist das Zahlenmaterial über die Gewaltmonopole dem Außenstehenden verschlos-

---

1   BENEVIDES/FISCHER 1985: 30
2   Ebd.: 34

126

sen. Lediglich im Falle der Zivilpolizei (Polícia Civil), der ehemaligen Politischen Polizei, traf ich auf einen redseligen Mitarbeiter, der mir einige Zahlen zugänglich machte. Ähnliche Entwicklungen dürften sich jedoch auch bei der Militärpolizei vollzogen haben.

Der Ruf nach mehr Polizei auf den Straßen wurde gehört. Nachdem Anfang der achziger Jahre das Aufgebot noch relativ gleichgeblieben war, gab es einen fast hundertprozentigen Anstieg der personellen Ausstattung der Zivilpolizei in Recife von 1985 auf 1986.

Tabelle 28: Stellenzunahme bei der Zivilpolizei in Recife

Kategorie	Stellenanzahl	
	1985	1986
Polizeikommissar	325	380
Kriminalsachverständiger	50	100
Gerichtsmediziner	50	100
Streifenpolizisten	2915	6640
Gerichtsschreiber	305	480
Teleüberwacher	67	67
Polizeischreiber	150	350
Sachverständigenhelfer	90	77
Gerichtsdiener	25	60
Polizeifahrer	461	461
Gefängniswärter	325	325
	4763	9040

Quelle: Secretaria da Segurança Pública Pernambuco: Buletins de Incidência Criminal, Recife 1987

Besonders fällt dabei der zahlenmäßige Zuwachs an Streifenpolizisten auf, deren Aufgabe es ist, für Sicherheit in den Straßen zu sorgen. Die dabei eingesetzten, oft gewaltsamen Mittel habe ich bereits mehrfach dargelegt. Daraus wird ersichtlich, daß gerade das Ressort der Polizei den höchsten Zuwachs erfahren hat, das für die Kontrolle des Alltags zuständig ist und die Repression am direktesten ausübt, jedoch seine Legitimation aus der durch die Bevölkerung artikulierten Forderung erhält.

Dem gegenüber stehen jedoch paradoxerweise die Aussagen hinsichtlich des Vertrauens in die Polizei, wie in der folgenden Tabelle zu sehen ist:

Tabelle 29: Grad des Vertrauens in die Polizei

Grad des Vertrauens	% der Befragten
großes Vertrauen	20,8
wenig Vertrauen	39,0
kein Vertrauen	38,9
weiß nicht	0,6
keine Antwort	0,6

Quelle: OLIVEIRA, L./PEREIRA, A.: A Polícia na Boca do Povo e a
Percepção Social do Combate à Violência, Recife 1986: 23

Nur gut ein Fünftel der Befragten hat demnach Vertrauen in die Polizei. Ergänzend dazu wurde in der gleichen Untersuchung auch danach gefragt, ob man die Polizei für korrupt halte. Hier das Ergebnis:

Tabelle 30: Meinung über den Grad an Korruption bei der Polizei

Grad an Korruption	% der Befragten
hoch	64,3
niedrig	19,0
garnicht	9,0
weiß nicht	6,0
keine Antwort	1,6

Quelle: OLIVEIRA,L./PEREIRA, A.: A Polícia na Boca do Povo e a
Percepção Social do Combate à Violência, Recife 1986: 24

Das Verhältnis der Bevölkerung zur Polizei stellt sich also als recht widersprüchlich dar. Die Gewaltmonopole in der brasilianischen Gesellschaft haben eine außerordentliche Rolle eingenommen. Man fürchtet sie und fordert sie, man mißtraut ihnen und ist doch mit ihrem repressiven Vorgehen einverstanden. "Der einzige reale Effekt dieser widersprüchlichen Beziehung (ist) die Einschüchterung, die die persönliche oder kollektive Artikulation unterdrückt und jeden Bürger isoliert und schutzlos der Institution ausliefert. Die Mittel, die der Staat zur sozialen Kontrolle einsetzt, bringen die Bürger - zwar nicht ausschließlich, aber vorrangig der ärmeren Schichten - dazu, diese Institutionen als undurchdringliche Instanzen ober-oder außerhalb der Reichweite ihrer Handlungsmöglichkeiten zu betrachten. Es handelt sich hier vermutlich um die Situation größter Entfremdung - sowohl des Handelns wie der Wahrnehmung - zwischen dem Bürger und dem Staat".[1]

---

1 BENEVIDES/FISCHER 1985: 34

VIII.3 Das Erbe der Diktatur:

Gewalt und Demokratieverständnis

Das Militär und die Polizei in Brasilien haben sich mit dem Putsch im Jahre 1964 die absolute Kontrollmacht über das Land verschafft, die auch über das Ende der Militärdiktatur hinaus wirkt. Man kann davon ausgehen, daß diese Kontrolle nicht nur in einem nationalen Interesse war und ist, sondern daß das autoritäre Regime in einem vor allem in ökonomischer Hinsicht internationalen Kontext zu sehen ist. Nach der Machtübernahme hatte das Militär die Aufgabe, "den politisch-administrativen Apparat auf die veränderten Reproduktionsbedingungen im internationalen Kontext auszurichten, bornierten 'nationalistischen' Alternativen mit Autonomiebestrebungen Einhalt zu gebieten und die sozialen Konflikte stillzustellen, die als Reaktion auf Politikmuster dieser Art zu erwarten waren. Das Militär erschien als der bestgeeignete Agent einer vorbehaltenen Eingliederung der lateinamerikanischen Länder in eine neue internationale Arbeitsteilung, weil es die politische Vermittlung gesellschaftlicher Interessen wirksam unterband und durch das Dekret und das Diktat ersetzen konnte".[1]

Erst Ende der siebziger Jahre stellte der damalige Präsident Ernesto Geisel eine allmähliche Rückkehr zur Demokratie in Aussicht, nachdem die Aufgabe des Militärregimes im wesentlichen erfüllt war. Der Zeitpunkt war günstig gewählt, da eine ausreichend hohe Akkumulationsrate des inländischen wie ausländischen Kapitals gesichert schien, ein Zustand, der ein autoritäres Regime überflüssig macht und die Rückkehr zur politischen Vermittlung gesellschaftlicher Forderungen ermöglicht.[2] Darüber hinaus war die Position der Militärs so stark wie nie zuvor. Entscheidungen zu einer Demokratisierung des Landes konnten so souverän getroffen werden vor dem Hintergrund, daß ein Rückzug zu einem Zeitpunkt der Stärke eine zukünftige Erhaltung der politischen Kontrolle erleichterte, zumal dazu auch die notwendigen strukturellen Maßnahmen getroffen wurden.

Der Militärapparat als politisches Herrschaftssystem hatte sich gegenüber der Gesellschaft verselbständigt und stand ihr als unangefochtenes Machtinstrument gegenüber. Gegen das gesellschaftliche Umfeld war es gegen Ein- und Angriffe wirksam abgeschirmt: "zum einen durch Verfassungs- und

---

1 Lateinamerika-Institut der FU Berlin 1980: Vf.
2 LÜHR 1980: 3

Gesetzesregelungen, welche die Partizipation politischer Gegenkräfte an der Machtentstehung, -ausübung und -kontrolle weitgehend ausschließen, zum anderen durch einen verzweigten Apparat der Information und Repression, einschließlich der Geheimpolizei mit ihren Verhör- und Foltereinrichtungen".[1] Hinzu kommt, daß das Regime seinen Wirkungskreis durch Kooptation von Technokraten aus den oberen Etagen der staatlichen und privaten Bürokratie erweitert hatte, so daß es nun nicht nur von den Militärs getragen wurde.[2]. Bis heute haben sich auf diese Weise die autoritären Strukturen konservieren und einen Rückhalt in der staatlichen Bürokratie verschaffen können.

Mit der Funktion der Gewaltmonopole als repressives Element innerhalb der Staatsordnung Brasiliens hängt auch das Demokratieverständnis und die unterschiedlichen Wahrnehmungsformen von Demokratie durch die verschiedenen Bevölkerungsschichten zusammen. Durch Beobachtungen und Gespräche mit Betroffenen erhielt ich während meiner Studie ein durchaus differenziertes Bild von einer Demokratieform, welche die jeweiligen Rechte nach der Schichtenzugehörigkeit der Bürger zuzuordnen scheint.

Es liegt auf der Hand, daß die hohe Inflationsrate - im Jahre 1988 erreichte sie ca. 1000 Prozent - in die ständige Forderung von Arbeitnehmern nach Lohn- bzw. Gehaltserhöhungen münden muß. Wird dies nicht auf dem Verhandlungswege erreicht, so sind in der Regel Streiks und Demonstrationen die Folge, die vor allem durch die Gewerkschaften und die linken Parteien Brasiliens (PT, PMDB, PDT, PCB u.a.) getragen werden. Versammlungen solcher Art konnte ich in der Innenstadt von Recife etwa einmal im Monat beobachten.

Versammlungs- und Demonstrationsfreiheit wird in jeder Demokratie garantiert. Auch in Brasilien ist sie formal in der Verfassung verankert. In der alltäglichen Auseinandersetzung der verschiedenen Fraktionen um eine den wirtschaftlichen Entwicklungen angepaßte Lohnpolitik jedoch wird deutlich, wie wenig der Prozeß der Demokratisierung die breite Bevölkerung

---

1   Ebd.: 8; in diesem Zusammenhang spielt auch der Rat für Nationale Sicherheit (Conselho da Segurança Nacional) eine herausragende Rolle. Siehe dazu DE GOES 1978.

2   Vgl. dazu NITSCH 1977, STEPAN 1971 und CASTELLO BRANCO 1976 und 1977

bisher erreicht hat.

Zunächst fällt auf, daß in Recife vor allem Arbeitnehmer solcher Berufssparten auf der Straße ihre Rechte wahrnehmen, welche den White-Collar-Beschäftigungen zuzurechnen sind. Dies sind Lehrer, Hochschullehrer, Bankangestellte, Angestellte im öffentlichen Dienst und Ärzte. Generell kann davon ausgegangen werden, daß sie einen Schulabschluß aufweisen können oder über eine berufliche bzw. akademische Ausbildung verfügen.[1] Sie kennen ihre demokratischen Rechte und nutzen sie, auch gegen den Widerstand von politisch stärkeren Lobbies. Ihr Bildungsniveau läßt sie daher auch im Umgang mit den Gewaltmonopolen selbstsicher erscheinen, wenn letztere die Versammlungen von Protestlern nicht selten mit einem zahlenmäßig gleichstarken Aufgebot begleiten. Zwar ist hier ein Einschüchterungseffekt nicht ganz auszuschließen, doch vermögen die mit Schlagstöcken, Helmen und in den Bereitschaftswagen mit Schußwaffen ausgerüsteten Staatsschützer Demonstrationen aus Mitgliedern dieser Bevölkerungsschichten kaum zu unterdrücken.

Anders hingegen sieht es mit Protestversammlungen aus anderen Teilen der Bevölkerung aus. Sie finden oft gar nicht erst statt. Gehen aber z.B. dennoch die Bewohner von Elendsvierteln auf die Straße, um gegen ihre fatalen Lebensbedingungen zu protestieren, so ist ein weitaus aggressiveres Vorgehen der Gewaltmonopole zu verzeichnen. Die Hemmschwelle zum Einsatz des Schlagstockes ist niedriger.

Obwohl ich dieses Phänomen in meiner Untersuchung nicht systematisch erfaßt habe, möchte ich dennoch behaupten, daß das unterschiedliche Vorgehen der Gewaltmonopole auf das jeweilige Bildungsniveau bzw. die Schichtenzugehörigkeit der Betroffenen zurückzuführen ist. Damit ist nicht unbedingt die Anzahl der absolvierten Schuljahre gemeint, obwohl diese sicherlich auch eine Rolle spielt. Vielmehr sind es unterschiedliche Informationsniveaus und die damit verbundenen unterschiedlichen Zugangsmöglichkeiten zu Institutionen und Rechtsmitteln, welche die jeweiligen Bevölkerungsschichten der differenzierten Behandlung durch die Staatsschützer aussetzen. Hinzu kommt ein in den ärmsten Bevölkerungsteilen fest verankerter Autoritätsglaube. Sie haben "gelernt", daß sie ihre soziale Schichtenzugehörigkeit von bestimmten Prozessen ausschließt. In gewisser Hinsicht

---

1 Im Falle der Angestellten im öffentlichen Dienst muß dem nicht so sein. Hier gibt es ein Heer von semi-alphabetisierten Hilfskräften, die in der Regel einen Mindestlohn verdienen, jedoch aufgrund ihrer Anstellung mit dem Umgang mit Vorgesetzten und Autoritäten vertraut sind, was ihnen ein gewisses Selbstvertrauen gibt.

sind sie rechtlos. Deutliches Beispiel dafür sind die Razzien in den Favelas, wobei die Bewohner der Willkür der Polizei hilflos ausgeliefert sind. Die Rechte auf Eigentum und körperliche Unversehrtheit scheinen in solchen Fällen außer Kraft gesetzt, ebenso wie bei Demonstrationen. Klagen auf Schadenersatz verlaufen sich in der Regel auf den Irrwegen der Bürokratie oder münden im schlimmsten Fall in der Drohung seitens des oder der Angeklagten, dem Kläger ein weiteres Mal Schaden zuzufügen oder gar ihn zu eliminieren.

Was dahinter steht, möchte ich mit dem "Erbe der Diktatur" bezeichnen. Die Jahre unter der Herrschaft der Militärs haben Spuren hinterlassen, welche sich in Mißtrauen und Angst gegenüber den Gewaltmonopolen äußern. Die geringen Zugangschancen zu Informationen insbesondere der armen Bevölkerungsschichten haben eine teilweise oder gänzliche Unkenntnis der demokratischen Rechte zur Folge. Dem wird auch von staatlicher Seite nicht entgegengewirkt. Nach wie vor sind daher breite Teile der Bevölkerung weitgehend der Willkür und den Rechtsübergriffen der Gewaltmonopole ausgeliefert.

In meiner Studie bin ich der Frage nach der Wahrnehmung des Rechtes auf Demonstrationsfreiheit seitens der Bewohner von Elendsvierteln nachgegangen. Zunächst wurden die Betroffenen gefragt, ob sie bereits daran gedacht hätten, an einer Demonstration teilzunehmen, um etwaige Forderungen einzuklagen. Nach Feststellung ihrer Bereitschaft wurde dann geprüft, ob sie diese Idee auch in die Tat umgesetzt haben, und falls nicht, warum sie es unterlassen haben. Die Auswertung ergab folgendes Bild:

Tabelle 31: Demonstrationsbereitschaft von Favelabewohnern

	% der Befragten
Ich habe bereits daran gedacht, an einer Demonstration teilzu - nehmen	76,92
Ich habe noch nie daran ge-dacht, an einer Demonstration teilzunehmen	19,23
Keine Antwort	3,84

Quelle: Eigene Untersuchung 1987/88

Tabelle 32: Tatsächliche Teilnahme an einer Demonstration

	% der Befragten
Bereits teilgenommen	12,82
Noch nie teilgenommen	69,23
keine Antwort	17,94

Quelle: Eigene Untersuchung 1987/88

Tabelle 33: Gründe für die Nicht-Teilnahme an einer Demonstration

Gründe	% der Befragten, die nicht an einer Deonstration teilnehmen würden
Angst vor Repression/ Polizei	39,58
Die Leute halten nicht zusammen	31,25
Ich kann nicht	16,66
Es lohnt sich nicht	12,50

Quelle: Eigene Untersuchung 1987/88

Den Antworten kann man entnehmen, daß bei der großen Mehrheit der Befragten (76,92 Prozent) aus der Armutsbevölkerung die Bereitschaft vorhanden ist, ihre Rechte und Forderungen durch eine demokratische Handlungsform wie eine Demonstration auf offener Straße einzuklagen. Jedoch nur ein gutes Zehntel (12,82 Prozent) hat diese Bereitschaft auch in die Tat umgesetzt. Unter den Gründen, warum ein solch hoher Prozentsatz der Befragten nicht an einer Demonstration teilnehmen würde, findet sich die Angst vor den Gewaltmonopolen an erster Stelle (39,58 Prozent), gefolgt von der Feststellung, daß es an Solidarität unter den Betroffenen fehle (31,25 Prozent). Wer angab, er könne nicht auf der Straße demonstrieren (16,66 Prozent), war entweder sehr alt, behindert oder sah sich aufgrund seiner Armut nicht dazu in der Lage. Die restlichen 12,5 Prozent der Befragten haben bereits resigniert und sehen keine Aussichten auf einen Erfolg einer Demonstration.

Die Angst vor der Repression gliedert sich hierbei auf in die Angst vor Verhaftung, Angst vor polizeilicher Gewalt und die Angst, durch die Polizei getötet zu werden. Die Diktatur, unter der gerade ein solches Vorgehen an der Tagesordnung war, wirkt fort in den (formal) demokratischen Alltag des heutigen Brasilien. Der im Volksmund geführte Begriff der "Democradura" hat somit durchaus seine Berechtigung.

Ich möchte an dieser Stelle bereits darauf hinweisen, daß die unterlassene Artikulation eines politischen Willens nicht nur auf die oben genannten Gründe beschränkt bleibt. Zunächst konnte ich beobachten, daß die Möglichkeit einer Teilnahme an einer Demonstration bei den Betroffenen nicht Gegenstand einer bewußten Auseinandersetzung mit der politischen Realität ist. Schon die Auseinandersetzung unterbleibt in der Regel. Mit meinen Fragen habe ich diesen Aspekt bei der Mehrheit der Betroffenen erst ins Bewußtsein gehoben, so daß sie sich zwangsläufig darüber Gedanken machen mußten. Innerhalb dieses Prozesses fanden sie dann zu ihren Antworten. Festzustellen bleibt jedoch, daß ein politischer Wille vorhanden ist, wenn er auch hinter anderen Fragestellungen und Problemen zurücktreten mag. An späterer Stelle werde ich diesen Gedanken noch einmal aufnehmen und eine entsprechende Analyse vornehmen.

Jedoch auch in den White-Collar-Berufen sind Beschneidungen der demokratischen Freiheiten zu beobachten. Dies betrifft aber in erster Linie das untere Niveau der betriebsinternen Hierarchie. Zwar sind es in diesen Fällen weniger die Gewaltmonopole, welche Repressalien gegen die Angestellten ausüben, als vielmehr die Administration und die Chefetagen der jeweiligen arbeitgebenden Organisation. So kann man davon ausgehen, daß die vielen Hilfskräfte in der öffentlichen Verwaltung (Laufburschen, Schreibkräfte etc.), deren Einkommen sich im Bereich zwischen einem und drei Mindestlöhnen bewegt, ihre Arbeit verlören, wenn sie in den Streik träten. Ebenso die Bankangestellten. So konnte etwa ein angekündigter Streik der Bankangestellten in Recife nicht durchgeführt werden, weil die Mehrheit der Bediensteten - eben solche, die sich in der Hierarchie am unteren Ende befinden - fürchteten, entlassen zu werden. Gespräche und Diskussionen mit den Betroffenen bestätigten dies.

Die Ausnutzung ökonomischer Macht als Mittel der Repression gegen Streikwillige ist nicht neu und keinesfalls auf Brasilien und Länder der Dritten Welt beschränkt. In Staaten jedoch, in denen eine Militärdiktatur besteht oder jahrelang bestanden hat, haben kapitalstarke Organisationen in der Regel keine relativ freie Hand, was die Biegung und Beugung demokratischer Rechte (und auch der Menschenrechte) betrifft. Sie gehen eine Symbiose mit den Kräften ein, die eine stabile Regierung versprechen und damit ein investitionsfreundliches Klima schaffen, und bieten ihnen dafür im Gegenzug die notwendige politische und finanzielle Unterstützung. Steht ihnen nur eine schwach oder gar nicht organisierte Arbeitnehmerschaft gegenüber, wie dies in Recife bzw. im Nordosten Brasiliens der Fall ist, so finden sich die ökonomisch Abhängigen auf verlorenem Posten wieder.

Im Süden Brasiliens, in den industriellen Zentren São Paulo, Rio de Janeiro oder Belo Horizonte dagegen ist die Gewerkschaftsbewegung in den letzten Jahren erstarkt. Die organisierten Arbeitnehmer sind hier eine ernst zu nehmende politische Kraft mit einer starken Partei im Hintergrund. Die Arbeiterpartei PT (Partido dos Trabalhadores) konnte im Jahre 1988 die Wahlen zum Bürgermeisteramt der Stadt São Paulo für sich entscheiden. Dies ist auch als ein deutliches Zeichen der organisierten und mithin aufgeklärten Bevölkerungsteile für eine Absage an den Autoritarismus zu werten, als Kampfansage gegen Repression und politische Gewalt, zumal die jetzige Bürgermeisterin Luiza Erundina schon vor Jahren durch ihr heftiges Engagement für Landbesetzer und gegen polizeiliche Willkür aufgefallen ist.

Aber auch gegen den organisierten politischen Willen machen Kapital und Militär Front, und dies macht auch vor vordergründig demokratisch denkenden Verantwortlichen nicht halt. Als im März 1989 Stahlarbeiter in Belo Horizonte das Betriebsgelände der deutschen Firma Mannesmann besetzten und in den Streik traten, forderte der deutsche Direktor des Werkes sofort bewaffnete Polizeikräfte an, um das Gelände räumen zu lassen. Ein solches Handeln wäre in der BRD undenkbar, in Brasilien jedoch kommen den deutschen Firmen die autoritären Strukturen entgegen, um die demokratischen Rechte außer Kraft zu setzen.

Trotz der Signale aus São Paulo (oder gerade aufgrund) versäumen es die Gewaltmonopole nicht, auch bei Auseinandersetzungen mit den gut organisierten Teilen der Arbeiterschaft Präsenz zu zeigen. Bei einer Streikaktion des landesweiten Gewerkschaftsbundes CUT (Central Unico dos Trabalhadores) in der Hauptstadt Brasília standen den Streikenden eine gleiche Anzahl von Angehörigen sämtlicher Waffengattungen der Armee gegenüber, um den Regierungsbezirk abzuschirmen. Und nicht selten halten führende Militärs im Falle einer Verschlechterung der politischen und wirtschaftlichen Situation des Landes vor der Presse eine neuerliche militärische Aktion zur Übernahme der Macht nicht mehr für ausgeschlossen. Eine Warnung in diesem Zusammenhang solte das rücksichtslose Vorgehen der Militärs gegen Streikende in Volta Redonda im November 1988 sein. Mit Panzern, Schützenwagen und Maschinenpistolen gingen die Soldaten gegen die Arbeiter vor und töteten drei Personen. Der befehlhabende Kommandant, General José Lopez da Silva, hatte nach eigenen Worten die Nationale Sicherheit gefährdet gesehen. Zwar bedauerte er die Toten, doch würden sie auch "als Beispiel für andere dienen".[1]

Nach diesen Schilderungen muß man sich fragen, warum ein Staat es für notwendig befindet, repressiv gegen seine Bevölkerung vorzugehen. Welche Interessen stehen dahinter? Wovor hat er Angst? In meinen Ausführungen habe ich bereits darauf hingewiesen, auf welcher Basis die staatliche Ideologie Brasiliens fußt: es gilt - vereinfacht ausgedrückt - der Ausbreitung des Kommunismus entgegenzuwirken. Betrachtet man die Verhältnisse unter diesem Aspekt, so ahnt man schon, wozu die repressiven Maßnahmen in letzter Konsequenz dienen: zur Unterdrückung sozialer und politischer Konflikte im Land. Diese sollen nun im folgenden Kapitel näher beleuchtet werden.

---

1 VEJA vom 16.11.1988

IX. Konflikt und Konfliktpotential: die politische Komponente

Politische und soziale Konflikte haben in Brasilien eine gewisse Tradition, wenn diese auch noch nicht lange währen mag. Erste Ansätze eines organisierten Vorgehens zur Durchsetzung sozialer Belange sind auf das erste Jahrzehnt unseres Jahrhunderts datiert, als 1909 das Unternehmen Great Western bestreikt wurde. Die erste Arbeiterorganisation wurde 1914 mit dem "Arbeiterverband von Pernambuco" (Federação dos Trabalhadores de Pernambuco) gegründet. Gegen Ende der 20er Jahre solidarisierten sich Arbeiter und die mittellosen Bewohner von São Miguel, um für ihre Rechte auf den spärlichen Grundbesitz des Dorfes einzutreten.[1]

In den folgenden Jahrzehnten kristallisierten sich innerhalb der verschiedenen Bewegungen die Bewohner der Armenviertel als Schlüsselfiguren heraus, die im Zuge von Industrialisierung und Urbanisierung immer weiter an den Rand der Gesellschaft gedrängt wurden. In diesem Zusammenhang gewann die Kommunistische Partei Brasiliens (PCB: Partido Communista Brasileiro) an Bedeutung, die ab 1947 die Gründung von Bewohnerräten in den Favelas betrieb.[2] Den Grund für diese Entwicklung stellte die wachsende Intervention des Staates in der Gesellschaft dar. Der Staat wurde dabei als Urheber einer Situation identifiziert, die die Betroffenen als ungerecht definierten.[3] Die Hauptforderungen betrafen vor allem die Bereiche Dienstleistungen, Transport, Gesundheit und Erziehung.

Die Periode zwischen 1960 und dem Jahr des Militärputsches 1964 war durch eine starke Mobilisierung der Arbeiterklasse gekennzeichnet, die mit der Entwicklung der Produktivkräfte und der Favorisierung des großen Kapitals durch den Staat voranschritt. Die wachsende Ausbeutung der arbeitenden Menschen in der Stadt wie auf dem Land mündete in die Forderung der Betroffenen nach einer organisierten Form der Interessenwahrnehmung. In den Ligas Camponesas (Landarbeitervereinigungen) und den Gewerkschaften fanden sie die Organe, die ihren Forderungen Nachdruck verliehen. Der Nordosten Brasiliens spielte dabei eine besondere Rolle, da hier die bestehenden Widerspüche zwischen Arm und Reich durch die sozialen Bewegungen am stärksten erschüttert wurden.[4] Es entstanden eine Reihe von Institutionen, deren vordringliche Aufgabe es war, die Ge-

---

1 Zu den einzelnen aufgeführten Daten siehe PINHEIRO DO NASCIMENTO 1985.
2 Ebd.
3 MOISÉS 1982: 25. Siehe dazu auch REZENDE 1985.
4 Vgl. CRUZ 1982

werkschaftsführer zu schulen und ihnen eine theoretische Basis zu geben:
1960: Gewerkschaftsflügel der SAR (Serviço de Assistência Rural: Ländlicher Beratungsdienst)
1961: Serviço de Orientação Rural de Pernambuco (SORPE), der Rurale Schulungsdienst von Pernambuco, der den sogenannten "Arbeiterzirkeln" angeschlossen war
1961: Gewerkschaftsflügel des Planungsamtes der Erzdiozöse von Teresina/Piauí
1961: Ruraler Gewerkschaftsflügel von Paraiba, unterstützt durch die "Arbeiterzirkel"
1961: Ruraler Gewerkschaftsflügel von Sergipe
1962: Ruraler Gewerkschaftsflügel von Maranhão und Bahia, gegründet und unterstützt durch die Bewegung für Basiserziehung (MEB)
1962: Ländlicher Schulungsdienst von Alagoas (SORAL), der den "Arbeiterzirkeln" angeschlossen war.[1]
Bemerkenswert dabei ist, daß hier die Kommunistische Partei Brasiliens und die Katholische Kirche die Gründung der Arbeiterorganisationen vorantrieben, jedoch nicht gemeinsam (aus verständlichen Gründen), sondern aus ihrem Konkurrenzverhältnis heraus. Mit den wachsenden Erfolgen der PCB bei der Arbeiterschaft mußte die Kirche um ihren Einfluß und ihre Basis insbesondere im ländlichen Bereich fürchten. Ihr Überleben war bedroht. Sie konzentrierte ihre Kräfte daher im Nordosten des Landes, um an der Seite der Landarbeiterbewegung präsent zu sein.[2] In ihren Bemühungen gelang es ihr schließlich, die PCB zu überflügeln. Bis Ende 1963 gründete sie 67 Gewerkschaften mit annähernd 50.000 Arbeitern, während die PCB bis dahin 30 Gewerkschaften ins Leben gerufen hatte. Insgesamt aber läßt sich ein "Organisationsboom" vornehmlich der armen Bevölkerungsschichten feststellen, der jedoch mit dem Putsch von 1964 zunächst gestoppt wurde. Wurden 1963 im Sertão von Pernambuco noch sechs Gewerkschaften gegründet, so mußten sich die Betroffenen vier Jahre lang zurückhalten, bis sie einen weiteren schüchternen Versuch im Jahre 1968 unternahmen. Bis 1970 kam nur eine Gewerkschaft hinzu.[3]
In den Jahren vor der Machtübernahme durch die Militärs läßt sich in politischer Hinsicht eine Tendenz nach links ablesen, innerhalb derer die

---

1   Vgl. zu diesen Punkten CALAZANS 1969: 162; Grundlegend zu Gewerkschaften in Brasilien s. FÜCHTNER 1972.
2   CRUZ 1982 und ders. 1985: 67
3   PANDOFI 1985: 81

Arbeiter mit mehr Rechten ausgestattet wurden. Dies lief parallel mit einer wachsenden Konfliktbereitschaft, die sich in Streiks und Demonstrationen niederschlug.[1] Mit der Gründung der Entwicklungsbehörde SUDENE versuchte die Regierung, den Pax Agraria im Nordosten wiederherzustellen und die Bedrohung der Agrarbourgeoisie abzuwenden. Trotz dieser Maßnahme aber gewannen die linken Kräfte weiter an Boden, auf dem das Konfliktpotential gedieh. Mit der Wahl von Miguel Arraes zum Gouverneur von Pernambuco (1961 -1964) schien ihre weitere institutionelle Verankerung gesichert, doch schoben ihnen die Militärs schließlich den Riegel vor.

Das autoritäre Regime vermochte die sozialen und politischen Bewegungen zwar zu unterdrücken, doch gelang es ihm auch durch Eliminierung zahlreicher politischer Gegner nicht, sie auszulöschen. Welches Konfliktpotential trotz Mord und Repression existent blieb, möchte ich an einigen Beispielen deutlich machen. Dazu gehören die bewaffnete Linke unter den als Terroristen verfolgten Carlos Marighella und Carlos Lamarca, die Lebenshaltungskosten-Bewegung, die Stadtteilbewegungen sowie die als spontane Ausdrucksform von Protest stattfindenden "Quebra-Quebras".

IX.1 Beispiel 1: Terrorismus als politischer Konflikt

Eine der gewaltsamsten Auseinandersetzungen in Brasilien zwischen dem Staat und einem Konfliktgegner aus der Bevölkerung stellt der Kampf der bewaffneten Linken dar. Nachdem die linken Kräfte durch den Staatsterrorismus des Militärregimes in dessen ersten Jahren zunächst zurückgedrängt worden waren, begannen sie sich teils im Exil, teils in der Illegalität im eigenen Land neu zu formieren. Dabei war es insbesondere die PCB, die die Möglichkeiten des bewaffneten Kampfes gegen das Terrorregime erörterte. Auf einem Parteikongreß in Montevideo/Uruguay im Juli 1962 traf man mit führenden Kräften der Kubanischen Revolution zusammen, mit denen man den Guerillakrieg diskutierte.[2] In theoretischer wie praktischer Hinsicht orientierte man sich dabei am Beispiel der Kubanischen Revolution.[3] Unter dem wachsenden Druck der Repression intensivierte sich die interne Diskussion, bis schließlich auf einer Landeskonferenz der Kommunisten aus

---

1   CORREIA DE ANDRADE 1984: 37
2   GORENDER 1987: 79
3   Diskutiert wurden in diesem Zusammenhang vor allem folgende Schriften, an denen sich die PCB und später die bewaffnete Linke orientierten: GUEVARA 1980 und 1981, DEBRAY 1967 und 1974, TSE-TUNG 1973, jedoch in den entsprechenden Ausgaben aus den sechziger Jahren.

São Paulo im April 1967 eine Resolution verabschiedet wurde, die den bewaffneten Kampf für unvermeidlich erklärte.[1] Auf der gleichen Konferenz wurde Carlos Marighella in seinem Amt als Erster Sekretär des Landeskommitees von São Paulo bestätigt. Nach scharfen Auseinandersetzungen innerhalb der Partei jedoch wurde er im Januar 1968 zusammen mit einigen anderen Mitgliedern aus der Partei ausgeschlossen und gründete die Nationale Befreiungsaktion (ALN). Schon während des Jahres 1967 waren einige seiner Anhänger nach Kuba gereist und hatten sich dort für den bewaffneten Guerillakampf ausbilden lassen. 1968 und 1969 folgten zwei weitere Gruppen.

In der Abkehr von der theoretischen Diskussion erhob die ALN die Aktion zum obersten Prinzip. "Es ist die Aktion, die die Organisation entstehen läßt und sie entwickelt. Aktion bedeutet revolutionäre Gewalt, bewaffneten Kampf, Guerilla. Die Aktion schöpft alles aus dem Nichts, von Null an".[2] Dem Terrorismus des Militärregimes sollte ein linker Terrorismus entgegengestellt werden, dessen Ziel nicht die Übernahme der politischen Macht war, sondern die Schwächung der Diktatur. "Jeder revolutionäre terroristische Akt ist eine taktische Operation zur Demoralisierung der Autoritäten, zur Umzingelung der repressiven Kräfte, zur Unterbrechung ihrer Kommunikation, zur Schädigung des Eigentums des Staates, der großen Kapitalisten und Grundbesitzer".[3]

Der erste terroristische Akt orientierte sich noch am Prozeß des Massenkampfes. Im Westen des Bundesstaates São Paulo schwelte ein Konflikt zwischen dem Großgrundbesitzer Zé Dico und einigen Dutzend Pächtern. Am 24. September 1967 drang eine Gruppe militanter Kommunisten aus dem Umkreis Marighellas in das Haus des Grundbesitzers ein und tötete ihn. Später konzentrierten sich die Aktionen zunehmend auf symbolische Ziele.

Von September 1968 bis Oktober 1969 wurden durch Marighella und seine Guerilleiros fast einhundert Banken überfallen und "enteignet". Sie töten den amerikanischen Hauptmann Charles Chandler, einen Agenten des CIA, und zerstören amerikanische Armee- und Handelseinrichtungen. Sie besetzen Radiostationen, befreien Gesinnungsgenossen aus dem Gefängnis und entführen politische Persönlichkeiten wie den Botschafter der USA, Burke

---

1 GORENDER 1987: 91
2 Ebd.: 96. Mit dem letzten Satz wurde gleichzeitig Fidel Castro zitiert.
3 MARIGHELLA 1969: 628

Elbrick. Sie bilden dabei eine eigene Strategie aus, die sich von ihren Vorbildern unterscheidet und hunderte von Militanten anzieht. Die ALN bot "eine in der revolutionären brasilianischen Bewegung neue strategische Perspektive, eine Perspektive, die sich von jedem fremden Modell, sei es kubanisch, sowjetisch oder chinesisch, befreit hat und der Realität des eigenen Landes vollauf gerecht wird".[1]

Neben ihren gewaltsamen Unternehmen leisteten die linken militanten Gruppierungen verstärkte Arbeit an der Basis. Der Auflösung und Umstrukturierung der gewerkschaftlich orientierten Institutionen - zwischen 1964 und 1970 waren 563 solcher Organisationen davon betroffen - mußte ein Gegengewicht entgegengestellt werden. Sowohl auf dem Land wie in den urbanen Zentren Brasiliens wurden so Teile der Arbeiterschaft politisiert und auch radikalisiert. Die Folge waren Streiks, Fabrikbesetzungen und Demonstrationen, die in der Regel erst durch gewaltsames Vorgehen der Sicherheitskräfte wieder aufgelöst werden konnten.

Ebenso fruchtbar war die Arbeit an den Universitäten. Den mobilisierten Studenten schlossen sich auch Teile der Lehrenden an, die Seminare zu aktuellen Problemen veranstalteten. Auch hier gingen die Gewaltmomopole mit repressiven Mitteln vor. Als sie jedoch am 28. März 1968 einen 18 jährigen auf einer Demonstrationsvorbereitung erschoß, rief dies eine Protestwelle im ganzen Land hervor, die weitere Tote forderte. Zunehmend sahen sich auch die Mittelschichten betroffen, deren Söhne und Töchter auf den Universitäten der wachsenden Repression ausgesetzt waren. Im "Gang der hunderttausend" am 26. Juni 1968 vereinigten sich viele der Betroffenen in Rio de Janeiro zu einem Protestmarsch, in Recife waren es 50.000.

Danach aber ebbte der neue "revolutionäre" Geist ab, nachdem dem Militärregime einige entscheidende Schläge gelungen waren. So etwa die Festnahme von 739 Studenten und Akademikern auf einem verbotenen Kongreß. Viele politisch Aktive zogen sich zurück, landeten in den Gefängnissen oder wurden abgeschoben. Ein kleiner Rest ging in den Untergrund.

Im "Kommando für die Jagd auf Kommunisten" (CCC) stellte sich der linken Bewegung ein rechter Terrorismus entgegen. Rechtsradikale und Militärs bildeten das Rückgrat dieser Organisation, die Morde und Bombenattentate gegen linke und liberale Einrichtungen verübte. Damit war der staatliche Terrorismus institutionalisiert und durch die Autoritäten offizialisiert. Politisches Aufbegehren war nun eine lebensgefährliche Angelegen-

---

1   DETREZ 1971: 28

heit.

Die ALN erklärte im Zuge dieser Entwicklungen das Kapitel des Massenkampfes für abgeschlossen. Als einzige Antwort blieb der bewaffnete
Kampf.[1] Dieser aber gestaltete sich zunehmend problematisch, da das
Regime Spezialabteilungen zur Bekämpfung der bewaffneten Linken ein-
richtete wie etwa die Operação Bandeirantes (OBAN), die später in die
Sonderabteilung für Informationsbeschaffung (DOI/CODI) integriert wurde. Verfolgung, Verhaftungen, Analyse, Folter, Informationsfluß etc. wurden
systematisiert, in jeder Großstadt wurden entsprechende Zentren eingerich-
tet. Zudem wurden immer häufiger nicht-politische Opfer beklagt, wenn
Marighella und seine Anhänger Überfälle auf Geldtransporte verübten. In
der (angepaßten) Medienlandschaft verfestigte sich die Bezeichnung der
linken Bewegung als "Terrorismus". Die Folge war ein langsames, aber
stetiges Schwinden der sozialen Basis. Zahlreiche Festnahmen von Mitgliedern der ALN und die durch Folter erhaltenen Informationen führten
schließlich zum entscheidenden Schlag: am 4. November 1969 wurde Carlos
Marighella vom Chef der Todesschwadron, Fleury, gestellt und erschossen.
Damit war die Führung der ALN zerschlagen. Der bewaffnete Kampf wurde
nun in erster Linie durch den Ex-Kapitän der Armee, Carlos Lamarca, und
seine Organisation, die "Revolutionäre Volksfront" (VPR), fortgeführt. Lamarca hatte sich mit seiner Gruppe seit 1966 bereits mehrmals als recht
schlagkräftig erwiesen. Er selbst bildete auf dem Land die für den Kampf
gewonnenen Rekruten in den militärischen Grundkenntnissen aus. Sein
Entschluß, in den Untergrund zu gehen, basierte auf seinen Erfahrungen
und seinem Erleben der sozialen Ungerechtigkeiten, nicht etwa auf der
kommunistischen Idee. Mit der Theorie wurde er erst später im Untergrund
durch seine Freundin, eine Universitätsprofessorin, konfrontiert.

Trotz einiger gelungener Aktionen von VPR und ALN, darunter auch die
Entführung des deutschen Botschafters, war der Zerfall der Bewegung nicht
mehr aufzuhalten. Fast das gesamte nähere soziale Umfeld der bewaffneten
Linken wurde festgesetzt, die Gefängnisse waren überfüllt. Durch Infiltration wurden mehrere Aktionen vereitelt und zahlreiche Gefolgsleute Lamar-
cas in bewaffneten Auseinandersetzungen mit der Polizei und den Spezial-
einheiten getötet. Lamarca selbst wurde am 17. September 1971 gestellt und
zusammen mit einem Begleiter erschossen.

Zwei Jahre noch konnte sich die bewaffnete Linke unter immer größer
werdenden Verlusten halten, einzelne Anhänger führten den Kampf fort bis

---

1 GORENDER 1987: 153ff.

1975, bevor sie getötet wurden oder ins Exil gingen. Der Versuch, die Militärdiktatur durch Gewalt zu schwächen, war gescheitert, das Regime durch die strukturellen Maßnahmen zur Kontrolle und Überwachung weitgehend abgesichert. Politischer Gegenwille konnte frühzeitig identifiziert und durch repressive Eingriffe in Grenzen gehalten werden.

IX.2 Beispiel 2: Die Lebenshaltungskosten-Bewegung

Stand hinter der bewaffneten Linken Brasiliens ein umfassendes theoretisches Konzept zur Neugestaltung der Gesellschaft, so gingen die sozialen Bewegungen ab etwa Mitte der siebziger Jahre konkrete Probleme des Alltags an. Zu den breitesten sozialen Bewegungen gehörte ohne Zweifel die Lebenshaltungskosten- Bewegung. "Sie zeichnet sich durch eine erhebliche Kontinuität und Konsistenz aus, sowohl im Zeitablauf (seit 1973) wie in ihrer sozialen Zusammensetzung und Führung; und sie beweist eine außergewöhnliche Mobilisierungsfähigkeit, die ihren Höhepunkt im Jahre 1978 erreicht, als sie bei einer Unterschriftenkampagne 1,28 Millionen Unterschriften sammelt und zwei ihrer Führer zu Abgeordneten wählt".[1]

Hervorgegangen aus den Mütterclubs in der armen Südregion São Paulos, begann sie mit Unterstützung von Teilen der Katholischen Kirche mit einer bewußtseinsbildenden Arbeit, die sich zunächst an den Preissteigerungen für Lebensmittel orientierte. Nach zwei Umfragen im nachbarlichen Umfeld veröffentlichte die Bewegung die Ergebnisse in offenen Briefen an die Behörden und stellte einen Forderungskatalog auf:
- "Einfrieren der Preise von Grundnahrungsmitteln
- Lohnanpassungen entsprechend der realen Teuerung
- ein einmaliger Lohnausgleich von 25 Prozent für den bisher erlittenen Reallohn-Verlust
- städtische Versorgungszentren und Unterstützung für private Konsum-Genossenschaften
- sowie Kindergärten für arbeitende Frauen".[2]

In einer "Versammlung des Volkes: Lebenshaltungskosten gegen Mindestlohn" am 20. Juni 1976 wird dieser Forderungskatalog von 4000 Personen verabschiedet - seit 1968 die größte Versammlung in Brasilien.

Obwohl die Bewegung keine eindeutige oppositionelle Stellung gegen die Militärregierung einnimmt, wird sie zu einer politischen Kraft, der sich die Arbeiterbewegung, Studenten, Vertreter der Kirche und die Amnestiebewe-

---

1 EVERS 1980: 186
2 Ebd.: 187

gung anschließen. Denn was die Bewegung vordergründig mit ökonomischen Begriffen benennt, ist in letzter Instanz ein politischer Wille. Als solcher darf er jedoch nicht formuliert werden, da in einem solchen Fall die politische Kampfform erkennbar wäre, und dies würde in das Verbot der Bewegung durch die Militärs münden. Nichtsdestoweniger begreift die Mehrheit der Mitglieder ihre Forderungen als eine Ausdrucksform von Protest, ohne aber die Erwartung zu haben, der Staat könne ihnen mit tatsächlichen Maßnahmen entgegenkommen. Durch den Einfluß von Gewerkschaften und Oppositionspolitikern erfährt sie eine wachsende Radikalisierung und "bereitet das Klima für die Restrukturierung der politischen Parteien der Linken mit vor.[1] In der Folge resultiert dies jedoch in eine steigende Dominanz der Bewegung durch eben diese Parteien.

Nachdem am 27./28. Januar 1979 ein "Erstes Nationales Treffen" der verschiedenen Gruppen der Lebenshaltungskosten-Bewegung stattfindet, wird die Forderung nach einer Agrarreform aufgenommen. Sie unterstützt nun aktiv die Streiks der Arbeiterbewegung und nimmt eine eindeutige oppositionelle politische Position ein. Ein generelles Problem ist jedoch die mangelnde Koordination der verschiedenen Themen und Arbeitsweisen, eine gemeinsame Richtung der zukünftigen Arbeit findet die Bewegung nicht.

Danach bröckelte die Lebenshaltungskosten-Bewegung ab. Gründe dafür mögen im beginnenden Prozeß der Demokratisierung der politischen Landschaft Brasiliens zu suchen sein, die den Betroffenen alternative Artikulationsmöglichkeiten bot. Zum anderen zeigten auch die anhaltenden repressiven Maßnahmen der Militärs ihre Wirkung, und schließlich warf die wachsende Verelendung der Bevölkerung die Betroffenen auf die Notwendigkeit zurück, sich auf irgendeine Weise ernähren zu müssen, und führte sie so weg vom politischen Aufbegehren.[2] Dieser letzte Aspekt wird u.a. dadurch unterstützt, daß die minimalen Finanzen, mit denen die Lebenshaltungskosten-Bewegung arbeitete, zum größten Teil durch Sammlungen unter den Mitgliedern aufgebracht wurden, d.h. die Voraussetzung für das Funktionieren der Arbeit waren ausreichende Ressourcen der Betroffenen, die fast ohne Ausnahme zu dem Teil der Bevölkerung gehörten, deren physische Reproduktion ohnehin nicht garantiert war.[3] Mit der voranschreitenden Verelendung gingen auch diese letzten Ressourcen verloren.

---

1 Ebd.: 188
2 S. dazu vor allem Kapitel IX.5
3 Vgl. dazu u.a. EVERS/MÜLLER-PLANTENBERG/SPESSART 1985 und SPESSART 1980

Insgesamt kann man die Lebenshaltungskosten-Bewegung als eine - aufgrund des Mangels anderer demokratischer Alternativen - ersatzweise Artikulationsmöglichkeit für die Arbeiterbewegung und die teils verbotenen politischen Oppositionsparteien betrachten. Dies wird insbesondere in den oft ausgesprochenen Solidaritätsbekundungen deutlich, die bis zur Identität gehen: "ein einziger Kampf".[1] Als mit der politischen Öffnung im Jahre 1978 die Arbeiterbewegung auf diese "Ersatzorganisation" nicht mehr angewiesen war, verlor die Lebenshaltungskosten-Bewegung einen Teil ihrer Existenzberechtigung. Die Mitglieder zogen sich mehr und mehr in ihre Stadtteile zurück, um Basisarbeit zu leisten, oder gaben die Arbeit ganz auf. Als Stadtteilbewegung jedoch erzielten sie zum Teil beachtliche Erfolge, insbesondere im Hinblick auf die Einklage von Rechten der Elendsbevölkerung. Damit soll aber nicht gesagt sein, daß die Lebenshaltungskosten-Bewegung sich in die Stadtteilbewegungen auflöste. Sie orientierte sich vielmehr auf dieses altbewährte Mittel der Interessenwahrnehmung zurück. Eine gewisse Berühmtheit erlangte das Stadtviertel Brasília Teimosa in Recife, in dem ich einen Teil meiner Untersuchung durchgeführt habe.

IX.3 Beispiel 3: Die Stadtteilbewegung von Brasília Teimosa

Die Politik des brasilianischen Staates - und hier insbesondere der Militärregierung - war und ist in ihrer Substanz am Produzenten orientiert und nicht am Konsumenten.[2] Folgt man den Gedanken von SOBREIRA DE MOURA, so verhält sich ein Regime umso produzentenorientierter, je repressiver seine Politik ist. Die Folge davon ist u.a. die zum Teil gewaltsame Auflösung bzw. Verhinderung von wilden Ansiedlungen, i.e. Elendsvierteln. Umgekehrt ist die Möglichkeit, das Wohnrecht zu erwerben und Kredite und städtische Dienstleistungen in Anspruch nehmen zu können, umso größer, je konsumentenorientierter die Politik ist. Es ist unschwer zu erkennen, wie sich das Vorgehen der Militärdiktatoren gestaltete. Als Antwort blieb den Betroffenen nur die Selbstorganisation, um sich gegen die Zerstörung ihres Wohnraumes zur Wehr zu setzen.

Zwischen 1920 und 1964 existierte eine Wohnungsbaupolitik, die mal das Ziel hatte, die Stadt zu säubern, mal ein ernsthaftes Vorgehen zur Lösung des Wohnungsproblems vor allem der unteren Einkommensschichten darstellte. Faktisch wurden in diesem Zeitraum durch Regierungsprogramme, Selbsthilfeaktionen und Sozialdienste umfangreiche Bemühungen unter-

---

1 EVERS 1980: 197
2 SOBREIRA DE MOURA 1986: 8

nommen, der Favelas Herr zu werden und auf der Grundlage meist langfristiger Darlehen Wohnraum zur Verfügung zu stellen.[1] Groß e Bedeutung erlangte hierbei der "Sozialdienst gegen Mocambos" (SSCM), der 1962 mit Hilfe der Interamerikanischen Entwicklungsbank u.a. die Konstruktion von 3000 Häusern in Recife vorantrieb, da der Nordosten Brasiliens als ein Zentrum sozialer Spannungen galt.[2] Nach dem Militärputsch jedoch wurde diese Organisation angeklagt, ihre Gelder unter der linken Landesregierung von Miguel Arraes dazu mißbraucht zu haben, die linksorientierte Zeitung "Ultima Hora" unterstützt sowie Bauern, Bewohnerräte und andere Einrichtungen mit "kommunistischen Tendenzen"[3] aufgewiegelt zu haben.

Ab 1964 übernahm die BNH (= Nationale Bank für Wohnungsbau) die Aufgabe der Wohnraumkonstruktion im allgemeinen Interesse. Zielgruppen sollten in erster Linie die unteren Einkommensschichten sein. Das Programm stellte sich jedoch schnell als ein Beispiel von Misallokation heraus, da in der Realität vor allem Angehörige der Mittelklassen gefördert wurden. Anstatt eine soziale Stadtpolitik zu betreiben, wandelte sich die BNH in eine Bank zur Stimulierung privaten Kapitals. Erst ab 1979, mit dem Beginn der Demokratisierung des Landes, setzte ein verstärktes Engagement für die armen Teile der Bevölkerung ein, das auch die Sanierung von Elendsgebieten einschloß.[4]

Im Zuge der politischen Öffnung Brasiliens stimulierte die Regierung die Beteiligung der Bevölkerung an ihren Wohnungsbauprogrammen. Zwischen 1979 und 1982 entstanden in Recife nahezu die Hälfte der bestehenden Bewohnervereinigungen, welche allerdings auch - durch entsprechende personelle Ausstattung - für die Ziele der Regierung oder die der Kirche (die damals der PT sehr nahestand) genutzt wurden. Insofern waren diese Vereinigungen eher Werkzeug des Regimes denn Kanäle der politischen Partizipation.[5]

Im Gegensatz dazu stehen kämpferische und selbstbewußte Bemühungen von Favelabewohnern, ihre Wohnrechte zu sichern, wie das Beispiel Brasília Teimosa zeigt. Das Viertel befindet sich nahe der Touristenstrände von Boa Viagem auf einem ca. 50 Hektar großen Terrain, das im Jahre 1934 vom Bundesstaat Pernambuco erworben wurde, um dort Öltanks zu errichten.

1   Vgl. ebd.: 9ff.
2   PROGRAMA DE HABITAÇÃO POPULAR 1962: 39
3   DIÁRIO DE PERNAMBUCO vom 22.7.1965
4   Hinter diesem Engagement stand vor allem das Wohnungsbauprogramm PROMORAR.
5   Zum Mißbrauch von solchen Vereinigungen s.u.a. die Analyse von NELSON 1979.

1953 pachtete die Vereinigung der Fischerbetriebe von Pernambuco (FFCP) das Gelände, nachdem die Bebauung ausgeblieben war. Im gleichen Jahr gingen 0,6 Hektar des Grundstücks an den Yacht-Club von Recife über. Wenig später scheiterte der Versuch des Clubdirektors Roberto Maçães, die Fischervereinigung von dem Terrain durch richterlichen Beschluß zu vertreiben, da sich dort zunehmend Familien aus den sozialen Unterschichten ansiedelten. Obwohl diese Besiedlung schon etwa 1938 begonnen hatte, kann erst die Periode 1957/58 als der Gründungszeitraum von Brasília Teimosa angesehen werden, als eine massive Besetzung des Grundstücks einsetzte. Allein in den Karnevalstagen 1958 sollen 3000 Baracken errichtet worden sein.[1] Damit war der Konflikt vorprogrammiert.

Weitere Versuche, die Bewohner von Brasília Teimosa auf rechtlichem Wege zu vertreiben, schlugen fehl, doch nahmen die gewaltsamen Maßnahmen der Polizei zu. Brasília Teimosa begann damit, sich zu organisieren, die Bewohner klagten ihre Wohnrechte ein - zunächst ohne Erfolg. 1964 erhielten sie schließlich die Zusage, daß die städtische Infrastruktur auf dem Gelände verbessert werden würde.

Der Militärputsch legte der Handlungsfreiheit der Bewohnerorganisationen zwar Schranken auf, doch setzten die Bewohner von Brasília Teimosa ihre Proteste und Forderungen fort. Als man das Gelände 1977 im Zuge der Herrichtung der Stadt für den anwachsenden Tourismus nutzen wollte, blieben die Bewohner standhaft gegen die Urbanisierungsbehörde URB. Ein Jahr später arrangierten sich die Gegner, die geplanten Maßnahmen sollten nun der Infrastruktur des Armenviertels zugute kommen. Dabei ging es für viele der Bewohner nicht mehr um den materiellen Wert ihres Grundstücks. Vielmehr war das Gelände von Brasília Teimosa zu einem Symbol geworden, dessen Wert nicht in Geld auszudrücken war, sondern in der Anzahl der Jahre des gemeinsamen Kampfes, wie es einer der Bewohner ausdrückte: "Kein Techniker kann den Wert meines Grundstücks schätzen. Es ist 26 Jahre Kampf wert ...".[2]

Brasília Teimosa wurde für die staatlichen Urbanisierungsmaßnahmen zu einem Vorzugsobjekt. Gemäß dem Grundsatz, daß soziale Konflikte in dieser Hinsicht der vorrangige Parameter für eine Nutznießung solcher Programme sind, wurden in Recife zwei Armenviertel - Brasília Teimosa und Alto da Favela - in Anbetracht ihres hohen Organisationsgrades und damit

1   JORNAL DO COMéRCIO vom 11.4.1958
2   SOBREIRA DE MOURA 1986: 52

ihrer erhöhten Konfliktfähigkeit als Sanierungsobjekte von PROMORAR bestimmt. Hier ging es nicht mehr um eine Verbesserung einer fatalen Lebenssituation, sondern um die Entschärfung eines Konflikts, der Schule machen könnte.[1]

1979 traten die Verhandlungen in das Stadium des Legalisierungsprozesses, nachdem bereits viele der Forderungen der Bewohner nach Verbesserungen der Infrastruktur erfüllt worden waren. Das Erscheinungsbild hatte sich vom Elendsviertel zu einem "normalen" Stadtviertel gewandelt, mochte es auch weiterhin überwiegend von den unteren Einkommensschichten bewohnt sein.

Vorangetrieben wurde die Legalisierung des Grundbesitzes durch das "Projeto Teimosinho": das Gelände wurde vermessen und eine Erhebung dokumentierte die Nutzung durch die Bewohner. Auf dieser Grundlage wurden die Besitztitel schließlich vergeben, ein Prozeß, der sich bis 1985 hinzog, wobei die Vergabe vor anstehenden Wahlen schubweise stattfand. Heute leben in Brasília Teimosa in 4000 Häusern etwa 20.000 Personen.

IX.4 Beispiel 4: Die Quebra-Quebras

Mit dem Begriff "Quebra-Quebra" werden in Brasilien die von Zeit zu Zeit stattfindenden blindwütigen Zerstörungen von Bussen, Schaufenstern etc. durch aufgebrachte Bürger umschrieben. Anlaß solcher kollektiver Gewaltausbrüche sind stets die Fahrpreis- oder Lebensmittelpreiserhöhungen, die sich im Tempo der Inflation vollziehen, und das hat in den letzten Jahren mächtig beschleunigt.

Der erste ernsthafte Fall eines Quebra-Quebras wurde am 1. August 1947 in São Paulo registriert, nachdem am Vortag die Fahrpreise für öffentliche Verkehrsmittel um 50 Centavos heraufgesetzt worden waren. Die Buszerstörungen begannen, als die ersten Arbeiter der Stadt die Betriebe verließen, um in die Mittagspause zu gehen. Obwohl es keine Indizien für ein organisiertes oder abgesprochenes Vorgehen gab, wurden mehrere Bus- und Straßenbahnlinien in verschiedenen Straßen zu Zielen der wütenden Angriffe. Innerhalb von vier Stunden waren hunderte von Bussen und Bahnen zerstört, ein Ereignis, das von unbeteiligten Passanten in der Mehrheit begrüßt und bejubelt wurde.[2] Zudem fand es so spontan und überraschend statt, daß es

---

1 Ebd.: 59
2 Vgl. dazu die Zeitungen O ESTADO DE SÃO PAULO und CORREIO PAULISTANO vom 31.7./1.8./2.8./3.8. 1947.

von den Sicherheitskräften nicht mehr kontrolliert werden konnte. Selbst die als agitatorisch geltende, jedoch noch legale Kommunistische Partei zeigte sich perplex, und ihr Bundesabgeordneter Carlos Marighella betonte, daß dies nicht die Methoden seiner Partei seien, um politischen Ärger zu artikulieren.[1]

Quebra-Quebras etablierten sich danach als eine kollektive Ausdrucksform von spontanem Protest einer latent unzufriedenen Bevölkerungsmehrheit. Fast jede Fahrpreiserhöhung wurde mit Gewalt beantwortet, die Palette der Zerstörungen reichte von wenigen Busbeschädigungen bis zu Ausmaßen, die den öffentlichen Transport nachhaltig einschränkten. So etwa 1959 in Niteroi oder in den Jahren 1974 bis 1976 in Rio de Janeiro und São Paulo, als eine ganze Welle von Quebra-Quebras über die beiden Metropolen schwappte.[2]

Auch während meines Aufenthaltes in Brasilien fanden in verschiedenen Städten Quebra-Quebras statt, wobei die in Rio de Janeiro besondere Aufmerksamkeit in den Medien hervorriefen. Ausgelöst wurden die Unruhen - so rekonstruierten später die Sicherheitskräfte - durch den lautstarken Protest einer Frau, die den erhöhten Fahrpreis nicht zahlen wollte. Spontan solidarisierten sich die übrigen Fahrgäste mit ihr, die zwar ebenfalls mit den erhöhten Kosten nicht einverstanden waren, ihren Ärger aber noch zurückgehalten hatten. Der Protest der zugestiegenen Frau wirkte wie ein Ventil für die angestaute Unzufriedenheit. Binnen weniger Minuten schaukelte sich der kollektive Protest hoch, aus der Unzufriedenheit wurde Wut, und als die ersten Fensterscheiben brachen, war auch die letzte Hemmschwelle gefallen.

Die Demolierung dieses ersten Busses griff schnell auf andere über, ein Anzeichen dafür, daß sich hier ein ungeheures Protest- und Zerstörungspotential angestaut hatte, welches nicht nur der Erhöhung der Fahrpreise geschuldet war, sondern seine Ursachen in einer umfassend fatalen Lebenssituation findet. Mit Steinen und Stöcken wurden die Busse bearbeitet, wenig später legte man Feuer. Nach wenigen Stunden glichen einige der großen Avenidas Rio de Janeiros einem Schlachtfeld. Die Presse berichtete von bürgerkriegsähnlichen Zuständen.

In der Regel beschränken sich solche kollektiven Gewaltausbrüche auf einige Stunden, bis die Betroffenen ihrer Wut Luft gemacht haben. Warum

---

1 MOISÉS 1985: 57
2 Zu den Ereignissen in Niteroi, Rio de Janeiro und São Paulo vgl. NUNES 1975 sowie ALLIER/MOISÉS 1977, darüber hinaus auch NUNES 1985.

gerade die öffentlichen Transportmittel ein Hauptziel der Angriffe sind, läßt sich rasch klären. Neben der täglichen Versorgung mit Lebensmitteln ist der Transport eines der vordringlichen Alltagsprobleme. In diesem Zusammenhang sei darauf hingewiesen, daß öffentliche Verkehrsmittel überwiegend von Einkommensschichten genutzt werden, für die ein Privatwagen kaum erschwinglich ist, d.h. sie rangieren unterhalb der Mittelschichten. Insofern sind die Betroffenen auf den öffentlichen Transport angewiesen, um zum Arbeitsplatz zu gelangen oder andere Dinge zu erledigen, die mit längeren Wegen verbunden sind. Sie sind in diesem Sinne abhängig von Bussen und Bahnen, um ihren Alltag zu bewältigen. Eine Fahrpreiserhöhung dominiert ihren Alltag in einer Weise, die ihnen Einschränkungen in anderen Lebensbereichen aufbürdet, ein Prozeß, der wachsende Unzufriedenheit geriert und bei entsprechendem Anlaß zu den genannten Quebra-Quebras führt.[1]

Obwohl Quebra-Quebras zunächst nicht als politischer Protest oder politische Konfliktform begriffen werden können, weisen sie doch auf einen politischen Hintergrund: sie offenbaren in recht direkter Weise die Unzulänglichkeiten und das Mißmanagement des Staates, der nicht in der Lage ist, die Grundbedürfnisse der Bevölkerungsmehrheit zu befriedigen. Das spontane Entstehen der Aktionen jedoch, ihre Nicht-Organisation und geringe Dauer sowie das Fehlen von programmatisch formulierten Forderungen lassen sie eher im Lichte emotionaler Kurzschlußreaktionen erscheinen, die im unmittelbaren lokalen Umfeld ein ähnliches Echo erreichen wie z.B. Akte von Lynchjustiz. Sie deshalb aber in das Reich irrationaler Überreaktionen ohne nachvollziehbaren Hintergrund zu verweisen, wäre verfehlt. Denn in letzter Instanz ist der spontane Gewaltausbruch, wie er sich in den Quebra-Quebras manifestiert, eine Suche nach politischen Ausdrucksformen, nach Organisation und Artikulation, zu denen die Betroffenen - sei es durch Informationsmangel oder bürokratische Schranken - in der Regel keinen Zugang haben. Der unpolitische Protest ist in diesem Sinne als ein Versuch zu sehen, die Nicht-Partizipation an Entscheidungsprozessen zu durchbrechen und gegen eine an den Grundbedürfnissen vorbeiwirtschaftende Politik anzugehen. Er ist eine Kompensation für das Fehlen einer adäquaten und repräsentativen Vertretung der Betroffenen im politischen Prozeß.[2]

---

1 Im Zusammenhang mit der Erhöhung der Lebensmittelpreise sind von Zeit zu Zeit ähnliche Vorgänge zu beobachten, doch treten im Vergleich zu den Quebra-Quebras die Plünderungen von Lebensmittelgeschäften weniger häufig auf.
2 Vgl. dazu auch MOISÉS 1985: 62ff.

Im Gegensatz zu den spontanen Quebra-Quebras, von denen bisher die Rede war, sind jedoch auch organisierte Formen solcher kollektiven Gewaltaktionen zu verzeichnen. So etwa die Quebra-Quebras der Beschäftigten des Baugewerbes während des Jahres 1979. Tausende von Bauarbeitern in zahlreichen Großstädten Brasiliens beteiligten sich an diesen Aktionen, denen von der Gewerkschaft organisierte Streiks vorangegangen waren.[1] Schon 1977/78 hatten sich unter ähnlichen Umständen in Rio de Janeiro innerhalb von sechs Monaten elf Quebra-Quebras ereignet.[2]

In diesen Fällen jedoch kann man ein eindeutiges politisches Verhalten konstatieren. Organisation, Streiks, ein Katalog von Forderungen mit definierten Zielen: dies alles trägt die Handschrift einer gewerkschaftlichen Strategie. Die Eskalation in gewalttätige Aktionen allerdings war nicht geplant. Hier verloren die Gewerkschaften ohne Zweifel die Kontrolle über die aufgebrachten Arbeiter, deren Unzufriedenheit und Konfliktbereitschaft allgemein unterschätzt worden war, da die Beschäftigten des Baugewerbes als tendenziell friedlich galten.[3]

Die aufgezeigten Beispiele - die bewaffnete Linke, die Lebenshaltungskosten-Bewegung, die Stadtteilbewegungen und die Quebra-Quebras - sollen genügen, um zu verdeutlichen, welches Konfliktpotential die Bevölkerung Brasiliens in sich birgt. In welcher Stärke sie heute präsent sind, möchte ich dabei nicht als Indikator dafür werten, sie als relevant oder weniger relevant in der gesamten Landschaft der Konflikte und Konfliktpotentiale zu bezeichnen. Die bewaffnete Linke ist zerschlagen. Ist sie deshalb tot? Über die Stadtteilbewegungen findet sich kaum noch eine Meldung in den Medien. Sind sie deshalb nicht mehr aktiv?

Was die Beispiele deutlich machen ist, daß es die Bereitschaft zu Konflikten gibt, zu gewaltsamen und gewaltlosen, sie existieren unterdrückt oder werden offen ausgetragen. Es ist schwierig, ein differenziertes Bild des Konfliktpotentials der armen Bevölkerungsschichten zu zeichnen. Trotzdem habe ich einen Anlauf unternommen, in den Untersuchungsgebieten die Bereitschaft der Betroffenen zur Austragung von Konflikten zu analysieren. Die Ergebnisse habe ich im folgenden Kapitel zusammengefaßt.

1   S. dazu PRADO VALLADARES 1985
2   BICALHO DE SOUZA 1978
3   FAUSTO 1985

IX.5 Elendsviertel: Konfliktherd oder Wut auf Eis gelegt?

Von vorrangiger Bedeutung waren für mich die politischen Konfliktpotentiale in den Favelas. Damit möchte ich nicht vom Phänomen der Elendskriminalität ablenken, jedoch sollte bis hierher deutlich geworden sein, daß es die politischen Konflikte sind, die unter dem Deckmantel der Kriminalitätsbekämpfung unterdrückt werden sollen. Insofern sind sie der eigentliche Gegenstand einer Untersuchung über das Thema "Gewalt in Brasilien". Zudem ist die Elendskriminalität auch als eine Form sozialen Protestes zu interpretieren und als Politikum zu verstehen. Das "Sozialbanditentum" ist ein Phänomen, welches eine Affinität mit der Revolution zeigt, wenn es nicht gar ihr erstes Vorzeichen ist.[1]

Ausgangspunkt der Fragestellung "politisches Konfliktpotential in Favelas" war die Alltagssituation der Betroffenen, d.h. ihre Lebessituation in Armut und Elend. In diesem Zusammenhang wurde zunächst danach gefragt, wen sie als Verantwortlichen für ihre Lage nennen können.

Tabelle 34 : Identifizierung eines Verantwortlichen für die fatale
Lebenssituation in den Favelas

Benannter Verantwortlicher	% der Befragten
Regierung	48,72
Präsident	32,05
wir selbst	5,13
Gouverneur	3,85
Bürgermeister	2,56
der Kapitalismus	2,56
weiß nicht	5,13
_	100,00

Quelle: Eigene Untersuchung 1987/88

Wie aus der Tabelle ersichtlich wird, werden die Regierung Brasiliens und ihr Präsident am häufigsten genannt, wenn es darum geht, einen Verantwortlichen für Armut und Elend zu identifizieren (48,72 bzw. 32,05 Prozent). Addiert man die Nennungen "Gouverneur" und "Bürgermeister" hinzu (3,85 bzw. 2,56 Prozent), so werden die Verantwortlichen zu 87,18 Prozent im Bereich der Politik gesucht. 2,56 Prozent der Befragten machen das kapitalistische System für die Lage verantwortlich, während 5,13 Prozent die "Schuld" bei sich selbst suchen. Insgesamt bedeutet dies, daß in den unter-

---

1 Vgl. dazu HOBSBAWN 1969, aber auch FROTA NETO 1985.

suchten Elendsgebieten eine oppositionelle Stimmung herrscht und eine starke Unzufriedenheit mit der politischen Führung des Landes festzustellen ist.

Die anschließende Frage befaßte sich mit den Möglichkeiten einer Veränderung der gegenwärtigen Situation. Entgegen der Erwartung, daß die Betroffenen vielleicht lediglich einen neuen Präsidenten oder eine andere Regierung fordern könnten, ergab sich aus den Antworten ein etwas differenzierteres Bild.

Tabelle 35 : Wie kann sich etwas an der fatalen Situation ändern?

genannte Maßnahme	% der Befragten
durch mehr Arbeit/ höhere Löhne	24,36
durch Organisation	23,08
durch andere Regierung	12,82
hängt von den Politikern ab	8,97
hängt von Gott ab	5,13
durch die Kommunisten	1,28
durch Systemveränderung	1,28
es kann nichts verändert werden	1,28
weiß nicht	16,67
keine Antwort	5,13
	100,00

Quelle: Eigene Untersuchung 1987/88

Die häufigste Nennung weist auf eine gewerkschaftliche Position der Befragten hin. 24,36 Prozent sehen die Möglichkeit einer Veränderung der fatalen Lage nur durch die Schaffung von Arbeitsplätzen bzw. durch eine deutliche Anhebung der Löhne. Dicht gefolgt wird diese Gruppe von jenen, die in der Organisation der Betroffenen einen Ausweg sehen (23,08 Prozent). Sie sehen in der kollektiven Handlungsweise eine Chance, ihre Interessen einzuklagen. Beide Gruppen jedoch können in einer Kategorie zusammengefaßt werden, für die der Oberbegriff "Organisation" stehen mag, da dieser auch eine historische Implikation der gewerkschaftlichen Position darstellt.

2,56 Prozent nehmen eine radikale Position ein. Sie sehen nur im Kommunismus bzw. in einer Veränderung des kapitalistischen Gesellschaftssystems eine Lösung. Dagegen verweisen insgesamt 26,92 Prozent der Befragten (andere Regierung, es hängt von den Politikern bzw. von Gott ab) die Möglichkeit zur Veränderung in einen Bereich, den sie als außerhalb ihrer Einflußsphäre liegend betrachten.

Wichtig in diesem Zusammenhang sind auch die Erwartungen der Betroffenen an die Zukunft. Welche Perspektiven sehen sie für ihre Zukunft? Erwarten sie eine Verbesserung oder eher eine Verschlechterung ihrer Situation? Hier die Antworten:

Tabelle 36 : Zukunftserwartungen

Erwartungshaltung	% der Befragten
wird schlechter	55,13
wird besser	12,82
weiß nicht	21,79
keine Antwort	10,25
	100,00

Quelle: Eigene Untersuchung 1987/88

Die deutliche Mehrheit der Befragten erwartete demnach eine Verschlechterung ihrer Situation. Daneben treten 21,79 Prozent hinzu, deren Zukunftsperspektiven von einer starken Unsicherheit geprägt sind; sie trauen sich keine Einschätzung zu. In vielen Fällen setzten sie zu ihrem "Ich weiß nicht" hinzu, daß man die Hoffnung nicht verlieren sollte. Nur 12,82 Prozent erwarten eine Verbesserung der Situation. Darunter waren solche, die vor kurzer Zeit eine neue Arbeit gefunden hatten und durch diesen Umstand eine subjektive Verbesserung ihrer Lage erfahren, als auch zwei streng gläubige Personen, die "mit Hilfe Gottes" eine positive Veränderung erwarteten.

Betrachtet man nun die Antworten aus den letzten drei Tabellen, so läßt sich aus ihnen ein beträchtliches Konfliktpotential herauslesen. Die Betroffenen definieren ihre Situation als fatal und erwarten eine zunehmende Verelendung. Als Verantwortlichen für diese Lage identifizieren sie den Bereich der Politik (die Regierung bzw. - in personifizierter Form -ihre Repräsentanten). Als Lösungsvorschlag nennt die Mehrheit unter ihnen die organisierte Vorgehensweise, um die Verantwortlichen zum Handeln zu bewegen. Der Konflikt scheint vor der Tür zu stehen.

153

Aber da gibt es niemanden, der auf die Straße geht, um seine Interessen einzuklagen. Da gibt es keine Demonstrationen der verelendeten Massen, kein Aufbegehren und erst recht keine Revolution. Schon die Organisation der Betroffenen - der proklamierte Schritt zur Veränderung - bleibt aus. Zum Teil mag dies daran liegen, daß nur die wenigsten Bewohner der Elendsviertel in Arbeitsverhältnissen beschäftigt sind, die eine gewerkschaftliche Organisation erlauben. Doch gibt es durchaus alternative Organisationsformen, wie das Beispiel "Brasília Teimosa" gezeigt hat. Warum aber kocht es auf dem Konfliktherd "Favela" nicht über?

Diese Frage beschäftigt Teile der Sozialwissenschaft, seit ihre Erwartung enttäuscht wurde, daß die fortschreitende Verelendung der Massen in den Ländern der Dritten Welt zwangsläufig zur Revolution bzw. zu radikalen sozialen Umbrüchen führen müsse. Diese "Verelendungstheorie" hat sich nicht erfüllt.[1] Ich möchte nun eine Antwort vorschlagen, die darauf hinausläuft, daß es gerade die Verelendung ist, die zu einem guten Teil den "Aufstand der Massen" verhindert. Damit soll die Verelendungstheorie nicht als hinfällig dargestellt werden. Lediglich ihre Schlußfolgerung muß angesichts der historischen Tatsachen korrigiert werden. Denn entgegen ihrer Annahme, daß die Verelendung der Massen zum Aufstand der Armen, ja zur Revolution führe, scheinen Konflikte und Konfliktbereitschaft zurückgegangen zu sein. Das Anwachsen der sozialen Konflikte war nur bis zu einem bestimmten Zeitpunkt zu beobachten, um dann plötzlich wieder abzuflachen. Bis zu diesem Zeitpunkt hatte die Theorie also durchaus ihre Berechtigung. Mit dem Abflachen und dem Sturz der Konfliktkurve aber kippte auch die Theorie, die wachsende Verelendung führte nicht zur Eskalation der Konflikte, sondern war begleitet von einer stetigen Abnahme, wie es das folgende Schaubild vedeutlichen mag.

Dieses Schaubild beinhaltet auch meine These, daß wachsende Verelendung zwar bis zu einem bestimmten Zeitpunkt, der identisch ist mit einem bestimmten Reproduktionsniveau der Betroffenen, zur Erhöhung von Konflikten und Konfliktpotentialen führt, jedoch dann, wenn dieser Zeitpunkt überschritten bzw. ein bestimmtes Reproduktionsniveau unterschritten wird, eine rückläufige Tendenz von Konflikten zu beobachten ist.

---

1   Zur Verelendungstheorie vgl. u.a. DAVIES 1962 und COLEMAN 1978.

Schaubild 9: Das Verhältnis von Verelendung und Konflikten

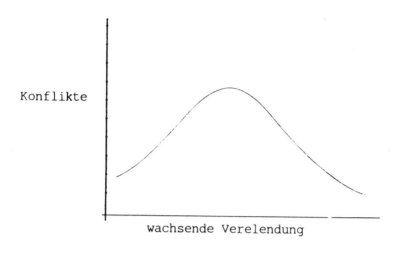

Konflikte

wachsende Verelendung

Zur Unterstützung dieser These möchte ich die Ergebnisse meiner Untersuchung heranziehen. Mit ihrer Hilfe möchte ich deutlich machen, welche ausschlaggebende Rolle das Reproduktionsniveau im Zusammenhang mit der Konfliktbereitschaft und der Austragung von Konflikten spielt.
Zur Identifizierung des Reproduktionsniveaus soll mir hier die Höhe des monetären Einkommens der Betroffenen dienen, da andere Formen von Einkommen (nicht-monetäres, Subsistenzproduktion etc.) in den Favelas keine oder kaum eine Bedeutung erlangen, wie ich in Kapitel VI dargelegt habe. Anhand eines Vergleichs der Untersuchungsgebiete, die sich u.a. - wie beschrieben - durch unterschiedlich starke politische Aktivitäten unterscheiden, möchte ich die o.g. These belegen.
Das Untersuchungsgebiet, dessen Bewohner den höchsten Grad an Aktivitäten bzw. die größte Konfliktbereitschaft aufweisen, ist zweifellos Brasília Teimosa. Das durchschnittliche monetäre Einkommen liegt hier bei 1037,25 DM pro Familie bzw. 184,40 DM pro Person. Das entspricht einem Verdienst von etwa zwei Mindestlöhnen pro Person und Monat.
Die Favela Cabo Gato kann ebenfalls als ein Gebiet bezeichnet werden, in dem die Bewohner politischen Aktivitäten nachgehen. Zwar sind diese kaum mit jenen aus Brasília Teimosa zu vergleichen, doch kann die Interessenvertretung der Betroffenen, der Bewohnerrat, als eine stabile Einrichtung

155

betrachtet werden. Dieser vertritt zwar eine den städtischen administrativen Organen gegenüber angepaßte Position und Vorgehensweise, doch sind über die Jahre hinweg auch kleine Erfolge zu verzeichnen (so etwa die Einrichtung einer Vorschule in eigener Verwaltung). In Cabo Gato liegt das durchschnittliche Einkommen bei 175,08 DM pro Familie bzw. 35,39 DM pro Person und Monat. Ein bereits deutlicher Unterschied zu Brasília Teimosa.

In den übrigen Untersuchungsgebieten sind keine politischen Aktivitäten zu verzeichnen, sieht man von einzelnen Personen einmal ab. Formal sind zwar Bewohnerräte vorhanden, eine wirkliche Interessenvertretung findet jedoch nicht statt. An die Stelle der Konfliktbereitschaft tritt in diesen Fällen das Abwarten von Initiativen seitens der Stadtverwaltung. Das Einkommen liegt in diesen Gebieten im Schnitt bei 154,80 DM pro Familie bzw. 29,47 DM pro Person und Monat.

Betrachtet man nun diese Ergebnisse im Zusammenhang, so läßt sich parallel zur Abnahme des monetären Einkommens auch eine Abnahme der politischen Aktivitäten bzw. der Konfliktbereitschaft der Betroffenen herauslesen, die sich in der folgenden Graphik niederschlagen.

Schaubild 10: Zusammenhang von monetärem Einkommen und Konfliktbereitschaft

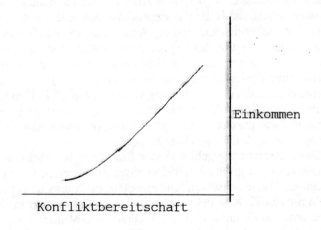

Zur vereinfachenden Darstellung habe ich die X-Achse in den negativen Bereich gelegt. Verknüpft man nun die vorangegangenen Beobachtungen -

daß fortschreitende Verelendung die Konfliktbereitschaft der Betroffenen erhöht - mit den Ergebnissen meiner Untersuchung, so bestätigt sich die oben formulierte These, wie sie in Schaubild 9 dargestellt ist. Dabei kann ich jedoch keine exakte Zahl benennen, die den Punkt identifiziert, an dem die Konfliktbereitschaft oder die Austragung von Konflikten abzunehmen beginnt. Andererseits kann ich feststellen, daß sie bei einem monetären Einkommen von 29,47 DM pro Person und Monat kaum vorhanden, bei 35,39 DM pro Person und Monat jedoch schon ein wenig mehr existent ist. Betrachtet man den Wert von Braslia Teimosa (184,40 DM pro Person und Monat) im Zusammenhang mit der Konfliktbereitschaft, so könnte man ihn auf der Kurve im folgenden Schaubild etwa bei Punkt A eintragen. Denkbar wäre jedoch auch der Punkt B, da unsicher ist, wie weit die Konfliktbereitschaft im Ernstfall noch gehen kann.

Die Werte von Cabo Gato und den übrigen Untersuchungsgebieten lägen jedoch in jedem Fall noch unter den Punkten A und B, und zwar auf der absteigenden Seite der Kurve, da sowohl durchschnittliches Einkommen als auch die Konfliktbereitschaft hier geringer sind als in Brasília Teimosa. Denkbar wäre eine Eintragung auf den Punkten C (für Cabo Gato) und D (für die übrigen Favelas).

Schaubild 11: Das Verhältnis von Verelendung und Konfliktbereitschaft

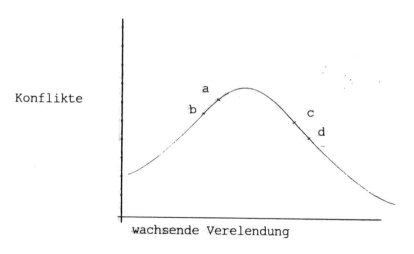

157

Der Grund für diese Gegenentwicklung zur Verelendungstheorie liegt in den konkreten Bedürfnissen der Betroffen. "Vom Protest wird man nicht satt" formulierte es einer meiner Gesprächspartner in den Favelas und faßte damit das vorliegende Kapitel mit wenigen Worten zusammen. Das vordringlichste Grundbedürfnis des Menschen ist das nach Nahrung. Die Erfüllung der Grundbedürfnisse steht vor allen anderen Bedürfnissen.[1] Wird die Sicherung dieser Bedürfnisbefriedigung behindert oder das Individuum auf die Erfüllung dieser Bedürfnisse eingeschränkt (wie es unter den fatalen Lebensbedingungen in den Favelas der Fall ist), so treten alle anderen Interessen dahinter zurück. Erst wenn die Erfüllung der Grundbedürfnisse gesichert ist, hat das Individuum den Freiraum, sich anderen Dingen zuzuwenden, so etwa dem politischen Kampf, um seine Lebenssituation weiterhin zu verbessern. In den untersuchten Elendsgebieten jedoch ist dies kaum abzusehen, zumal die Entwicklung zu einer weiteren Verminderung des durchschnittlichen monetären Einkommens tendiert. Der Protest der Hungernden wird schwächer, und dem als "Völkermordregime" betitelten brasilianischen Staat kann dies nur recht sein.

---

1   Zur Theorie der Bedürfnisse s. vor allem die Arbeit von HELLER 1976, aber auch HEGMANNS 1983.

X. Strukturelle Gewalt: das Programm der strategischen Gruppen

Nach all den bisherigen, überwiegend empirischen Betrachtungen stellt sich die Frage nach dem Warum. Warum herrschen in Brasilien solch fatale Verhältnisse? Warum wird die Bevölkerung mittels des Phänomens der Gewalt unterdrückt? Warum wird politische Macht auf diese Weise abgesichert? Oder, um es auf eine Formel zu bringen: Wessen und welche Interessen stehen hinter diesen Konstellationen?

An dieser Stelle möchte ich zunächst anknüpfen an das Konzept JOHAN GALTUNGS, welches er zum Begriff der Gewalt entworfen hat und das ich in Kapitel I.4. kurz skizziert habe. Die in diesem Entwurf aufgeführten Formen der Gewalt spiegeln sich in ihren jeweiligen Ausprägungen in der brasilianischen Realität in teilweise drastischer Weise wider. Das Konzept verführt dazu, es in unserem Zusammenhang zu übernehmen. Wie angekündigt, werde ich jedoch insbesondere den Begriff der strukturellen Gewalt auf seinen Gehalt hin überprüfen, da er zwar einen Erklärungsansatz bietet, in seinem Erklärungswert aber begrenzt ist. Als strukturelle Gewalt bezeichnet GALTUNG eine in das System eingebaute Gewalt, die sich in ungleichen Machtverhältnissen und folglich in ungleichen Lebenschancen äußert. Ressourcen wie Einkommen, Bildung, Gesundheit etc. sind dabei ungleich verteilt.[1] "Vor allen Dingen ist die Entscheidungsgewalt bezüglich der Ressourcen ungleich verteilt".[2]

In der strukturellen Gewalt fehlt die personale Beziehung. "Wenn also ein Ehemann seine Frau schlägt, dann ist das ein klarer Fall von personaler Gewalt; wenn aber eine Million Ehemänner eine Million Ehefrauen in Unwissenheit halten, dann ist das strukturelle Gewalt".[3]

Hier möchte ich mit einer ersten Kritik ansetzen und behaupten, daß, wenn eine Million Ehemänner ihre Frauen in Unwissenheit halten, dies lediglich eine Million Fälle von personaler Gewalt sind, nicht aber eine Ausprägung von struktureller Gewalt. Die eine Million Ehemänner bilden zwar eine Struktur, doch existiert diese nicht als selbständiges Gebilde, welches ihnen eine bestimmte Handlungsweise diktiert. Nicht die Struktur entscheidet, sondern die Ehemänner. Sie allein (und auch die Ehefrauen) können ent-

---

1 Vgl. GALTUNG 1984: 12
2 Ebd.
3 Ebd.: 13

scheiden, ob sie die Struktur aufrechterhalten wollen oder nicht. Die personale Beziehung fällt nicht weg, sie ist vielmehr das zentrale Moment, da die Entscheidungsträger Individuen sind. Und auch wenn GALTUNG strukturelle Gewalt als etwas bezeichnet, "das eine gewisse Stabilität zeigt",[1] so gilt doch für die Ehemänner, daß die Sozialstruktur verändert werden kann.

GALTUNG selbst hat diese Kritik vorweggenommen und bereits im Vorfeld auf sie reagiert. Er stellt die Frage nach dem "tatsächlichen Unterschied" zwischen personaler und struktureller Gewalt[2] und versucht diesen durch seine Definition des Begriffs "Person" zu verdeutlichen. "Person" wird demnach definiert als jemand, "der seine Entscheidung, mit Gewalt zu handeln, nicht nur auf der Grundlage individueller Überlegungen trifft, sondern auch auf der Grundlage statusbedingter Rollenerwartungen, die an ihn gerichtet werden und durch deren Erfüllung er sein soziales Selbst verwirklicht".[3] Weiterhin setzt er voraus, daß man eine gewalttätige Struktur als etwas betrachtet, "das eine bloße Abstraktion wäre, sofern sie nicht durch aktives Handeln von Individuen aufrechterhalten wird, ob das nun von der sozialen Umwelt erwartet wird oder nicht".[4]

Auch hier gilt, daß das Individuum der Entscheidungsträger ist. Es mögen Rollenerwartungen existieren, doch kann das Individuum entscheiden, ob es sich an traditionelle Handlungsweisen hält oder sich darüber hinwegsetzt. Zudem ist es das Individuum, welches sein soziales Selbst definiert. Dies kann ebenfalls an Traditionen orientiert sein oder aber eigenen Werten folgen. Weiterhin kann eine gewalttätige Struktur keine Abstraktion sein. Sie passiert nicht einfach, sondern wird geschaffen und aufrechterhalten von Entscheidungsträgern, und die sind immer noch Personen. Letztlich sieht GALTUNG dies ein: "Kann nicht der Einzelne Erwartungen der Struktur immer als Entschuldigung benutzen, und ist nicht derjenige, der eine ausbeuterische Gesellschaftsstruktur unterstützt, dafür verantwortlich zu machen?"[5] Er zieht sich daher auf die Position zurück, daß der wesentliche Unterschied zwischen personaler und struktureller Gewalt der der Direktheit sei. "Der Unterschied, der nach wie vor bestehen bleibt, ist der Unterschied zwischen Gewalt, die die Menschen als direktes Resultat der Aktio-

---

1 Ebd.: 16
2 Ebd.: 23
3 Ebd.
4 Ebd.
5 Ebd.

nen anderer ... trifft, und Gewalt, die sie indirekt trifft, weil repressive Strukturen ... durch die summierte und konzertierte Aktion von Menschen aufrechterhalten werden".[1]

Die Gegenposition möchte ich an einem Beispiel deutlich machen. Als der Nationalsozialist Eichmann von den Israelis zum Tode verurteilt wurde, haben letztere damit gleichzeitig den personalen Faktor einer Struktur verurteilt, sie haben eine Person (unter vielen anderen) als Verantwortlichen für die Nazi-Verbrechen identifiziert.[2] Das Moment der indirekten Gewalt wurde damit aufgehoben, wenngleich Eichmann niemanden eigenhändig ermordet hatte. Eichmann selbst beteuerte immer wieder, er habe lediglich Befehlen gehorcht und wäre nur ein Rädchen in der Vernichtungsmaschine gewesen. Ausschlaggebend jedoch ist, daß er sich dem Nazi-Terror hätte verweigern können, wenn auch mit negativen Konsequenzen. Er aber entschied sich für das Mitmachen und beteiligte sich an der "konzertierten Aktion".

GALTUNG sieht in solchen konzertierten Aktionen ein Identifikationsmerkmal der strukturellen Gewalt. Konzertierten Aktionen jedoch liegen Einzelentscheidungen zugrunde, d.h. jede Person hat die Wahl zwischen Mitmachen und Verweigerung. Eichmann verweigerte sich nicht und schloß sich damit den Interessen anderer Personen und Gruppen an. Die dabei entstehende Anonymität und die Unmöglichkeit, individuelle Verantwortung zu identifizieren, ist jedoch nur ein Deckmantel, unter dem jedes Verbrechen zu rechtfertigen ist. Von größter Wichtigkeit ist in diesem Zusammenhang das Interesse von Einzelpersonen. Diese schließen sich zusammen, um ihre Interessen zu realisieren, ohne aber dafür als Einzelpersonen zu haften oder zur Verantwortung gezogen werden zu können. Gerade hier liegt der trügerische Faktor des Konzepts der strukturellen Gewalt und auch seine ideologische Komponente. Denn auch durch die Indirektheit oder Vermitteltheit der Gewalt wird weder die Verantwortung noch die Handlung (in diesem Fall der Massenmord) aufgehoben. Im Gegenteil: Durch das Konzept der strukturellen Gewalt wird die personale Gewalt lediglich verdeckt und kann so mitunter legitimiert werden. Ob eine Person eine andere mit der Pistole erschießt oder dies durch Vermittlung erreicht, ist letztlich ohne Bedeutung. Tatsache ist, daß sie die Initiative ergriffen und "über den langen Arm" Gewalt ausgeübt hat. In diesem Zusammenhang aber von einer

---

1 Ebd.: 23f.
2 Zum Fall Eichmann s. vor allem ARENDT 1965.

Gewalt zu sprechen, die einer Struktur geschuldet ist, halte ich für verfehlt. GALTUNG bezieht in seinen Überlegungen zur strukturellen Gewalt die personale Gewalt durchaus mit ein. "Man könnte sagen, daß alle Fälle von struktureller Gewalt bei genauer Überprüfung in ihrer Vorgeschichte auf personale Gewalt zurückzuführen sind".[1] Wenn aber eine Struktur geschaffen ist, existiert sie dann von selbst, ohne personale Eingriffe und Steuerung? Sicherlich nicht, denn zur Aufrechterhaltung der Struktur stehen entsprechende Mittel bereit, deren Einsatz aber wiederum bestimmter Entscheidungen von Personen bedürfen. Ein Diktator wird sein Volk nicht eigenhändig unterdrücken, sondern mittels eines Beraterstabes die Polizei und Armee auf die Straße schicken. Ausgangspunkt und Verantwortlicher für die Gewalt jedoch bleibt er, denn im Falle seines Sturzes zerbricht auch die Struktur. Das Beispiel Nicaragua hat dies mit dem Sturz Somozas im Jahre 1979 deutlich gezeigt.

An dieser Stelle möchte ich einem möglichen Mißverständnis vorgreifen. Es mag der Eindruck entstehen, daß ich das menschliche Individuum als ein in seinen Handlungen absolut freies und autonomes Wesen verstehe. Dies ist jedoch nicht der Fall. Handlung und Interaktion findet stets innerhalb einer sozialen Umwelt statt, welche durch bestimmte Werte und Normen definiert ist. Sie gibt gleichzeitig einen Orientierungsrahmen für das soziale Handeln vor. In diesem Sinne ist das Individuum nicht ein frei handelndes. Berücksichtigt werden muß dabei aber, daß die soziale Umwelt auch Produkt des Handelns und der Interaktion der Individuen ist. Sie sind in der Lage, die Werte und Normen in Frage zu stellen und auch zu negieren, wodurch in der Konsequenz sozialer Wandel zustande kommt.

Problematisch erscheint mir in diesem Zusammenhang der Begriff der Struktur (bzw. der gesellschaftlichen Struktur). "Gesellschaft" ist ein dynamischer Prozeß, der durch Interaktion, durch Handlungen von Individuen (bzw. Subjekten) getragen wird. Insofern sind die Subjekte das zentrale Moment von "Gesellschaft". Einer Struktur aber fehlt das Subjekt: "Handlungen sind das situative Tun eines Subjekts, sie können im Hinblick auf die intendierten Ergebnisse untersucht werden und schließen die Sicherung einer Reaktion oder eines Reaktionsbereiches eines anderen oder anderer ein; Strukturen andererseits sind in einer bestimmten Gesellschaft nicht zeitlich verortet, sie sind gekennzeichnet durch das 'Fehlen eines Subjekts' und können nicht in Form einer Subjekt-Objekt-Dialektik ausgedrückt wer-

---

1   Ebd.: 24

den".[1]
Folgt man den Gedanken von GIDDENS, dann kann die Konstruktion des gesellschaftlichen Lebens durch ihre Benennung als Struktur nicht als Produktion und Reproduktion durch aktive Subjekte - sprich: Individuen - begriffen werden. Strukturen sind in der Tat unabhängige Gebilde und entziehen sich dem Eingriff des handelnden Individuums.[2] Gesellschaftliche Strukturen im Sinne autonom gewordener Organisationen zeichnen sich durch pauschal akzeptierte Mitgliedschaftsbedingungen aus, die von kommunikativ ausgerichteten lebensweltlichen Zusammenhängen und konkreten Wertorientierungen und Handlungsdispositionen der Individuen unabhängig sind.[3] Eine von ihr ausgehende "strukturelle Gewalt wird über eine systematische Einschränkung von Kommunikation ausgeübt; sie wird in den formalen Bedingungen des kommunikativen Handelns so verankert, daß für die Kommunikationsteilnehmer der Zusammenhang von objektiver, sozialer und subjektiver Welt in typischer Weise präjudiziert wird".[4]
Bezogen auf gesellschaftliche Strukturen aber ist die Einsicht wesentlich, daß diese "nur als das reproduzierte Verhalten situativ Handelnder existieren, die klar bestimmte Intentionen und Interessen haben".[5] Gerade diese Intentionen und Interessen gilt es zu erkennen, um den Weg freizumachen für verändernde Eingriffe. Die Auflösung "struktureller" Gewaltverhältnisse ist nur möglich, indem "die Handelnden (kognitiv) erkennen, daß Strukturen ihre eigenen Produkte sind, und damit die Möglichkeit erhalten, die Kontrolle (praktisch) über sie zurückzugewinnen".[6]
Ich möchte nun nicht behaupten, daß GALTUNGS Überlegungen ganz und gar falsch sind. Wichtig an seinem Entwurf zur strukturellen Gewalt ist, daß er auf ein Phänomen aufmerksam gemacht und es ins Bewußtsein gehoben hat. Fatal jedoch ist der ideologische Gehalt des Begriffs. Er suggeriert dem Individuum - und insbesondere dem von der strukturellen Gewalt betroffenen Individuum - eine Machtlosigkeit und Handlungsunfähigkeit, gegen die ihn unterdrückenden Strukturen anzugehen. Es sieht sich

1   GIDDENS 1984: 144
2   GIDDENS schlägt im weiteren Verlauf seiner Kritik am Begriff der Struktur den Begriff der Strukturierung vor, um auf die Konstruktion gesellschaftlichen Lebens eben durch Handlungen und Interaktion von Subjekten zu insistieren.
3   LUHMANN 1975 und 1968
4   HABERMAS 1981: 278
5   GIDDENS 1984: 155; Hervorhebung von mir.
6   Ebd.: 153

nicht Personen gegenüber, die er anklagen und zur Rechenschaft ziehen oder aber ihrer Funktionen entheben kann, sondern ist mit einer anonymen Struktur konfrontiert, die keinen konkreten Angriffspunkt bietet und gegen die es nichts auszurichten vermag. Die Verantwortung und - wenn man so will - die "Schuld" für die gewaltvollen Verhältnisse werden in die Anonymität verwiesen, in ein übergeordnetes großes "Ganzes", das quasi unveränderbar über dem Individuum schwebt. Es wird kaum noch die Frage gestellt, wer hinter diesen Strukturen steckt, wer sie aufrechterhält und wer die Interessengruppen sind, die dafür sorgen, daß sie aufrechterhalten werden.

Eine Alternative für die Erklärung und Analyse gewaltsamer Verhältnisse scheint ein Konzept zu bieten, in dem Interessen und Interessengruppen eine herausragende Rolle spielen. Es handelt sich dabei um das Konzept der strategischen Gruppen, wie es seit den sechziger Jahren entwickelt wurde.[1] "Strategische Gruppen bestehen aus Personen, die durch ein gemeinsames Interesse an der Erhaltung oder Erweiterung ihrer gemeinsamen Aneignungschancen verbunden sind. Diese Appropriationschancen beziehen sich nicht ausschließlich auf materielle Güter, sondern können auch Macht, Prestige, Wissen oder religiöse Ziele beinhalten. Das gemeinsame Interesse ermöglicht strategisches Handeln, d.h. langfristig ein "Programm" zur Erhaltung oder Verbesserung der Appropriationschancen zu verfolgen".[2]

Im Falle Eichmanns ließe sich dies etwa so nachvollziehen, daß hier bestimmte Interessengruppen an der Erhaltung und Erweiterung ihrer gemeinsamen Aneignungschancen arbeiteten, für welche der Oberbegriff Faschismus stehen mag.[3] Eichmann erfüllte seine Aufgaben, weil er die gleichen Interessen verfolgte, d.h den Faschismus befürwortete. Er integrierte sich in diese Interessengruppen. Möglich ist auch eine andere Konstruktion: Die Interessengruppen bauten eine Bürokratie in Verbindung mit einem umfassenden Obrigkeitsdenken auf, in dem der Gehorsam eine herausragende Stellung innehatte. Eichmann unterwarf sich diesem System, das im obigen Sinne als "Programm" verstanden werden kann, welches der Erhaltung und Erweiterung der Appropriationschancen der Interessengruppen diente. In beiden Fällen jedoch muß er sich den Interessen dieser Gruppen angeschlossen haben, da er sich ansonsten verweigert hätte. Faschismus hatte für ihn den gleichen Wert wie für die Interessengruppen, auch wenn er nicht in

---

1 Vgl. EVERS 1966 und 1973
2 EVERS/SCHIEL 1988: 10
3 Weiterführende Quellen zum Thema Faschismus und seinen Wurzeln sind: ARENDT 1958 und 1971, DIETRICH 1935, CARSTEN 1968, REICH 1971 und WIPPERMANN 1972.

gleichem Maße von ihm profitiert haben mag. Ausschlaggebend aber war die Befürwortung des Systems.

Man mag hier einwenden, daß Eichmann lediglich ein Opfer der strukturellen Gewalt in Form der verbreiteten Ideologien und einer ausdifferenzierten Bürokratie war, also tatsächlich das unwissende "kleine Rädchen in der großen Maschine". Diese Form der strukturellen Gewalt kann jedoch als das "Programm" bezeichnet werden (s.o.), zu dem Eichmann 'ja' oder 'nein' hätte sagen können. Zugegeben: es war ein - im unmenschlichsten Sinne - nahezu perfektes Programm, mittels dessen die Faschisten in der Lage waren, große Teile der Bevölkerung zu manipulieren. Wie aber viele Beispiele zeigen, gab es stets noch die Möglichkeit, sich zu verweigern. Selbst Minderjährige (etwa die "Edelweißpiraten") waren im Widerstand zu finden. Und dieser Widerstand hatte erkannt, daß hier nicht eine Struktur herrschte, sondern Personen, die ein Programm entworfen hatten, um den Faschismus in die Welt zu tragen. Wäre es einem der diversen Attentäter gelungen, Hitler aus dem Verkehr zu ziehen, so wäre das System der "strukturellen Gewalt" stark ins Wanken geraten, wenn nicht gar auseinandergebrochen.[1]

Wie EVERS/SCHIEL in ihrem Konzept der strategischen Gruppen betonen, ist für die Analyse solcher Systeme als auch im Hinblick auf Südostasien (wie in ihrem Fall) und Brasilien WEBERS Werk über "Rationalisierung, die Entwicklung von Bürokratien und die Entstehung legaler Herrschaftssysteme"[2] von großer Bedeutung, ebenso wie Arbeiten von DURKHEIM, PARETO [3]und anderen, auf die ich aber hier im einzelnen nicht eingehen möchte, da die Analyse dieser Aspekte nicht Gegenstand dieses Kapitels ist. Mir geht es um die Identifizierung von Entscheidungsträgern und Verantwortlichen, d.h. um die Benennung der strategischen Gruppen, deren Inter-

---

1 Da verschiedene strategische Gruppen die gleichen Ziele verfolgten, wäre der Zusammenbruch wahrscheinlich nicht sofort erfolgt, da diese das System noch aufrechterhalten hätten. Was aber tatsächlich passiert wäre, liegt im Bereich der Spekulationen.
2 WEBER 1972
3 S. dazu etwa EISERMANN 1962, MEISEL 1965 und HIRSCH 1948.

esse in einer relativen Aufrechterhaltung des status quo in Brasilien liegt.[1] An erster Stelle ist in diesem Zusammenhang das Militär zu nennen (darin eingeschlossen die Militär- und Zivilpolizei). Insbesondere ab 1967, unter Präsident Costa e Silva, setzte sich eine Militarisierung der Politik in Brasilien immer mehr durch. Neben diesem Anwachsen der direkten politischen Einflußnahme der Militärs wurde der Nationale Sicherheitsrat (CSN) zum eigentlichen Entscheidungsorgan in der Politik.[2] In der Regierung selbst saßen sich zehn Militärs und neun Zivilisten (inclusive der Chefs des 'Zivilen und Militärischen Büros' und des SNI) gegenüber.[3] Ebenso wurden die oberen Etagen der staatlichen Industriebetriebe und der Entwicklungsgesellschaften von Offizieren besetzt.[4] Und in den Ministerien, die nicht den Militärs unterstanden, wurden Sicherheits- und Informationsabteilungen zur Kontrolle geschaffen, deren Mitglieder durch den Präsidenten bestimmt wurden.[5] Im folgenden Schaubild wird die dadurch geschaffene Struktur verdeutlicht.

Diesen Entwicklungen war die Doktrin der Nationalen Sicherheit vorgelagert, wie ich sie in Kapitel VIII.1.1. skizziert habe. Sie legte den Grundstein für die umfassende Militarisierung der politischen Bereiche, die eine langfristige Sicherung der Macht garantierte und für das "Überleben der Nation" bestimmend war.[6]

---

1 Mit der "relativen" Aufrechterhaltung des status quo meine ich, daß das System in den Grundzügen erhalten wird, wenngleich Veränderungen und Zugeständnisse in marginalen Bereichen gemacht werden, ohne die systemgefährdende Konflikte möglich wären. Die "Demokratisierung" Brasiliens verstehe ich als eine solche "relative" Aufrechterhaltung des status quo.
2 Vgl. dazu LATIN AMERICA 2 (19.1.1968) 3: 21 u. auch BRUMMEL 1980: 104.
3 BRUMMEL 1980: 104f.
4 LATIN AMERICA 2 (9.3.1968) 10: 70f.
5 Ebd.
6 HAUSEN 1975: 187

Schaubild 12: Der Aufbau des Militärregimes in Brasilien

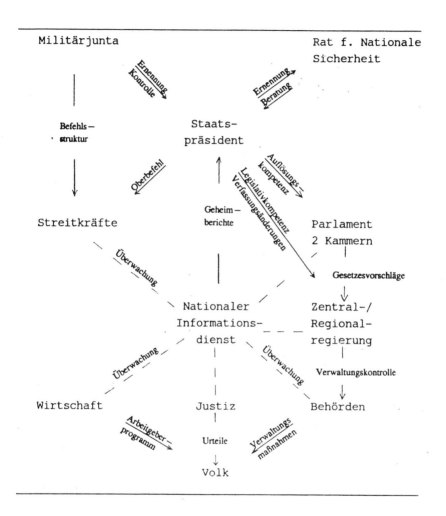

Quelle: nach LATEINAMERIKA-PLOETZ, Freiburg/Würzburg 1978

Weiterhin wurde die Armee ab 1968 nicht wie bisher an vier Punkten im Land konzentriert,[1] sondern über ganz Brasilien in kleinen Einheiten stationiert: "As the military government's concern over counterinsurgency has grown, the army has initiated a policy called 'operation presence', in which military units are to be spread out more evenly across the entire nation, especially into potential insurgent areas, so that a military presence is established everywhere. By this policy, the military hopes to discourage by its mere presence any revolutionary activity that may exist, or suppress it if necessary. This policy has been strongly encouraged by the United States ... One of the historical reasons for this splitting up of units is that it extends the capability of the armed forces to control the population".[2]

Im Zuge der Demokratisierung Brasiliens, der kontrollierten Liberalisierung "zur Entweichung des Dampfes aus dem Druckkochtopf",[3] gelang es schließlich den Militärs, durch dosierte Maßnahmen (Teilamnestie, Zulassung von Parteien, Umstrukturierung des Sicherheitsapparates etc.) die politische Kontrolle beizubehalten. Neben der "Ideologie der Gewalt" als mehr oder minder subtiler Kontrollmechanismus wird die Bevölkerung zudem durch offene Gewalt eingeschüchtert, etwa durch die Todesschwadrone, deren Aktivitäten in den letzten Jahren wieder zunehmen.[4] Vor diesem Hintergrund muß Demokratie in Brasilien verstanden werden als ein Versuch, die alten Machtverhältnisse zu stabilisieren, nicht aber, sie zu überwinden. Es geht darum, Bedingungen zu schaffen, die eine Expansion des kapitalistischen Systems erlauben, ohne in Konflikte oder Krisensituationen zu fallen.[5] Die Doktrin der Nationalen Sicherheit dient hier als Legitimationswerkzeug, das quasi über allem dominiert. Die Idee der Sicherheit aber bezieht sich stets auf ein Konkretum, auf ein bestimmtes Interesse, und in diesem Sinne ist sie eine Wertbedingung, nicht ein Wertzweck. Sie dient der Aufrechterhaltung und Erfüllung von konkreten Interessen.[6]

---

1 Bis 1968 waren die erste bis vierte Armee jeweils in Rio de Janeiro, São Paulo, Porto Alegre und Recife stationiert.
2 STEPAN 1971: 27f.
3 MOREIRA ALVES 1985: 211
4 Tabelle VI im Anhang gibt einen Eindruck über diese Aktivitäten im Raum Recife wieder; vgl. dazu auch RETRATO DO BRASIL Vol. 1, 1984, DIARIO DE PERNAMBUCO vom 4.10.1987 u. 24.11.1987, ISTOÉ vom 3.6.1987
5 BICUDO 1984: 55
6 Ebd.: 66

Ein weiterer Bereich, der im Zusammenhang mit strategischen Gruppen genannt werden muß, ist die öffentliche Verwaltung. Sie entpuppt sich in Brasilien als "Wasserkopf". Seit dem Militärputsch haben in der brasilianischen Bürokratie weitreichende Umstrukturierungen stattgefunden, um eine Kontrolle zu gewährleisten. 1981 wurde ein Fünftel der höchsten administrativen Posten von Mitgliedern des Militärs gehalten, die Hälfte der Staatsminister und Top-Berater trugen Uniform.[1] Ebenso kontrollierte das Militär die oberen Büroetagen der wichtigsten staatlichen Industriebetriebe.[2]

In den zwei Jahrzehnten der Diktatur bildete sich eine Schar gehorsamer und autoritätsgläubiger, aber auch korrupter Bürokraten heraus, deren Interesse der Erhaltung ihres status quo galt und immer noch gilt. Der Bereich der Bürokratie fungierte als Gratifikationsvehikel: Scheinbar unbegrenzt waren die Posten und Pöstchen, die für besondere Dienste zu vergeben waren. Auch nach der Einführung der Demokratie änderte sich daran nichts. Besonders hervorheben möchte ich an dieser Stelle die Posten des untersten Niveaus in der Administration, wie etwa Boten, Laufburschen etc. Solche Posten werden in Wahlversprechen aufgenommen und an solche Personen vergeben, die innerhalb von Kampagnen für den entsprechenden Kandidaten möglichst viele Stimmen eingeworben haben. Dies sind vor allem Schlüsselfiguren in Elendsvierteln, wie Mitglieder von Bewohnerräten oder besonders angesehene Personen. Faktisch gehören sie der strategischen Gruppe der Bürokraten an, doch fehlt ihnen aufgrund ihrer Schichtzugehörigkeit sowohl die gemeinsame Identität mit ihren Vorgesetzten als auch eine Solidarität mit ihresgleichen. Man kann sie als "Quasi-Gruppe" bezeichnen,[3] die jedoch ebenfalls das Interesse der Aufrechterhaltung ihres status quo verfolgt. Ihre Funktion ist die des "Stimmviehs" - so menschenunwürdig dies auch klingen mag. Zahlenmäßig läßt sich der prozentuale Anteil der öffentlich Bediensteten an der ökonomisch aktiven Bevölkerung in der folgenden Tabelle nachvollziehen:

---

1   S. hierzu die Studie von MOVIMENTO vom 6.-12.4.1981.
2   MOREIRA ALVES 1985: 261
3   DAHRENDORF 1959, aber auch EVERS/SCHIEL 1988.

Tabelle 37: Anteil der öffentlich Bediensteten an der ökonomisch
            aktiven Bevölkerung

Jahr	% der ökonomisch aktiven Bevölkerung
1940	4,0
1950	5,0
1960	5,4
1970	6,8
1980	7,4
1984	7,9

Quelle: nach IBGE: Tabulações Avançadas do Censo Demográfico 1970, quadro V; IB-GE: Anuário Estatístico do Brasil 1984, capitulo 9, quadro 1; IBGE/PNAD 1984, Tabela 3.18

Schaubild 13: Anteil der öffentlich Bediensteten an der
              Gesamtbevölkerung

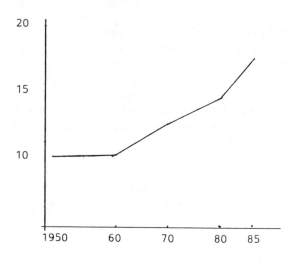

Quelle: nach IBGE: Anuário Estatístico do Brasil 1950, 1960, 1970, 1980, und 1985, Rio de Janeiro

Die Bürokratie erfüllt in Brasilien u.a. den Zweck, mittels der klientelisti-schen Beziehungen eine größere Zustimmung für die Regierungspolitik an der Basis zu gewinnen, d.h. in Nachbarvereinigungen, Bewohnerräten, Clubs, Arbeitervereinigungen etc..[1] Während der Militärdiktatur erfüllte sie zum Teil die Aufgabe, Legitimität herzustellen. Dieser Aufgabe geht sie auch weiterhin nach, wenn auch unter anderen Vorzeichen. Nichtsdestoweniger gilt für sie, daß sich die Ideologie der Diktatur in ihr verfestigt hat, denn wer heute in den Chefetagen sitzt, konnte die Leiter nicht emporklettern, ohne das Militärregime zu unterstützen und von ihm unterstützt zu werden.

Das scheinbare Gegengewicht zum Autoritarismus bilden die Teile der Bevölkerung, die man als Mittelschichten bezeichnen mag, und auch Teile der Elendsbevölkerung. Lange Zeit eine schweigende Mehrheit, sahen sich beide Bevölkerungsgruppen im Zuge der politischen Öffnung Brasiliens mit der Chance konfrontiert, am politischen Prozeß teilnehmen zu können, die Unterschichten eher verhalten und unsicher, die Mittelschichten euphorisch und mit neu erwecktem Selbstbewußtsein. Wie erwartet, gewann die Oppositionspartei PMDB die ersten freien Wahlen nach 21 Jahren zur Regierungsbildung.

Solange jedoch die Militärs weiterhin die politische Kontrolle ausübten, blieb auch eine Oppositionspartei in der Regierung ungefährlich, zumal der Staatspräsident aus der Koalition ein Konservativer ist. Zudem wuchs in der Bevölkerung eine allgemeine Unsicherheit angesichts des Gewaltklimas, wie ich es bereits analysiert habe, und des raschen ökonomischen Niedergangs des Landes, für den immer mehr die (zivile) Regierung verantwortlich gemacht wurde. Zwar liegen die linken Parteien in der Gunst der Wähler immer noch vorn, doch ist das politische Klima nicht mehr so eindeutig wie zu Beginn der 80er Jahre. Als strategische Gruppen bilden diese Bevölkerungsteile daher nur scheinbar ein Gegengewicht, das sich je nach den ökonomischen und sozialen Entwicklungen auch wieder in der anderen Waagschale bemerkbar machen kann. Sie sind lediglich eine logische Konsequenz der vorausgegangenen Jahre der Militärdiktatur: "Jegliche fest etablierte soziale Ordnung birgt bereits in sich den Keim einer neuen sozialen Struktur in Form von Individuen oder Gruppen, die unter bestimmten Bedingungen, zu bestimmten Zeiten, wachsen und sich zu größeren Einheiten, Gruppen oder Klassen entwickeln können".[2] Im Falle Brasiliens muß ihre ideologische Ausrichtung allerdings als relativ instabil bezeichnet werden, denn bereits im Wahlkampf um die Präsidentschaft zeigten sich gegenläufige Erscheinungen. Ein konservativer Kandidat, vormals quasi ein

1   MOREIRA ALVES 1985: 262
2   EVERS/SCHIEL 1988: 22

Unbekannter, doch dank massiver Unterstützung nationaler wie internationaler Geldgeber nach oben "gepuscht", machte bei den letzten Wahlen das Rennen

Viel wichtiger als diese oben skizzierten strategischen Gruppen innerhalb Brasiliens erscheint mir eine Identifizierung von ebensolchen Gruppen im internationalen Kontext. Warum wurde das Militär zum bestimmenden Faktor des politischen Geschehens in Brasilien? Kam der Anstoß zum Putsch aus den eigenen Reihen? War er eine "brasilianische" Idee?

"Statistische Zeitreihen über das Anwachsen strategischer Gruppen sowie ein Zeitreihenindikator, der den relativen Anteil der Mitglieder einer strategischen Gruppe an der Gesamtbevölkerung mißt, bilden den Grundstock der Analyse strategischer Gruppen. Dieser wird verbunden mit der Analyse von historischen Ereignissen, die dahingehend untersucht werden, ob sie mehr als nur zufällige "events" sind, sondern vielmehr Indikatoren für erfolgreiche oder gescheiterte Aktionen strategischer Gruppen".[1]

Der Militärputsch von 1964 war ein solches historisches Ereignis, und dahinter können auch eindeutige Interessen bestimmter Gruppen identifiziert werden. Zum Verständnis dieser Problematik gehe ich noch ein Stück weiter zurück in die Geschichte Lateinamerikas, und zwar ins Jahr 1823. Die in diesem Jahr durch die USA ausgerufene Monroe-Doktrin erklärte ganz Lateinamerika zur Sicherheitszone bzw. Interessenssphäre der Vereinigten Staaten.[2] Sie stand am Ende einer ganzen Reihe von kriegerischen Konflikten um die Hegemonie in der westlichen Hemisphäre, vor allem aber gegen das spanische Handelsmonopol mit den Territorien der Neuen Welt.[3] In einer Ergänzung zur Monroe-Doktrin (Corollary to the Monroe Doctrine)

1 Ebd.: 13
2 Vgl. FURTADO 1966, CORNELL-SMITH 1974 und NERVAL 1934
3 Zum historischen Ablauf dieser Ereignisse vgl. VAN ALSTYNE 1960; eine Bibliographie zu diesem Themenkomplex liefern TRASK/MEYER/TRASK 1968.

ging Roosevelt im Jahre 1904 noch weiter. Er erklärte die Lateinamerikaner für minderwertig und unfähig, ihre Staatsgeschäfte selbständig zu lenken.[1] Die dahinterstehenden Interessen waren strategischen, politischen und ökonomischen Charakters.

War die Monroe-Doktrin 1823 noch auf die Mitglieder der Heiligen Allianz gerichtet, so wandte sie sich im Laufe des 20. Jahrhunderts gegen die Achsenmächte und schließlich gegen die Sowjetunion und China.[2] Seit der Kubanischen Revolution ist die interne Sicherheit in Lateinamerika für die USA zu einem vorrangigen Thema geworden. Sie startete Programme zur Aufruhrbekämpfung und arbeitete eng mit den lateinamerikanischen Militärkräften zusammen, eine Strategie, die unter Präsident Kennedy noch intensiviert wurde.[3]

Das lateinamerikanische Militär wurde zur bedeutendsten Zielgruppe der USA, um in der Region "Sicherheit" herzustellen. Zahllose Offiziere wurden bei den nordamerikanischen Streitkräften ausgebildet. Seit 1960 richtete sich diese Ausbildung vor allem auf die Vorbereitung für einen nicht-konventionellen oder den Guerilla-Krieg in ländlichen Gebieten und in den Städten. Dabei wurden nicht nur militärische, sondern auch politische und ideologische Faktoren berücksichtigt.[4] Die Entscheidungen über die Programme zur Ausbildung der Offiziere oblagen der sog. "special group", in der u.a. der Sonderberater des Präsidenten für Sicherheitsfragen und der Militärattaché des Präsidenten vertreten waren.[5] Zu den "country teams", die für die

1   CORNELL-SMITH 1974: 4
2   Mit der Heiligen Allianz wird der 1815 in Paris geschlossene Bund zwischen der "Sowjetunion", Österreich und Preußen bezeichnet, dem in der Folgezeit fast alle europäischen Staaten beitraten. Sein Ziel sollte sein, alles politische Handeln christlichen Grundsätzen zu unterwerfen. Der Bund diente jedoch unter der Führung des österreichischen Staatskanzlers in erster Linie der Unterdrückung freiheitlicher und demokratischer Bewegungen und der Erhaltung der alten Ordnung. Die Bezeichnung "Achsenmächte" steht für das nationalsozialistische Deutschland und das faschistische Italien, die seit 1935/36 politisch eng zusammenarbeiteten (Achse Berlin-Rom). Später bezog die Bezeichnung auch Japan mit ein und allgemein die mit Deutschland verbündeten Mächte.
3   Vgl. SCHLESINGER 1967 sowie DUCHROW/EISENBÜRGER/HIPPLER 1989.
4   S. GLANERT/LANGLEY 1971: 174ff.
5   BARBER/RONNING 1966: 95ff. und DOUGLAS 1977

Aktivitäten in den jeweiligen Ländern zuständig waren, gehörten die Botschafter, die Militärattachés sowie Beauftragte der CIA und der Entwicklungsbehörde AID.[1] Die Rubrik "Erziehung" erfuhr in den sechziger Jahren einen großen Aufschwung. Betrug ihr Anteil an der Militärhilfe der USA für Lateinamerika zwischen 1950 und 1964 ca. acht Prozent, so schnellte sie bis 1967 auf 16 Prozent in die Höhe.[2] Insgesamt bildeten die Vereinigten Staaten zwischen 1950 und 1970 etwa 60.000 lateinamerikanische Militärs aus.[3]

Innerhalb der lateinamerikanischen Staaten wurde Brasilien aufgrund seiner besonderen Stellung auf dem Kontinent eine zentrale Rolle zugeschrieben.[4] Insbesondere nach dem Zweiten Weltkrieg intensivierten sich die Beziehungen zwischen den USA und Brasilien, und im Zuge der Ideologie der Nationalen Sicherheit wurde 1949 die Escola Superior de Guerra (ESG) gegründet. "Die Gründung der ESG erfolgte vor dem Hintergrund der engen Beziehungen zwischen Teilen der brasilianischen und nordamerikanischen Streitkräfte. Diese Beziehungen ergaben sich zunächst durch die Teilnahme eines brasilianischen Expeditionskorps an der amerikanischen Invasion in Italien im Jahre 1944 und setzten sich fort durch die Ausbildung einer steigenden Anzahl brasilianischer Offiziere in den USA".[5] Beraten durch US-Spezialisten, orientierte sich die ESG in ihren Ausbildungsprogrammen am US-National War College.[6] Dabei war die vermittelte Ideologie von der Doktrin der Nationalen Sicherheit bestimmt. Die erste Phase der Ausarbeitung der Doktrin war auf rein militärische Aspekte und die Außenpolitik gerichtet, die ganz im Zeichen des Kalten Krieges stand.[7] Und hier finden sich auch die Gründe für die Anstrengungen der USA, die Militärs in Lateinamerika zu einem vorrangigen Machtfaktor heranzubilden.

Schon lange waren Diplomatie und Politik der USA von antikommunisti-

---

1 BARBER/RONNING 1966: 98f.
2 SIPRI 1971: 712
3 LINDENBERG 1977: 207 und Tabelle VII im Anhang.
4 Lesenswert hierzu sind u.a. DA ROCHA CORREA 1975 und DO COUTO E SILVA 1967.
5 BAEZA 1981: 48
6 Ebd. und BRUMMEL 1980: 69. Die US-Berater befanden sich von 1948 bis 1960 bei der ESG, ein Verbindungsoffizier blieb bis 1973. Zur Zusammenarbeit der brasilianischen und nordamerikanischen Militärs vgl. u.a. BLACK 1975.
7 AMARAL GURGEL 1975: 36ff.

schen Aktivitäten in Lateinamerika geprägt. So hatte die 10. Interamerikanische Konferenz nach der Intervention der USA in Guatemala gegen Präsident Arbenz beschlossen, daß "die Kontrolle der kommunistischen Bewegung über politische Institutionen in irgendeinem Land der Region eine Bedrohung für die Souveränität und politische Unabhängigkeit der amerikanischen Staaten" sei.[1] Nach der Kubanischen Revolution sollte eine weitere linke Regierung auf dem Kontinent verhindert werden. Man ging davon aus, "daß die Gefahr kommunistischer Infiltration in Lateinamerika von den Aktivitäten militanter Gruppen in jedem Land ausging, und daß diese Aktivitäten auf der Idee kriegerischer Aufstände basierten. Dies bedeutete, daß das Problem des Kommunismus in Lateinamerika militärische Färbung hatte, jedoch nicht konventioneller Art war. Infolgedessen waren die Hauptakteure, die im Land gegen den Kommunismus angingen, die Militärs, die nicht auf diese neue Funktion vorbereitet waren".[2] Aus diesem zunächst theoretischen Antikommunismus wurde später ein konkreter, "der in der Existenz eines Feindes, der mit Waffengewalt bekämpft werden konnte, verkörpert war".[3] Der Kommunismus wurde zum konkreten militärischen Feind.

Man kann also im Hinblick auf die politische und ökonomische Entwicklung eindeutige externe Interessen und strategische Gruppen identifizieren. Wohlgemerkt: Die Rede ist nicht von *den* Amerikanern, zumal der großen Mehrheit der nordamerikanischen Bevölkerung die Ereignisse auf dem südlichen Teil ihres Kontinents vollkommen ungreifbar waren. Vielmehr können Interessengruppen aus Teilen der Politik und Wirtschaft der USA identifiziert werden, welche in direkter Weise Verantwortung für die Geschehnisse in Mittel- und Lateinamerika, und damit auch in Brasilien, tragen. Man denke nur an die Plantagen-Riesen United Fruit Company oder Standard Fruit, die insbesondere in Mittelamerika die Geschichte der Völker mitbestimmt haben.[4] Ebenso die Regierungsmannschaften von Roosevelt, Kennedy oder auch Reagan, welche als gestandene Antikommunisten ihre

---

1 Die Abstimmung fand unter massivem wirtschaftlichen und politischen Druck seitens der USA statt. Siehe dazu CORNELL-SMITH 1966: 161f. und VAN WYNEN/THOMAS 1963: 302ff., aber auch die materialreiche Analyse von SCHLESINGER/KINZER 1986.
2 BAEZA 1981: 100f.
3 Ebd.: 101
4 Zu den Aktivitäten solcher Konzerne s.u.a. SCHLESINGER/KINZER 1986, BREIDENSTEIN 1977, KREYE 1974 sowie FRÖBEL/HEINRICHS/KREYE 1977.

Hinterhöfe und Ressourcenreservoirs hüteten. So war Reagans Außenpolitik nicht die Widerspiegelung eines geeinten amerikanischen Willens, sondern ein Ausdruck des Konsenses innerhalb der politischen Führungsschicht der USA. Diese repräsentierte eine Linie besonders aggressiver Gewaltpolitik, die sog. Reagan-Doktrin.[1] "Reagans Leute, wie Jeane Kirkpatrick, Elliot Abrams, George Shultz usw. gehörten zu den Hardlinern in der politischen Landschaft und befürworteten häufig die Anwendung von Gewalt".[2]

Doch man braucht nicht einmal Namen zu nennen, um zu erkennen, welcher Natur das Militärregime in Brasilien und - nach meiner Analyse - in letzter Instanz auch die Frage der Gewalt ist. Als Ideologie dient sie der Vorbeugung sozialistischer oder gar kommunistischer Tendenzen in Brasilien. Sie mag als "Struktur" begriffen werden, doch erfüllt sie im wesentlichen das "Programm" strategischer Gruppen, die sich generell das Vorzeichen "antikommunistisch" geben. Will man es auf die Spitze treiben, so kann man durchaus behaupten, daß diesem irrationalen Entscheidungsfaktor täglich tausende von Hungertoten geschuldet sind.

Die Reformbestrebungen Gorbatschows brachten dieses antikommunistische Konstrukt der amerikanischen Führungsschicht allerdings stark ins Wanken. "Es handelt sich um eine 'Friedensdrohung', die dazu führt, daß ihnen das Instrument entgleitet, mit dem sie bisher die Bevölkerung der USA unter Kontrolle gehalten haben: die mobilisierende Wirkung der 'kommunistischen Bedrohung', der Antikommunismus. Die weltweite Entspannung macht es für die USA schwieriger, in der Dritten Welt ihren Willen durchzusetzen".[3]

---

1   CHOMSKY 1989: 21
2   Ebd.
3   Ebd.: 22

XI. Zusammenfassung

Ausgehend von der Überzeugung, daß das Phänomen der gewaltsamen Konflikte in Ländern der Dritten Welt nur auf empirischem Wege erfaßbar und analysierbar ist, stellte diese Arbeit die Ergebnisse meiner Studie zu diesem Thema, wie es sich in Brasilien darstellt, vor. Den Hintergrund bildete dabei die jüngere Geschichte dieses größten lateinamerikanischen Landes, vor allem der Weg Brasiliens in die Unterentwicklung und die Zeit der Militärdiktatur zwischen den Jahren 1964 und 1985.

Die öffentliche brasilianische Diskussion über das Thema Gewalt hebt stets die Elendskriminalität hervor, die bereits zum "nationalen Problem" erklärt wurde. Wenngleich ein Zusammenhang zwischen Kriminalität und Verelendung hergestellt werden kann, sind Hunger und Armut jedoch nicht Ursache von Kriminalität. Sie erfüllen lediglich eine Katalysatorfunktion, über die sich politische und wirtschaftliche Prozesse, welche den Interessen einer Bevölkerungsmehrheit zuwiderlaufen, realisieren. Hunger und Armut sind nicht Ursache, sondern selbst Resultat eben dieser Prozesse, auf die die Elendskriminalität letztlich verweist.

Weiterhin muß die Kriminalität im Zusammenhang mit dem Prozeß der Urbanisierung in Brasilien betrachtet werden. Ähnlich wie in den westlichen Industriestaaten ging das Wachstum der Städte einher mit einem Ansteigen der Kriminalitätsrate. Delinquentes Verhalten wurde in diesem Zusammenhang als eine "normale" Begleiterscheinung von Urbanisierungsprozessen analysiert, eine Erscheinung, die sich im wesentlichen kaum von den Entwicklungen in den Industrienationen unterscheidet. Insofern ist städtische Kriminalität ein "normales" Phänomen und verdient auch in Brasilien nicht die unter der Bevölkerung verbreitete "Gewalthysterie".

Auf der Basis dieser Erkenntnis stellt sich die Frage, warum das Thema Gewalt derart in den Vordergrund gerückt wird, daß es zum alltagsbestimmenden Faktor in den brasilianischen Städten wird. Eine Überprüfung der Ursprünge der öffentlichen Gewaltdiskussion ergibt, daß diese zeitgleich mit dem Beginn des Demokratisierungsprozesses in Brasilien eintritt. Es läßt sich verdeutlichen, daß gleichzeitig mit den ersten Schritten aus der Militärdiktatur hin zur Demokratie - die sogenannte Zeit der "abertura" - ein massives Engagement seitens der Massenmedien einsetzte, die Frage der Gewalt öffentlich zu diskutieren und als nationales Problem in der Gesellschaft zu etablieren. Eine zentrale Rolle spielte dabei die Doktrin der Nationalen Sicherheit, deren Essenz darin besteht, äußere wie innere Bedrohungen der Gesellschaft abzuwenden bzw. zu bekämpfen. Gewalt wurde im Zuge einer wahren "Kampagne" zum inneren Feind der Gesellschaft, dem mit allen Mitteln entgegenzuwirken war und immer noch ist.

Die Frage der Gewalt entpuppt sich in diesem Zusammenhang als Ideologie, mit deren Hilfe das Militär die politische Kontrolle innerhalb der brasilianischen Gesellschaft aufrechterhält. Der latente Angstzustand unter der Bevölkerung mündete in den Ruf nach einer starken Hand, nach Autorität und verstärkter Sicherheit auf den Straßen. Das Militär kam diesem Ruf mit wachsender Präsenz im Alltag nach und verschaffte sich auf diese Weise die Legitimation für die anhaltende Repression. Gewaltsame Übergriffe gegen Kleinkriminelle werden gleichsam gefordert und mit Beifall bedacht, da jeder Passant sich als potentielles Opfer eines Deliktes betrachtet. Repression wird legitim, die politische Rationalität tritt in den Hintergrund. Der Bürger ergibt sich der Suggestion, daß ohne die Militärs der Alltag auf der Straße nicht zu bewältigen bzw. zu überstehen ist. Mehrheitlich befürwortet die Bevölkerung die Lynchjustiz, die Eliminierung von Straftätern durch die Polizei, die Einführung der Todesstrafe und ein höheres Polizeiaufgebot.

In ihrem Auftreten zehren die Militärkräfte von einem "Erbe der Diktatur". In der Zeit der Militärdiktatur war die Bevölkerung den Eingriffen und Willkürakten der Militärs weitgehend ausgeliefert, eine Einklage der demokratischen Rechte war kaum möglich. Die Folgen dieser Repression wirken bis in die Gegenwart, insbesondere unter den ärmsten Bevölkerungsschichten, deren Zugang zu Informationen stark eingeschränkt ist. Dies gilt auch für Informationen über ihre Rechte, wie etwa Versammlungs- und Demonstrationsfreiheit, die nur zögernd oder gar nicht wahrgenommen werden, da die Furcht vor Repression und Verfolgung überwiegt. Die demokratischen Rechte werden daher eher von den Bevölkerungsschichten wahrgenommen, die nicht zu den unteren Einkommensschichten gehören und aufgrund ihrer Bildung und geringeren Autoritätsgläubigkeit größere Möglichkeiten zur Informationsbeschaffung haben.

Die Ideologisierung der Gewalt dient in erster Linie dazu, vorhandene Konflikte und Konfliktpotentiale einzudämmen, und hier vor allem die politischen Konflikte. Daß solche vorhanden sind, zeigt ein Blick auf die sozialen und politischen Bewegungen in Brasilien seit etwa Mitte dieses Jahrhunderts. Die Gründung von Bewohnerräten mit Hilfe der Kommunistischen Partei und der Kirche, die Mobilisierung der Arbeiterklasse und die Gründung von Gewerkschaften prägten die Zeit bis 1964. Wenige Jahre nach dem Putsch formierte sich der bewaffnete Untergrund unter Führung von Carlos Marighella und Carlos Lamarca, der bis etwa Mitte der siebziger Jahre aktiv war. Große Popularität erlangte die Lebenshaltungskosten-Bewegung, der sich weite Teile der Gewerkschaften und der politischen Opposition anschlossen. Ihre Forderungen richteten sich im wesentlichen auf Lohnanpassungen und das Einfrieren der Lebensmittelpreise sowie die

Einrichtung von Versorgungszentren und Kindergärten. Mit der politischen Öffnung des Landes bröckelte das Interesse an der Bewegung ab, viele Mitstreiter zogen sich in ihre Stadtteile zurück, um dort Basisarbeit zu leisten.

Unter den Stadtteilbewegungen erlangte das Armenviertel Brasília Teimosa in Recife eine gewisse Berühmtheit in Brasilien. Der seit über 30 Jahren währende Kampf der Bewohner für ihre Rechte zeitigte zahlreiche Erfolge für die Betroffenen und gilt als beispielhaft für die Selbstorganisation von Favela-Bewohnern. In erster Linie sind hier die Legalisierung der Bodenbesitztitel und umfangreiche infrastrukturelle Verbesserungen seitens der Stadtverwaltung zu nennen.

Als eine kollektive Ausdrucksform von spontanem Protest einer latent unzufriedenen Bevölkerungsmehrheit haben sich in Brasilien die sogenannten "Quebra-Quebras" etabliert, das blindwütige Zerstören von Bussen, Bahnen, Schaufenstern etc. in Folge von Fahrpreis- oder Lebensmittelpreiserhöhungen. Quebra-Quebras sind nicht als direkter politischer Protest zu verstehen, doch verweisen sie auf einen politischen Hintergrund: auf das Mißmanagement eines Staates, der nicht in der Lage ist, die Grundbedürfnisse der Bevölkerungsmehrheit zu befriedigen.

Solche Erscheinungen machen ein hohes Konfliktpotential innerhalb der brasilianischen Gesellschaft deutlich, doch ist die Konfliktbereitschaft, insbesondere in den untersten Einkommensschichten, in der Zeit der Militärdiktatur stark zurückgegangen. Auch heute noch stehen die Betroffenen unter dem Eindruck dieser Epoche und halten sich mit Artikulationsformen von politischem Protest zurück. Zwar identifizieren sie als Verantwortliche für ihre fatale Lage Personen aus dem Bereich der Politik bzw. der Regierung, doch schrecken sie die Erfahrungen aus der Diktatur ab, ihrem Unmut Ausdruck zu verleihen. Sie fürchten die Repression.

Zudem hat die wachsende Verelendung dazu geführt, daß insbesondere die politischen Konflikte seitens der Betroffenen abnehmen. Dies läßt sich anhand einer Untersuchung über den Zusammenhang von Einkommensniveau und der Konfliktbereitschaft in den Untersuchungsgebieten nachvollziehen. Die größten politischen Aktivitäten sind dort vorzufinden, wo auch das Reproduktionsniveau, sprich: das monetäre Einkommen, am höchsten ist. Dagegen sind in den Favelas, in denen das durchschnittliche Einkommen am niedrigsten ist, keine politischen Aktivitäten festzustellen. Dieses Ergebnis widerlegt die lang gehegte Vermutung, daß wachsende Verelendung zu stärkeren Konflikten bis hin zur Revolution führen müßten. Vielmehr ist das Gegenteil der Fall: das Interesse der Betroffenen richtet sich in erster Linie auf die Überlebenssicherung. Infolge der Reproduktion auf niedrigstem Niveau tritt das politische Aufbegehren in den Hintergrund.

Zum Schluß stellt sich die Frage, wessen Interesse hinter dem Phänomen der Gewalt, wie es sich in Brasilien offenbart, stehen. Als nationale Interessen- bzw. strategische Gruppen habe ich das Militär und den Bereich der Administration genannt. Viele Bereiche der öffentlichen Institutionen und der privaten Unternehmen wurden in der Zeit der Militärdiktatur von uniformierten Amtsträgern überschwemmt, um die politische Kontrolle zu gewährleisten. Mit den Amtsinhabern wurde auch die entsprechende Ideologie implantiert, um auf diese Weise über das Ende der Diktatur hinaus weiterzuwirken. Die Administration spielte damals wie heute die Rolle eines Gratifikationsvehikels, mittels dessen vor allem in den Elendsvierteln Wählerstimmen zu kaufen sind. Das Interesse der Posten- und Pöstcheninhaber ist auf die Aufrechterhaltung ihres status quo gerichtet, sie sind in hohem Maße manipulierbar und dienen sowohl als "Stimmvieh" wie auch als Stimmenwerber in ihrem sozialen Umfeld.

Die Identifizierung von strategischen Gruppen und den damit verbundenen Entscheidungsträgern ist als Abwendung vom Konzept der strukturellen Gewalt zu verstehen. Der Begriff der strukturellen Gewalt ist von einem starken Ideologiecharakter geprägt, der die Ursachen von gewaltsamen Verhältnissen in die Anonymität, in ein über allem schwebendes Etwas verweist und die verantwortlichen Entscheidungsträger vor dem Zugriff schützt. Hinter politischen und wirtschaftlichen Prozessen aber stehen immer Entscheidungsträger, seien es Einzelpersonen oder Interessengruppen. Insofern kommt das Konzept der strategischen Gruppen der Analyse von Gewaltverhältnissen sehr entgegen und findet im Falle Brasilien seine Anwendung.

In diesem Zusammenhang sind jedoch auch internationale strategische Gruppen zu nennen. Seit der Monroe-Doktrin aus dem Jahre 1823 haben sich die verschiedenen Regierungen der USA immer wieder in die Geschicke des lateinamerikanischen Kontinents eingemischt, teils aus wirtschaftlichen, teils aus politischen Überlegungen. Eine der Hauptzielgruppen der Intervention stellte dabei das Militär dar, welches zum Teil in den USA ausgebildet wurde. Hier wurde dem Antikommunismus insbesondere nach der Kubanischen Revolution eine zentrale Rolle eingeräumt. Ein zweites Kuba sollte es in Lateinamerika nicht geben. Unter diesen Vorzeichen wurde auch der Putsch 1964 in Brasilien durch die USA vorangetrieben, und noch unter der heutigen Bush-Regierung ist der Antikommunismus eines der Kriterien, nach denen Politik betrieben wird. Ein im Grunde irrationales Entscheidungskriterium hat täglich tausende von Hungertoten zur Folge.

Die Abwendung vom Konzept der strukturellen Gewalt hin zum Konzept der strategischen Gruppen räumt in der Konsequenz den Handlungsspielraum zur Veränderung der Verhältnisse ein. Suggeriert der Begriff der strukturellen Gewalt dem Individuum, daß es "ohnehin nichts machen kann", um verändernd einzugreifen, so bietet die Identifizierung von Interessengruppen und Entscheidungsträgern eine konkrete Angriffsfläche. Sie zeigt, daß ein System, z.b. der Kapitalismus, nicht "einfach da ist", sondern durch Entscheidungen etabliert und aufrechterhalten wird. Die ideologische Stärke von Begriffen wie strukturelle Gewalt, Kapitalismus, System etc. liegt in ihrer Suggestionskraft. Das Individuum - auch das handlungsbereite - sieht sich mit quasi unveränderbaren, anonymen Tatsachen konfrontiert, die sich dem Begriff der Verantwortung entziehen. Mit dem Konzept der strategischen Gruppen scheint eine Gegenkraft gefunden zu sein, die es ermöglicht, Verantwortliche zu benennen und zur Verantwortung zu ziehen. Es entlarvt gleichsam ein "System" und analysiert es bis hin zur individuellen Ebene, auf der schließlich Eingriffsmöglichkeiten zur Veränderung bestehen.

An dieser Stelle müßte ein Konzept ansetzten, welches mit angemessenen Methoden den Schritt zur Veränderung einleitet. Diese Methoden orientieren sich an den sozialen, kulturellen, politischen und wirtschaftlichen Gegebenheiten des betreffenden Landes. Soll es eine gewaltsame Revolution wie in Nicaragua sein? Oder ein gewaltfreier Widerstand wie der Mahatma Ghandis? Oder der vielzitierte "lange Marsch durch die Institutionen"?

Es kann nicht Aufgabe dieser Arbeit sein, die Überlegungen zu dieser Problematik anzugehen, doch ist es sicherlich nicht falsch darauf hinzuweisen, daß politische Veränderungen einhergehen müssen mit individuellen Veränderungen. Es mögen Menschen in die Politik gehen, die die besten Absichten haben. Solange sie jedoch in ihrem privaten Bereich andere Menschen bevormunden und unterdrücken, werden sie auch auf der politischen Ebene keine nachhaltigen Veränderungen erzielen. "Erfolge innerhalb der bestehenden Institutionen werden nur dann bürokratisch nicht versikkern, wenn eine gleichzeitige Politisierung des Bewußtseins großer Bevölkerungsteile jene neuen Bedürfnisse schafft, die veränderte gesellschaftliche Prioritäten allein rechtfertigen, durchsetzen und tragen können".[1] Wer den Faschismus lebt, wird den Faschismus weitertragen. Im günstigsten Fall läuft er ins Leere. Wichtig ist, "daß der Begriff des Politischen hinübergezogen wird in die persönliche Lebenspraxis und in das individuelle Bewußtsein. Dadurch bleibt gewissermaßen die von den Autoritäten geschaffene Brücke erhalten zwischen den Aufgaben einer Veränderung der gesellschaftlichen Ordnung einerseits und einer Veränderung der Menschen und ihrer persönlichen Beziehungen andererseits".[1]

1 HABERMAS 1973

2 RICHTER 1985: 12

ANHANG

Tabelle I: Arbeitsunfälle mit tödlichem Ausgang 1970 - 1985

Jahr	Anzahl der Unfälle	Todesfälle	Anteil der Todesfälle in
1970	1.220.111	2.232	0,18
1971	1.330.523	2.559	0,19
1972	1.504.723	2.805	0,19
1973	1.632.696	3.122	0,19
1974	1.796.761	3.764	0,21
1975	1.916.187	3.942	0,21
1976	1.743.825	3.900	0,22
1977	1.614.750	4.445	0,27
1978	1.551.501	4.342	0,28
1979	1.444.627	4.673	0,32
1980	1.464.211	4.824	0,33
1981	1.270.465	4.808	0,38
1982	1.178.472	4.496	0,38
1983	1.003.115	4.214	0,42
1984	961.575	4.508	0,47
1985	1.007.861	4.384	0,41

Quelle: Instituto de Economia Industrial: O mercado de trabalho brasileira, Rio de Janeiro 1987: 265

Tabelle II: Notwendiger Arbeitsaufwand für die Minimalration
Lebensmittel in São Paulo 1959 - 1987

Jahr	Kostenanteil vom Mindestlohn in %	Notwendige Arbeits- stunden (Std.Min.)	Stunden- index
1959	27,12	65,05	100,00
1960	33,96	81,30	125,22
1961	29,96	71,54	110,47
1962	39,50	94,48	145,66
1963	40,97	98,20	151,09
1964	-	-	-
1965	36,78	88,16	135,82
1966	45,52	109,15	167,86
1967	43,86	105,16	161,74
1968	42,33	101,35	156,08
1969	45,99	110,23	169,60
1970	43,84	105,13	161,66
1971	46,58	111,47	171,75
1972	49,64	119,08	183,05
1973	61,28	147,01	225,97
1974	68,14	163,32	251,27
1975	62,36	149,40	229,97
1976	65,62	157,29	241,97
1977	59,09	141,49	217,90
1978	57,34	137,37	211,45
1979	63,78	153,04	235,19
1980	65,63	157,31	242,04
1981	62,36	149,40	229,97
1982	54,79	131,30	202,04
1983	73,65	176,46	271,60
1984	81,10	194,38	229,06
1985	74,06	177,44	273,09
1986	78,83	189,12	290,70
1987	88,56	212,32	326,56

Quelle: DIEESE: Distribuição de renda, salário mínimo e custo básico de alimentos, São
Paulo 1988: 10

Tabelle III: Entwicklung des realen Mindestlohnes und des
Bruttosozialprodukts pro Kopf 1940 - 1987

Jahr	Mindestlohn Realwert	Index Juli 1940 = 0	SP pro Kopf
1940	7863,73	98,02	100,00
1941	7168,11	89,35	97,53
1942	6435,60	80,22	97,53
1943	6320,50	78,78	103,30
1944	6673,73	83,19	108,66
1945	5377,28	67,03	109,38
1946	4718,60	58,82	119,28
1947	3605,31	44,94	119,38
1948	3330,34	41,51	124,99
1949	3384,12	42,18	130,47
1950	3196,31	39,84	135,69
1951	2951,92	36,80	139,60
1952	7924,05	98,77	147,30
1953	6526,26	81,35	146,65
1954	7932,77	98,88	156,70
1955	8908,19	111,04	162,56
1956	9050,09	112,81	162,95
1957	9839,81	122,65	170,92
1958	8560,04	106,70	178,75
1959	9582,67	119,45	183,18
1960	8079,99	100,19	195,19
1961	8971,80	111,83	209,27
1962	8071,85	101,82	214,10
1963	7180,65	89,51	211,23
1964	7419,89	92,49	211,36
1965	7155,10	89,19	210,97
1966	6099,38	76,03	212,76
1967	5769,99	71,92	216,89
1968	5646,85	70,39	234,36
1969	5433,77	67,73	250,40
1970	5529,97	68,93	264,83
1971	5291,94	65,96	291,91
1972	5197,11	64,78	317,26
1973	4762,59	59,36	351,59
1974	4370,77	54,48	375,56

Jahr	Mindestlohn Realwert	Index Juli 1940 = 0	SP pro Kopf
1975	4565,30	56,91	386,24
1976	4535,75	56,54	413,49
1977	4726,64	58,92	426,58
1978	4869,29	60,69	437,26
1979	4916,67	61,29	453,82
1980	4956,12	61,78	474,66
1981	5081,65	63,34	455,96
1982	5296,55	66,02	450,60
1983	4500,76	56,10	425,67
1984	4174,55	52,04	431,63
1985	4271,28	53,24	456,66
1986	4040,23	50,36	482,23
1987	2757,86	34,38	-

Quelle: DIEESE: Distribuição de renda, salário mínimo e custo básica de alimentos, São Paulo 1988: 6

Tabelle IV: Prozentualer Anteil der Beschäftigten bis zu einem Verdienst von drei Mindestlöhnen in Verbindung mit dem Bildungsgrad

Bildungsgrad	Beschäftigungsbereich					
	Industrie		Handel		Dienstleistungen	
	F	M	F	M	F	M
Primarstufe, weniger als 4 Schuljahre	93,79	81,58	94,51	89,34	95,17	84,55
Primarstufe, 4 Schuljahre	92,96	70,70	90,93	84,12	93,13	79,63
Primarstufe, 8 Schuljahre	78,85	51,49	86,94	71,70	79,11	59,56
Sekundarstufe	56,91	26,52	80,05	50,08	65,87	35,42
Oberschule	27,84	4,82	48,69	18,70	37,15	18,42

Quelle: Instituto de Economia Industrial: O mercado de trabalho brasileira, Rio de Janeiro 1987: 249

185

Tabelle V: Voraussichtliche Bevölkerungsentwicklung Brasiliens
1985 - 2025

Jahr	Anzahl der Bevölkerung
1990	150.367.841
1995	165.083.419
2000	179.486.530
2005	193.603.294
2010	207.453.526
2015	220.960.307
2020	233.816.990
2025	245.808.962

Quelle: IBGE: Anuário Estatístico do Brasil 1986, Rio de Janeiro 1987: 53

Tabelle VI: Opfer der Todesschwadron im Raum Recife

Zeitraum	Der Todesschwadron zugeschriebene Verbrechen		Verbrechen mit eindeutigen Merkamalen der Gesamt Todesschwadrone	
	Opfer		Opfer	
	identifi- ziert	nicht iden- tifiziert	identifi- ziert	nicht iden- tifiziert
März '83 bis Dez. '83	5	3	10	16 34
1. Hälfte 1984	14	25	7	10 56
2. Hälfte 1984	10	7	9	8 34
1. Hälfte 1985	3	10	32	18 63
2. Hälfte 1985	25	5	19	19 68
1. Hälfte 1986	13	47	12	24 96
2. Hälfte 1986	8	11	5	24 48
März '87 bis Juli '87	20	31	-	5 56
Juli '87 bis Nov. '87	30	51	-	8 89

Quelle: Erhebung Centro Luis Freire, Olinda 1988

Tabelle VII: Lateinamerikanische Militärs mit einer Ausbildung an
Zentren der nordamerikanischen Streitkräfte 1950 - 1970

Land	In den USA ausgebildet	Von, aber außerhalb der USA ausgebildet	Insgesamt pro Land
Argentinien	2.382	426	2.808
Bolivien	410	2.248	2.658
Brasilien	6.009	847	6.856
Chile	2.553	1.821	4.374
Kolumbien	2.126	2.503	4.629
Costa Rica	334	96	529
Kuba (bis1960)	307	214	521
Domin. Republik	609	1.984	2.593
Ecuador	1.538	2.746	4.284
El Salvador	185	886	1.071
Guatemala	626	1.654	2.280
Haiti	444	60	504
Honduras	189	1.389	1.578
Mexico	393	202	595
Nicaragua	615	3.379	3.994
Panama	38	3.110	3.148
Paraguay	287	753	1.040
Peru	2.890	2.117	5.007
Uruguay	933	790	1.723
Venezuela	1.311	2.767	4.078

Quelle: nach Baeza, M.F.: Nationale Sicherheit in Lateinamerika, Heidelberg 1981: 119

LITERATUR

ADAMS, H.E.:
The origins of insurgency, Lancaster 1970
AG BIELEFELDER ENTWICKLUNGS SOZIOLOGEN:
Bielefelder Studien zur Entwicklungssoziologie, Bd. 5 - Subsistenzproduktion und Akkumulation, Saarbrücken/Fort Lauderdale 1981
AGEE, P.:
CIA Diary - Inside the Company, New York 1975
ALKER, H./RUSSETT, B.:
The Analysis of Trends and Patterns, in: RUSSETT, B.: World handbook of Political and Social indicators, New Haven 1964
ALLIER, V.M./MOISÉS; J.A.:
Patrão, o trem atrasou ou a Revolta dos Suburbanos, in: MOISÉS, J.A. u.a.: Contradições Urbanas e Movimentos Sociais, Rio de Janeiro 1977
ALVES, M.M.:
Brasilien - Rechtsdiktatur zwischen Armut und Revolution,Hamburg 1972
AMARAL GURGEL, J.:
Segurança e Democracia, Rio de Janeiro 1975
AMIN, S.:
Die ungleiche Entwicklung, Hamburg 1975
ANT, C./KOWARICK, L.:
Violência: Reflexiões sobre a banalidade do cotidiano em São Paulo in: BOSCHI, R.R.: Violência e Cidade, Rio de Janeiro 1982
ARENDT, H.:
Elemente und Ursprünge totaler Herrschaft, Frankfurt 1958
-: Eichmann in Jerusalem: Ein Bericht von der Banalität des Bösen, München 1965
-: Macht und Gewalt, München 1971
ARRIGHI, G./SAUL, J.:
Essays on the political economy of Africa, New York/London 1973
AUGEL, J./FANGMANN, H./HEGMANNS, D.:
Die Verteilung von Lebenschancen -Produktion und Reproduktion in städtischen Armenvierteln in Recife/Brasilien, Bielefeld 1987
ARQUIDIOCESE DE SÃO PAULO:
Brasil nunca mais, Petrópolis 1985
AYA, R.:
Theories of Revolution Reconsidered: Contrasting Models of Collective Violence, in: Theory and Society 8, 1979

BACHA, E./KLEIN, H.:
A Transição incompleta, Rio de Janeiro 1986
BACHA, E.L. u.a.:
Análise governamental de projetos de investimento no Brasil, Rio de Janeiro 1972
BAER, W.:
Industrialization and Economic Development in Brazil
Homewood 1965
BAEYER-KATTE, W.v.:
Das Zerstörende in der Politik, Heidelberg 1958
-: Angst unter Terrorwirkung
in: FRÖHLICH, W./KANTHACK, K. u.a.: Die politische und gesellschaftliche Rolle der Angst, Frankfurt 1967
BAEZA, M.F.:
Nationale Sicherheit in Lateinamerika, Heidelberg 1981
BARAN, P.:
Politische Ökonomie des wirtschaftlichen Wachstums
Neuwied/Berlin 1966
BARBEITO, J.:
La violencia y la política, Caracas 1971
BARBER, W./RONNING, N.:
Internal Security and Military Power, Ohio 1966
BARROS, J.M.:
A Utilização Política-Ideológica da Delinquência, in: Encontros com a Civilisação Brasileira, Nr. 20, 1980
BARROS DE CASTRO, A.:
Sete ensaios sobre a economia brasileira, São Paulo 1971
BEATTIE, J.:
The Pattern of Crime in England, 1660 - 1800, in: Past and Present, 62, Febr. 1974
BENEVIDES, M.V.:
Linchamentos - Violência e "justiça" popular, in: PAOLI, M./BENEVIDES, M.V. u.a.: A violência brasileira, São Paulo 1982
-: Polícia, Povo e Poder, São Paulo 1983a
-: Violência do Povo e Polícia, São Paulo 1983b
BENEVIDES, M.V./FISCHER FERREIRA, R.M.:
Respostas populares e violência urbana: o caso de linchamento no Brasil, 1979 - 1982, in: PINHEIRO, P.S.: Crime, Violência e Poder, São Paulo 1983
-: Alltagserfahrungen und städtische Gewalt - Zur Praxis des Lynchens in Brasilien, in: EHRKE/EVERS u.a.: Lateinamerika - Analysen und Berichte 9, Hamburg 1985

BERGSDORF, W.:
Die vierte Gewalt, Mainz 1980
BERRY, B.:
Some Relations of Urbanization and Patterns of Economic Development
Oregon 1962
BICALHO DE SOUZA, N.H.:
Notas sobre as greves dos operários da construção civil em Brasília, in: Chão,
Nr. 8, 1978
BICUDO, H.:
Segurança Nacional ou Submissão, São Paulo 1984
BLACK, J.K.:
United States Security Policy and Penetration: The Case of Brazil in the Sixties
Washington 1975
BNB/ETENE (Banco do Nordeste do Brasil/Departamento de Estudos Eco-
nômicas do Nordeste):
Manual de Estatísticas básicas do Nordeste 1968, Fortaleza 1968
BOSCHI, R.R. (Hrsg.):
Violência e Cidade, Rio de Janeiro 1982
BOURNE, R.:
Getúlio Vargas of Brazil 1883 - 1954
London/Tonbridge 1974
BOVENTER, H.:
Medien und Moral, Konstanz 1988
BOYDELL, C.:
Demographic Correlates of Urban Crime Rates, Michigan 1970
BREIDENSTEIN, G.:
Internationale Konzerne, Reinbek 1977
BRUMMEL, H.-J.:
Brasilien zwischen Abhängigkeit, Autonomie und Imperialismus, Frankfurt
1980
BUARQUE DE HOLANDA, S.:
Raízes do Brasil, Rio de Janeiro 1963
BURGESS, E.W.:
The Determination of Gradients in the Growth of the City, in: Publications
of the American Sociological Society 21,1957
BWY, D.:
Political Instability in Latin America, in: GILLESPIE/NESVOLD: Macro-
Quantitative Analysis, Beverly Hills 1971
CABRAL, P.A.:
The voyage of P. A. Cabral to Brazil and India, Mendeln 1967

CALAZANS, J.:
Le Syndicat paysan comme instrument de participation: le cas du Nord-Est du Brésil, Paris 1969
CARDOSO, F.H.:
Política e desenvolvimento an sociedades dependentes, Rio de Janeiro 1971
- : O modelo político brasileiro, São Paulo 1972
- : As injustiças e o silêncio, in: Folha de São Paulo vom 24.10.1976
- : Violência e reação, in: Encontros com a Civilisação Brasileira, Nr. 24, 1980
- : Die Entwicklung auf der Anklagebank, in: Peripherie, Nr. 5/6, 1981
CARDOSO, F.H./FALETTI, E.:
Abhängigkeit und Entwicklung in Lateinamerika, Frankfurt 1976
CARONE, E.:
A Terceira República (1937 - 1945), São Paulo/Rio de Janeiro 1976a
 : O Estado Novo (1937 - 1945), São Paulo/Rio de Janeiro 1976b
CARPENTER, M.:
Reformatory schools for children of the perishing and dangerous classes, and for juvenil offenders, London 1849
CARSTEN, F.C.:
Der Aufstieg des Faschismus in Europa, Frankfurt 1968
CARVALHO FRANCO, M.S.:
O homem livre na civilisação do café, São Paulo 1969
CASCUDO, L.:
Sociologia do Açúcar, Rio de Janeiro 1971
CASTELLO BRANCO, H.:
Segurança e Desenvolvimento: Conceito de Segurança Nacional, Rio de Janeiro 1967
CASTELLO BRANCO, C.:
Os militares no poder, Bd. 1 und Bd. 2, Rio de Janeiro 1976 und 1977
CASTELO BRANCO PUTY, Z. u.a.:
Violência Urbana, Rio de Janeiro 1982
CASTRO, J.:
Death in the Northeast, New York 1969 :
O problema da alimentação no Brasil, Recife (o.J.)
CAVALCANTI, C.:
Viabilidade do setor informal, Recife 1978
CAVALCANTE, C./DUARTE, R.:
A procura de espaço na economia urbana: O setor informal de Fortaleza Recife 1980a
O setor informal de Salvador, Recife 1980b
CEAS (Centro de Estudos e Ação Social):
Cadernos do CEAS, Nr. 14, 1971a

CEAS:
Cadernos do CEAS, Nr. 15, 1971b
CERQUEIRA FILHO,G./NEDER, G.:
Brasil - Violência e Conciliação no Dia-a-Dia, Porto Alegre 1987a
- : A violência na boca do povo, in: Ders.: Brasil - Violência e Conciliação no Dia-a-Dia, Porto Alegre 1987b
CHAVES, N.:
Fome, criança e vida, Recife 1982
CHOMSKY, N.:
Eine "sanftere" Erdrosselung?, in: Dritte Welt, 6/1989
CICOUREL, A./KITSUSE, J.:
A Note of the Uses of Official Statistics, in: Social Problems, 11(2), 1963
CLOWARD, R.A./OHLIN, L.E.:
Delinquency and opportunity: a theory of delinquent gangs, New York 1969
COCKBURN, J.S. (Hrsg.):
Crime in England, 1550 - 1800, London 1977
COELHO, E.L.:
A criminalisação da marginalidade e a marginalidade da criminalidade, in: Revista da Administração Pública, 12(2), abril/junho, 1978a
: A Ecologia do Crime, Rio de Janeiro 1978b
COLEMAN, J.:
A Theory of Revolt within Authority Structure, in: Peace Science Society Papers 28, 1978
COLLEN, P.:
Mais que a Realidade, São Paulo 1987
COLLINS, J./LAPPÉ, F.M.:
Vom Mythos des Hungers, Frankfurt 1977
COMISSÃO JUSTIÇA E PAZ:
Journalismo Policial Radiofônico: A questão da violência, São Paulo 1985
CONCEIÇÃO TAVARES, M.:
Da substituiçã de importações ao capitalismo financeiro, Rio de Janeiro 1973
CONDEPE:
Indicadores sócio-econômicos de Pernambuco, Recife 1985
CONNOR, W.:
Nation-Building or Nation-Destroying?, in: World Politics 24, Nr. 3, 1972
CORNELL-SMITH, G.:
The Inter-American System, London 1966
- : The United States and Latin America, London 1974
CORREIA DE ANDRADE, M.:
Formação Econômica-Social e Processos Políticos no Nordeste Brasileiro,

in: MARANHÃO, S. (Hrsg.): A Questão Nordeste, Rio de Janeiro 1984
CORREIO PAULISTANO (Tageszeitung)
  vom 31.7.1947
  vom 1.8.1947
  vom 2.8 1947
  vom 3.8.1947
COSTA, M.A.:
  Urbanisação e Migrações Urbanas no Brasil
  in: IPEA (Instituto de Planejamento econômico e social): Estudos de demografia urbana, Rio de Janeiro 1975
COUTO E SILVA, G.:
  Geopolítica do Brasil, Rio de Janeiro 1967
CRUZ, D.:
  A redenção nesseçária (Diss.), Campina Grande 1982
  - : Sindicalismo Rural, Igreja e Partidos no Rio Grande do Norte em 1960,
  in: MACHADO SILVA/BARRERA u.a.: Rural - Urbano
  João Pessoa 1985
CUNHA, E.:
  Os Sertões Rio de Janeiro 1957
CUPERTINO, F.: A concentração da renda no Brasil, Rio de Janeiro 1976
CURY, L.:
  Semana da Medicina, Konferenz vom 18.8.1980, Fak. f. Medizin, Universität São Paulo
CUSACK, Th./EBERWEIN, W.-D.:
  Prelude to War: Incidence, Escalation and Intervention in International Disputes, 1900 - 1976, in: International Interactions 9, 1982
DAHRENDORF, R.:
  Class and Class Conflict in Industrial Society, Stanford 1959
  - : Elemente einer Theorie des sozialen Konflikts,
  in: Ders.: Gesellschaft und Freiheit: Zur soziologischen Analyse der Gegenwart, München 1965
DATTA, A.:
  Welthandel und Welthunger, München 1985
DAVIES, J.:
  Towards a Theory of Revolution,
  in: American Sociological Review 27, 1962
  - : The J-Curve of Rising and Declining Satisfactions as a Cause of Revolution and Rebellion,
  in: GRAHAM/GURR: Violence in America, Beverly Hills 1979
DEBRAY, R.:
  Revolução na Revolução?, São Paulo 1967

- : La Critique des Armes, Paris 1974
DEKADT, E.J.:
Catholic radicals in Brazil, London 1970
DETREZ, C.:
Carlos Marighella in der Nachfolge Che Guevaras,
in: ALVES/DETREZ/MARIGHELLA: Zerschlagt die Wohlstandsinseln
der Dritten Welt, Reinbek 1971
DGFK (Deutsche Gesellschaft für Friedens- und Konfliktforschung):
Dokumentation zur Tätigkeit der DGFK 1970 - 1983 Bonn 1983
DIARIO DE PERNAMBUCO (Tageszeitung)
vom 22.7.1965
vom 4.10.1987
vom 24.11.1987
DIEESE (Departamento Intersindical de Estudos e Estatísticas sôcio-econô-
micos):
Boletim do DIEESE, Ano VI, Fevereiro 1987a
- : Boletim do DIEESE, Ano VI, Nr. 3, Junho 1987b
- : O custo de vida em 1987 Nota à Imprensa, Januar 1988a
-: Distribuição de renda, salário mínimo e custo básico de alimentos, São
Paulo 1988b
DIETRICH, O.:
Die philosophischen Grundlagen des Nationalsozialismus, Breslau 1935
DOUGLAS, -:
the Counterinsurgency Era: US Doctrin Performance, New York/London
1977
DUARTE, R.S.:
Uma análise do desenvolvimento do Nordeste, Recife 1973
DUCHROW, U./EISENBÜRGER, G./HIPPLER, J.:
Totaler Krieg gegen die Armen, München 1989
DURKHEIM, E.:
Die Regeln der soziologischen Methode, Neuwied/Berlin 1967a
- : Der Selbstmord, Neuwied/Berlin 1967b
- : Kriminalität als normales Phänomen, in: SACK, F./KÖNIG, R.: Krimi-
nalsoziologie, Frankfurt 1968
- : Über die Teilung der sozialen Arbeit, Frankfurt 1977
EBERWEIN, W.-D./REICHEL, P.:
Friedens- und Konfliktforschung, München 1976
EHRKE, M./EVERS, T. u.a.:
Lateinamerika - Analysen und Berichte 8, Hamburg 1984
- : Lateinamerika - Analysen und Berichte 9: Vom Umgang mit Gewalt
Hamburg 1985

EISERMANN, G.:
Vilfredo Paretos System der allgemeinen Soziologie, Stuttgart 1962
ELIAS, N.:
Über den Prozeß der Zivilisation, 2 Bände, Frankfurt 1978
ELWERT, G./EVERS, H.-D./WILKENS, W.:
Die Suche nach Sicherheit: Kombinierte Produktionsformen im sogenann-
ten informellen Sektor,
in: Zeitschrift für Soziologie, 12(4), 1983
ENGELHARDT, R.:
Urbanisierung peripherer Siedlungen zwischen Konsolidierung und Ver-
drängung (Dipl.-Arbeit), Bielefeld 1987
ENLOE, L.:
Ethnic conflict and political development: An analytic study, Boston 1973
EßER, K.:
Lateinamerika - Industrialisierungsstrategie und Entwicklung, Frankfurt
1979
EVERS, H.-D.:
The Formation of a Social Class Structure,
in: American Sociological Review, 1966
- : Modernization in Southeast Asia, Oxford 1973
- : The Contribution of Urban Subsistence Production to Incomes in Jakarta,
in: Bulletin of Indonesian Economic Studies, 7(2), 1981
- : Einrichtung eines Schwerpunktprogramms "Entstehung von militanten
Konflikten in der Dritten Welt" (Antrag an den Senat der DFG), Ms.,
Bielefeld 1985
EVERS, H.-D./SCHIEL, T.:
Strategische Gruppen: vergleichende Studien zu Staat, Bürokratie und Klas-
senbildung in der Dritten Welt, Berlin 1988
EVERS, T.:
Städtische Bewegungen im Reproduktionsbereich,
in: Lateinamerika-Institut der FU Berlin: Militär in Lateinamerika, Berlin
1980
EVERS/MÜLLER-PLANTENBERG/SPESSART:
Movimentos de Bairro e Estado: Lutas na Esfera da Reprodução na América
Latina,
in: MOISÉS, J.A./KOWARICK, L. u.a.: Cidade, Povo e Poder, São Paulo
1985
FAUSTO, B.:
Trabalho Urbano e Conflito Social (1840 - 1920), São Paulo 1976
FEIERABEND, I. et al.:
Aggressive Behaviours within Politics 1948-1962 in: Journal of Conflict

Resolution 10, 1966
- : Social Change and Political Violence - Cross National Patterns,
in: GRAHAM/GURR: Violence in America, New York 1969
FERBER, v. C.:
Die Gewalt in der Politik, Stuttgart 1970
FISCHER, R.M.:
O direito da população à segurança, Petrópolis 1985
FISHLOW, A.:
Adjustment crisis in the third world, New Brunswick 1984
FLANIGAN, W./FOGELMAN, E.:
Patterns of Political Violence in Comparative Historical Perspective,
in: Comparative Politics 3, 1970
FLOHR, H.:
Angst und Politik in der modernen parlamentarischen Demokratie,
in: FRÖHLICH, W./KANTHACK, K. u.a.: Die politische und gesellschaft-
liche Rolle der Angst, Mainz 1967
FOLHA DE SAO PAULO
vom 24.10.1976
vom 19.9 1987
FON, A.C.:
Tortura - A história da repressão política no Brasil, São Paulo/Rio de Janeiro
1986
FRANK, A.G.:
Kapitalismus und Unterentwicklung in Lateinamerika, Frankfurt 1969
- : Abhängige Akkumulation und Unterentwicklung, Frankfurt 1980
- : Crisis in the Third World, London 1981
FRANKE, M.:
Agrarprogramme im brasilianischen Nordosten, Hamburg 1986
FREITAS, D.:
Palmares - A Guerra dos Escravos, Porto Alegre 1984
FREY, B.:
Modern Political Economy, Oxford 1978
FREYRE, G.:
Herrenhaus und Sklavenhütte, Köln/Berlin 1965
FRIEDRICHS, J.:
Mensch und bauliche Umwelt aus der Sicht des Soziologen,
in: Bundeskriminalamt: Städtebau und Kriminalität, Wiesbaden 1979
FRÖBEL, F./HEINRICHS, J./KREYE, O.:
Die neue internationale Arbeitsteilung, Reinbek 1977
FROTA NETO, A.:
Os novos subversivos, Brasília 1985

FÜCHTNER, H.:
Die brasilianischen Arbeitergewerkschaften, ihre Organisation und ihre politische Funktion, Frankfurt 1972
FUNDAÇÃO JOAQUIM NABUCO:
Alimentação no Nordeste, Recife 1986
FURNIVALL, J.S.:
Colonial policy and practice: a comparative study of Burma and Netherlands India, New York 1956
- : Experiment in Independence: the Philipines, Manila 1974
FURTADO, C.:
A operação Nordeste, Rio de Janeiro 1959
- : The Economic Growth of Brasil, Berkeley 1963
- : A Hegemonia dos Estados Unidos e o Futuro da América Latina, Rio de Janeiro 1966
- : Brasilien heute, Frankfurt 1971
- : De la República Oligarquica al Estado Militar in: Brasil hoy, Mexico 1972a
- : Externe Abhängigkeit und ökonomische Theorie,
in: SENGHAAS, D. (Hrsg.): Imperialismus und strukturelle Gewalt, Frankfurt 1972b
- : Formação econômica do Brasil, São Paulo 1974
- : Analisis del "Modelo Brasileño", Buenos Aires 1975
- : Akkumulation und Entwicklung, Frankfurt 1984
- : A fantasia desfeita, Rio de Janeiro 1989
GALTUNG, J.:
Gewalt, Frieden und Friedensforschung,
in: SENGHAAS, D.: Kritische Friedensforschung, Frankfurt 1981a
- : Theorien des Friedens,
in: SENGHAAS, D.: Kritische Friedensforschung, Frankfurt 1981
- : Strukturelle Gewalt, Reinbek 1984
GANDHI, M.K.:
Autobiographie - Die Geschichte meiner Experimente mit der Wahrheit Freiburg 1960
GANTZEL, K.J.:
Another Approach to a Theory on the Causes of International War,
in: Journal of Peace Research, Vol.18, 1981, No.1
GANTZEL, K.J./MEYER-STRAMER, J.:
Die Kriege nach dem Zweiten Weltkrieg bis 1984, München 1986
GIBBS, J.P./MARTIN, W.T.:
Urbanization, Technology and the Division of Labour: International Patterns, in: American Sociological Review, 1962

GIDDENS, A.:
Interpretative Soziologie, Frankfurt/New York 1984
GLANERT, E./LANGLEY, L.:
The United States and Latin America, Massachussets 1971
GOES, W. de:
O Brasil do General Geisel, Rio de Janeiro 1978
GOLDENBERG, J.P.:
Psicologia da violência no centro do Grande São Paulo,
in: O Estado de São Paulo vom 18.3.1980
GOLDSCHMIDT-CLERMONT, L.:
Unpaid Work in the Household, Genf 1982
GOLDSTEIN, H.:
Police Corruption, Washington 1975
GOLDSTONE, J.A. (Hrsg.):
Revolutions - Theoretical, comparative and historical studies San Diego 1986
GONZALES CASANOVA, P.:
International Colonialism and National Development,
in: Studies in Comparative International Development, St. Louis 1965
GOODMAN, D./ALBUQUERQUE, R.:
Incentivos à industrialisação e desenvolvimento do Nordeste, Rio de Janeiro
1974
GORENDER, J.:
Combate nas Trevas, São Paulo 1987
GORZ, A.:
Abschied vom Proletariat, Frankfurt 1980
GROSSENBACHER, R.:
Journalismus in Entwicklungsländern, Köln/Wien 1988
GTDN (Grupo de Trabalho para o Desenvolvimento do Nordeste):
Uma política de desenvolvimento econômico para o Nordeste, Recife 1967
GUEVARA, E.:
A Guerra de Guerrilhas, São Paulo 1980
- : Coletânea de textos, São Paulo 1981
GUIMARAES, A.P.:
As classes perigosas, Rio de Janeiro 1982
GURR, T.:
Handbook of Potential Conflict, The Free Press, London 1980
GUZMAN CAMPOS, G. et al.:
La violencia en Colombia, Bogota 1964
HABERMAS, J.:
Herbert Marcuses defensive Botschaft vom Schönen,
in: Frankfurter Allgemeine Zeitung vom 16.6.1973

- : Theorie des kommunikativen Handelns, Bd. 2, Frankfurt 1981

HARDY, M.:

Economic Growth, Distributional Inequality and Political Conflict in Industrial Societies

in: Journal of Political and Military Sociology 7, 1979

HAUSEN, J.Z.:

Brasil - Por que os militares?, São Christovão 1975

HAY, D./LINEBAUGH, P./THOMPSON, E.P.:

Albions Fatal Tree: Crime and Society in Eighteenth Century England
London 1975

HEALY, W.:

The Individual Delinquent, Boston 1915

HEGMANNS, D.:

Der Beitrag des informellen Sektors zur individuellen Reproduktion (Dipl.-Arbeit), Bielefeld 1983

- : Elend, Gewalt und Demokratie - Aufruhr in den Favelas von Rio de Janeiro,

in: Entwicklungspolitische Nachrichten, 11/1987a

- : Sauberes Kleid dem Hunger - Sozialer Wohnungsbau in Brasilien,

in: Entwicklungspolitische Nachrichten, 9/1987b

- : Nachruf auf Chico Mendes,

in: Entwicklungspolitische Nachrichten, 1/1988

HELLER, A.:

Die Theorie der Bedürfnisse bei Marx, Berlin 1976

HEROLD, H.: Begrüßung zum Symposium

in: Bundeskriminalamt: Städtebau und Kriminalität, Wiesbaden 1979

HIBBS, D.:

Mass Political Violence, New York 1973

HILZENBECHER, M.:

Die schattenwirtschaftliche Wertschöpfung der Hausarbeit,

in: Jahrbücher für Nationalökonomie und Statistik, 201(2), 1986

HIRSCH, W.:

Vilfredo Pareto. Ein Versuch über sein soziologisches Werk
Zürich/Brüssel 1948

HIRSCHMAN, A.:

The strategy of economic development, New Haven 1958

HOBSBAWN, E.J.:

Bandits, London 1969

HOLZBORN, H.-W.:

Das Problem des regionalen Entwicklungsgefälles, dargestellt am Beispiel des brasilianischen Nordostens, Dissenhofen 1978

HOLZINGER, L.:
Gesellschaftliche Arbeit und private Hauswirtschaft, Starnberg 1974
HORKHEIMER, M.:
Kritische Theorie, Bd. 1, Frankfurt 1972
HORN, K.:
Gesellschaftliche Produktion von Gewalt,
in: HORMn, K./LUHMANN, N. u.a.: Gewaltverhältnisse und die Ohn-
macht der Kritik, Frankfurt 1974
HUBER, J.:
Die zwei Gesichter der Arbeit, Frankfurt 1984
HUMPHREY, J.:
The Brazilian State, the Working Class and the Economic Miracle,
in: Bulletin of the Society for Latin American Studies, 24, 1976
HUNTINGTON, S.:
Political Order in Changing Societies, New Haven 1968
HUNTINGTON, S./ DOMINGUEZ, J.:
Political Development,
in: GREENSTEIN/POLSBY: Macropolitical Theory, Bd.3, 1975
HURTIENNE, T.:
Zur Entstehungsgeschichte, Struktur und Krise des brasilianischen Akku-
mulationsmodells,
in: EHRKE/EVERS u.a.: Lateinamerika - Analysen und Berichte 1
Berlin 1977
IANNI, O.: Imperialismo y cultura de la violencia en América Latina
Mexico 1971a
- : A origem política da SUDENE,
in: Revista Mexicana de Sociología, 1971b
- : Soziologie der Dependencia in Lateinamerika,
in: GRABENDORF, W. (Hrsg.): Lateinamerika - Kontinent in der Krise
Hamburg 1973
IBGE (Fundação Instituto Brasileiro de Geografia e Estatística):
Censo Industrial do Brasil, Rio de Janeiro 1950, 1960 und 1970a
- : Tabulações Avançadas do Censo Demográfico, Rio de Janeiro 1970b
- : Anuário Estatístico do Brasil, Rio de Janeiro 1971, 1975, 1984 und 1987
- : Indústria de Transformação (Pesquisa Mensal), Rio de Janeiro 1974
Indice Gallup de Opinião Púplica,
ano IV, Nr. 76, 16. - 30. junho 1978
- , ano IV, Nr. 79, 1. - 15. setembro 1978
- , ano I, Nr. 9, 1. - 15. novembro 1979
Instituto Gallup:
Internationale Studie über Gewalt und Überfälle, 1984

Instituto de Economia Industrial:
O mercado de trabalho brasileiro, Rio de Janeiro 1987
Inter-American Development Bank (IDB):
Economic and Social Progress in Latinamerica, Washington 1989
ISTO É (Wochenzeitschrift) vom 30.11.1983, vom 3.6.1987
JAHODA, M. u.a.: Die Arbeitslosen von Marienthal, Allensbach 1960
JAGODZINSKI, W.:
Ökonomische Entwicklung und politisches Protestverhalten 1920 - 1973:
eine kombinierte Quer- und Längsschnittanalyse,
in: Politische Vierteljahreszeitschrift, Sonderheft, Jg. 24, 1983
JANSON, M.:
Die SUDENE - Finanz-und Entwicklungspolitik in Nordostbrasilien
Stuttgart 1974
JORNAL DO BRASIL (Tageszeitung) vom 25.8.1980, vom 19.4.1984
JORNAL DO COMÉRCIO (Tageszeitung) vom 11.4.1958
KAHN, K.M./MATTHIES, V.:
Regionalkonflikte in der Dritten Welt, München 1981
KAMINSKI, G.:
Mensch und bauliche Umwelt aus der Sicht des Psychologen
in: Bundeskriminalamt: Städtebau und Kriminalität, Wiesbaden 1979
KATZMAN, M.T.:
The Economies of Defense against Crime in the Streets
in: Land Economics, 44(4), 1968
KENDE, I.:
Kriege nach 1945: eine empirische Untersuchung, Frankfurt 1982
KLEIN, J.K.:
Angst als Waffe, in: Angst als Mittel in der Politik in der Ost-West-Ausein-
andersetzung, Berlin 1986
KOCH-WESER, C.K.:
12 Jahre Entwicklungsplanung der SUDENE im brasilianischen Nordosten,
in: Vierteljahresberichte der Friedrich-Ebert-Stiftung, Nr.52, 1973
KÖNIG, R.:
Das Interview, Köln 1976
KOHLI, M.:
"Offenes" und "geschlossenes" Interview: neue Argumente in einer alten
Kontroverse, in: Soziale Welt, 29(1), 1978
KREYE, O.:
Multinationale Konzerne, München 1974
LATIN AMERICA 2 (9.3.1968) 10
LATIN AMERICA 2 (19.1.1968) 3

Lateinamerika-Institut der FU Berlin:
Militär in Lateinamerika, Berlin 1980
LEFF, N.:
Underdevelopment and Development in Brazil, London 1982
LERNER, D.:
The Passing of Traditional Society, Glancoe 1958
LEVINE, R.M.:
The Vargas Regime - The Critical Years 1934 - 1938, New York/London 1970
LIMA SOBRINHO, A.E. de:
Fome, Agricultura e Política no Brasil, Petrópolis
LINDENBERG, K.:
Militär und Unabhängigkeit in Lateinamerika,
in: PUHLE, H.-J. (Hrsg.): Lateinamerika - Historische Realität und De-
pendencia-Theorien, Hamburg 1977
LINEBAUGH, P.:
Crime e Industrialisação: a Grã-Bretanha no seculo XVIII,
in: PINHEIRO, P.S.: Crime, violência e poder, São Paulo 1983
LINS E SILVA, T./LUPPI, C.A.:
A Cidade está com medo, Rio de Janeiro 1982
LOVE, J.:
Comentário à Comunicação
in: KEITH, H.: Conflito e Continuidade na sociedade brasileira
Rio de Janeiro 1970
LÜHR, V.:
Brasilien - Der politische Prozeß,
in: Lateinamerika-Institut der FU Berlin: Militär in Lateinamerika
Berlin 1980
LUHMANN, N.:
Zweckbegriff und Systemrationalität, Tübingen 1968
- : Allgemeine Theorie organisierter Sozialsysteme,
in: ders.: Soziologische Aufklärung, Bd. 2, Opladen 1975
MANOZ, J.R.:
Die Macht der Presse in Chile (Diss.), Münster 1984
MARIGHELLA, C.:
La lutte armée au Bresil,
in: Les Temps Modernes, Nr. 280, Nov. 1969
MARTIN, P.:
Das rebellische Eigentum, Frankfurt 1988
MARTINS, J.P.:
Menores trabalhadores, perdendo a cara de bandido,
in: Tempo e Presença, Mai 1986

MARX, K.:

Le Capital, Paris 1960

MATA, M.:

Migrações Internas no Brasil - Aspectos Econômicos e Demográficos
Rio de Janeiro 1974

MATTHIES, V.:

Kriege im Frieden: Friedensanalyse und Dritte Welt,
in: Gegenwartskunde, Jg.34, Heft 2, 1985

MATZA, D.:

Becoming Deviant Englewood Cliffs/Prentice, Hall 1969

MARANHÃO, S.:

A Questão Nordeste, São Paulo 1984

MAUS, T.:

Entwicklungspolitik und Unterdrückung ,Frankfurt 1977
- : Entwicklungspolitik und Unterentwicklung - Ein Beitrag zum Problem
der Steuerbarkeit abhängiger Entwicklungsprozesse am Beispiel Nordost-
brasiliens, Meisenheim/Glan 1979

MCLENNAN, B. (Hrsg.):

Crime in Urban Society, Cambridge 1970

MEAD, G.H.:

The Psychology of Punitive Justice,
in: American Jornal of Sociology 23, 1928

MEHDEN v.d., F.:

Comparative Political Violence, Prentice-Hall 1973

MEISEL, J.H.:

Pareto and Mosca Englewood, Cliffs 1965

MENZEL, U./SENGHAAS, D.:

Europas Entwicklung und die Dritte Welt, Frankfurt 1986

MERTON, R.K.:

Social Theory and Social Structure, Glencoe 1957
- : Sozialstruktur und Anomie,
in: SACK, F./KÖNIG, R.: Kriminalsoziologie, Frankfurt 1968

MESCHKAT, K. et al.:

Kolumbien - Geschichte und Gegenwart eines Landes im Ausnahmezustand
Berlin 1980

MILGRAM, S.: Einige Bedingungen des Autoritätsgehorsams und seiner
Verweigerung,
in: Politische Psychologie, Bd. 6, Oldenburg 1967

MILLER, W.B.:

Lower Class Culture as a Generating Milieu of Gang Deliquency,
in: Journal of Social Issues, 14(3), 1958

MITCHELL, R.E.:
Some Implications of High Density Housing,
in: American Sociology Review 36, 1971
MOISÉS, J.A.:
Protesto Urbano e Política - O Quebra-Quebra de 1947,
in: MOISÉS, J.A./KOWARICK, L. u.a.: Cidade, Poco e Poder
São Paulo 1985
- : O Estado, as Contradições Urbanas e as Movimentos Sociais,
in: MOISÉS/KOWARICK u.a.: Cidade, Povo e Poder, São Paulo 1985
MORAIS, R. de:
O que é Violência Urbana?, São Paulo 1985
MOREIRA ALVES, M.H.:
State and Opposition in Military Brazil, Austin 1985
MOTTA, R./SCOTT, P.:
Sobrevivência e Fontes de Renda, Recife 1983
MOVIMENTO vom 6. - 12. April 1981: Especial - O Estado Militar
MÜLLER, H.W.:
Städtebau und Kriminalität, Basel 1981
NARR, W.-D.:
Gewalt und Legitimität,
in: HORN, K./LUHMANN, N. u.a.: Gewaltverhältnisse und die Ohnmacht
der Kritik, Frankfurt 1974
NEGT, O.:
Politik als Protest, Frankfurt 1969
NELSON, J.:
Access to Power - Politics and the Urban Poor in Developing Nations
Princeton 1979
NERVAL, G.:
Autopsy of the Monroe-Doctrine: The Strange Story of Inter-American
Relations, New York 1934
NITSCH, M.:
Das brasilianische Entwicklungsmodell,
in: GRABENDORFF, W./NITSCH, M.: Brasilien - Entwicklungsmodell und
Außenpolitik, München 1977
NOLTING, H.-P.:
Lernschritte zur Gewaltlosigkeit, Reinbek 1984
NOVAIS, F.:
O Brasil nos quadros do antigo sistema colonial,
in: Brasil em Perspectiva, São Paulo 1971
NUNES, E.: Inventário dos Quebra-Quebras nos Trens e Onibus em São
Paulo e Rio de Janeiro 1977 - 1981,

in: MOISÉS/KOWARICK u.a.: Cidade, Povo e Poder, São Paulo 1985
NUNES, E.O.:
A Multidão Violenta Rio de Janeiro 1975
O ESTADO DE SAO PAULO (Tageszeitung)
vom 31.7.1947
vom 1.8.1947
vom 2.8.1947
vom 3.8.1947
OLIVEIRA, F. de:
Elegia para uma re(li)gião, Rio de Janeiro 1978
OLIVEIRA, L./PEREIRA, A.:
A Polícia na Boca do Povo e a Percepção Social do Combate à Violência
Recife 1986
OLIVEN, R.G.:
A violência como mecanismo de dominação e como estratégia de sobrevi-
vência,
in: DADOS, 23, 3, 1980
- : Chame o Ladrão - As vítimas da violência no Brasil,
in: BOSCHI, R.R. (Hrsg.): Violência e Cidade, Rio de Janeiro 1982
OLSON, M.:
Rapid Growth as a Destabilizing Force,
in: Journal of Economic History, 23(4), Dez. 1963
OPP, K.D.:
Theorie sozialer Krisen, Hamburg 1978
PAIXÃO, A.L.:
Crimes e Criminosos em Belo Horizonte,
in: BOSCHI, R.R. (Hrsg.): Violência e Cidade, Rio de Janeiro 1982
PANDOFI, M.L.:
O Sindicato Rural e a Luta Camponesa em Itaparica,
in: MACHADO SILVA/BARREIRA u.a.: Rural - Urbano, João Pessoa 1985
PARK, R.E.:
The Collected Essays, Bd. 1: Race and Culture, Glencoe 1950
- : The Collected Essays, Bd. 2: Human Communities, Glencoe 1952
- : The Collectes Essays, Bd. 3: Society - Collective Behavior
Glencoe 1955
PARSONS, T.:
The Social System, Glencoe 1951
PARVIN, M.:
Economic Determinants of Political Unrest. An Ecomomic Approach,
in: Journal of Conflict Resolution 17
1973

PERROUX, F.:
Indépendence de l'économie nationale et interdépendence des nations
Paris 1972
PEZZIN, L.E.:
Criminalidade Urbana e Crise Econômica - O caso de São Paulo
São Paulo 1986
PIKE, K.L.:
Language in relation to an unified theory of the structure of human behavior
Den Haag 1967
PINHEIRO, A.C.:
Urbanisação e Segurança Pública na Região Metropolitana do Recife,
in: Fundação Joaquim Nabuco: Encontro Nacional de Estudos sobre Cres-
cimento Urbano
Recife 1987
PINHEIRO, P.S.:
O Controle da Polícia no Processo de Transição Democrática no Brasil,
in: TEMAS, V. 2, Nr. 2
Dez. 1985
PINHEIRO DO NASCIMENTO, E.:
Movimentos Sociais Urbanos no Nordeste - Menos um Balanco Crítico, mais
que uma Resenha,
in: MACHADO SILVA/BARREIRA u.a.:
Rural - Urbano
João Pessoa 1985
PINTO, A.:
Aspectos políticos del desarollo económico latinoamericano,
in: Revista Economica Latinoamericana, 17
1965
PIRES, C.:
A Violência no Brasil
São Paulo 1986
POLLMANN, U.:
Keine Zeit - Kein Spiel, 1984
- : Im Netz der grünen Hühner, 1985
PRADO Jr., C.:
História econômica do Brasil, São Paulo 1972
PRADO VALLADARES, L.:
Quebra-Quebras na Construção Civil - O Caso dos Operários do Metrô do
Rio de Janeiro,
in: MOISÉS/KOWARICK u.a.: Cidade, Povo e Poder
São Paulo 1985

PREBISCH, R.:
Für eine bessere Zukunft der Entwicklungsländer, Berlin 1967
PRESIDENT'S COMMISSION ON LAW ENFORCEMENT AND THE
ADMINISTRATION OF JUSTICE:
The Challange of Crime in a Free Society
Washington 1967
PROGRAMA DE HABITAÇÃO POPULAR
Recife 1962
PUHLE, H.-J.:
Lateinamerika - Historische Realität und Dependencia-Theorien
Hamburg 1977
QUEIROZ, J.J. u.a.:
O Mundo do Menor Infrator, São Paulo 1984
QUIJANO, A.:
Redefinición de la dependencia y proceso de marginalización en América
Latina, Santiago de Chile 1970
RABUSHKA, A./SHEPSLE, K.A.:
Politics in plural societies -A theory of democratic instability, Columbus 1972
REALIDADE (Sondernummer):
Nordeste, Nov. 1972
RECLAMO, Nr. 25, Dez. 1987
REICH, W.:
Die Massenpsychologie des Faschismus, Köln 1971
RETRATO DO BRASIL, Vol 1, 2 und 3
São Paulo 1984, 1985 und 1986
REZENDE, A.P.:
Movimentos Sociais e Partidos Políticos - Questões sobre Lógica e Estratégia
Política,
in: MACHADO SILVA/BARREIRA u.a.: Rural - Urbano, João Pessoa 1985
RICHTER, H.E.:
Lernziel Solidarität, Reinbek 1985
RIZZINI, I.:
A crônica cegueira de uma nação,
in: LUPPI, C.A.: Malditos Frutos do Nosso Ventre, São Paulo 1987
ROBOCK, S.:
Brazil's Developing Northeast, Washington 1971
ROCHA CORREIA, P.H.:
Noções da geopolítica do Brasil, Rio de Janeiro 1975
ROTT, R.:
Der brasilianische Nordosten 1964 - 1980
Heidelberg 1981

RUSSETT, B.M. (Hrsg.):
World Handbook of Political and Social Indicators, New Haven 1964
SANTOS, M.:
Crescimento Urbano e Nova Rede Urbana - O Exemplo do Brasil,
in: Revista Brasileira de Geografia, Vol 2, Nr. 4, 1967
SCHLESINGER, A.M.:
A Thousand Days: John F. Kennedy in the White House, London 1967
SCHLESINGER, S./KINZER, S.:
Bananen-Krieg
München 1986
SCHOLZ, F.:
Diskussions- und Positionspapier zum Rundgespräch über "Entstehungsbe-
dingungen militärischer Konflikte in Drittweltstaaten"
Berlin 1984
SCHMID, H.:
Friedensforschung und Politik
in: SENGHAAS, D.: Kritische Friedensforschung, Frankfurt 1981
SCHNEIDER, F.:
Politisch-ökonomische Modelle. Ein theoretischer und empirischer Ansatz
Königstein 1978
SCHOOYANS, M.:
Militarisme e Securité Nationale,
in: Annuaire du Tiers Monde 1978, Paris 1979
SCHWARZ, R.:
As ideas fora do lugar,
in: CEBRAP, Nr. 3 (o. J.)
SCHWARZ, U.:
Die Angst in der Politik
Düsseldorf/Wien 1967
SECRETARIA DA SEGURANÇA PUBLICA DE PERNAMBUCO:
Boletins de Incidência Criminal
Recife 1987
SENGHAAS, D.:
Peripherer Kapitalismus
Frankfurt 1974
- : Weltwirtschaftsordnung und Entwicklungspolitik
Frankfurt 1977a
- : Brasiliens assoziativ-kapitalistische Entwicklung,
in: Ders.: Weltwirtschaftsordnung und Entwicklungspolitik
Frankfurt 1977b
- : Kapitalistische Weltökonomie

Frankfurt 1979
- : Kritische Friedensforschung
Frankfurt 1981
   SELLIN, T.:
Die Bedeutung von Kriminalstatistiken,
in: SACK, F./KÖNIG, R.: Kriminalsoziologie
Frankfurt 1968
   SHELEY, J.F./ASHKINS, C.D.:
Crime, Crime News and Crime Views,
in: Public Opinion Quarterly, 45
1981
   SHUBIK, M.:
Spieltheorie und Sozialwissenschaften,
1965
   SIBAN (Simpósio Brasileiro de Alimentação e Nutrição):
Alimentação e Nutrição
Maceió 1978
   SIGELMAN, L./SIMPSON, M.:
A Cross-National Test of the Linkage between Economic Inequality and
Political Violence,
in: Journal of Conflict Resolution
21, 1977
   SILVA, H.C.:
O processo de desenvolvimento econômico de Belo Horizonte e o processo
social de favelamento,
in: Fundação Joaquim Nabuco: Encontro Nacional de Estudos
sobre Crescimento Urbano
Recife 1987
   SINGER, P.:
A crise do "milagre"
Rio de Janeiro 1976
   SIPRI:
The Arms Trade with the Third World
Stockholm 1971
   SMALL, M./SINGER, D.:
Resort to Arms - International and Civil Wars 1816 - 1980
Beverly Hills 1982
   SMITH, M.G.:
The Plural Society in the British West Indies
Berkeley 1965

SOBREIRA DE MOURA, A.S.:
Legalization of Urban Land and Legal Changes
Wisconsin 1986
SOUZA, P. de:
A Maior Violência do Mundo
São Paulo 1980
SPESSART, S.:
Garant oder Gegner? Militärregierung und städtische Marginalität in Lima/Peru
Saarbrücken 1980
STEPAN, A.: The Military in Politics. Changing Patterns in Brazil
Princeton 1971
- (Hrsg.): Authoritarian Brazil
New Haven/London 1973
STREIFFELER, F.:
Aktionsforschung,
in: Psychologie Heute, 3/5, 1976
STROTZKA, H.:
Sozialpsychiatrische Bemerkungen zum Problem der Bevölkerungsdichte
Bad Homburg 1974
SUDENE (Superintendência do Desenvolvimento do Nordeste):
Relatórios anuais
1965 - 1974
SUNKEL, O.:
Política nacional de desarollo y dependencia externa,
in: Estudios Internacionales 1, 1967
- : O marco histórico do processo desenvolvimento-subdesenvolvimento
Rio de Janeiro 1973
SUSSEKIND, E.:
A manipulação política da criminalidade,
in: Centro Luiz Freire: Violência
Recife 1987
SUTER, D.:
Rechtsauflösung durch Angst und Schrecken
Zürich 1983
SUTHERLAND, E.H.:
Criminology
Philadelphia 1924
- : The Professional Thief
Chicago 1937
- : Crime and Business,

in: Annals of the American Academy of Political and Social Science, 217, 1941
: White Collar Crime
New Haven 1983
SUTHERLAND, H.E./CRESSEY, R.D.:
Principles of Criminology
New York 1955
SZABO, D.:
Crimes et Villes
Paris 1960
- : Urbanisierung und Kriminalität,
in: SACK, F./KÖNIG, R.: Kriminalsoziologie
Frankfurt 1968
TANTER, R.:
Dimensions of Conflict Behaviour Within Nations 1955-1960,
in: Peace Research Society Papers 3, 1966
TANTER, R./MIDLARSKY, M.:
A Theory of Revolution,
in: Journal of Conflict Resolution
11, 1967
TETZLAFF, R.:
Diskussionsleitung: Entwicklung eines DFG-Schwerpunktprogramms zur Entstehung von Konflikten in der Dritten Welt
Hamburg (o. Jahresangabe)
TILLY, C. u.a.:
The Rebellious Century 1830-1930
Cambridge 1975
TOBIAS, J.J.:
Crime and Industrial Society in the 19th Century
New York 1967
TRUSK, D./MEYER, M./TRUSK, R.:
A Bibliography of United States - Latin America Relations since 1810
London 1968
TSE-TUNG, M.:
La Revolución Cultural China
Córdoba 1973
TYLER, W.G.: Importsubstitution, Exportdiversifizierung und strukturelle Verflechtung in der brasilianischen Industrie,
in: Die Weltwirtschaft, Heft 1, 1973
USCHNER, M.:
Lateinamerika - Kleines Nachschlagewerk

Berlin 1985
  VAN ALSTYNE, R.W.:
The Rising American Empire
Oxford 1960
  VANDENBERGHE, P.L.:
Race and Ethnicity - Essays in Comparative Sociology
New York 1970
- : The ethnic phenomenon
New York 1981
  VAN WYNEN, T./THOMAS, A.J.:
The Organization of American States
Dallas 1963
  VEJA (Wochenzeitschrift) vom 7.1.1981
vom 4.2.1981
vom 16.11.1988
vom August 1989
  VELHO, G.: As vítimas preferenciais,
in: Centro Luiz Freire: Violência
Recife 1987
  VIERA ARRUDA, R.S.:
Pequenos Bandidos - Um Estudo sobre a Gestação dos menores Infratores
na Cidade de São Paulo
São Paulo 1983
  VOGEL, A./LEITAO, G./OLIVEIRA LIMA, V.:
Violência - O que vemos a todo instante
Belo Horizonte 1987
  WALDMANN, P.:
Diskussionleitung zum Rundgespräch "Einrichtung eines DFG-Schwer-
punktprogramms von Konflikten in der Dritten Welt
Augsburg 1984
  WEBER, H.:
Die Opfer des Kolumbus
Reinbek 1982
  WEBER, M.:
Gesammelte Aufsätze zur Religionssoziologie, Bd. 1
Tübingen 1947
- : Wirtschaft und Gesellschaft
Tübingen 1972
  WEEDE, E.:
Income Inequality, Average Income and Domestic Violence,
in: Jornal of Conflict Resolution 25, 1981

- : Entwicklungsländer in der Weltgesellschaft
Opladen 1985
WIDMAIER, U.:
Political Performance, Political Support and political Stability - The GLO-
BUS Framework
Berlin 1982
WILSON, J.:
Verbrechen per Radio,
in: EHRKE/EVERS u.a.: Lateinamerika - Analysen und Berichte 9
Hamburg 1985
WIPPERMANN, W.:
Faschismustheorien
Darmstadt 1972
WIRTH, L.:
Urbanism as a Way of Life,
in: American Journal of Sociology, 44, 1938
WÖHLCKE, M.:
Die neuere entwicklungstheoretische Diskussion
Frankfurt 1977
- : Brasilien
München 1985
YAP, L.:
Internal Migration and Economic Development in Brazil
1972
ZIEGLER, J.:
Gegen die Ordnung der Welt
Wuppertal 1986
ZWEIG, S.:
Brasilien - Ein Land der Zukunft
Frankfurt 1984